康养产业融合发展内在机理与实施路径研究

肖 亮 著

九州出版社
JIUZHOUPRESS

图书在版编目（CIP）数据

康养产业融合发展内在机理与实施路径研究 / 肖亮
著 . -- 北京 : 九州出版社，2020.11
ISBN 978-7-5108-9862-4

Ⅰ . ①康… Ⅱ . ①肖… Ⅲ . ①养老－服务业－产业发
展－研究－中国 Ⅳ . ① F726.99

中国版本图书馆 CIP 数据核字 (2020) 第 228775 号

康养产业融合发展内在机理与实施路径研究

作　　者	肖　亮　著
出版发行	九州出版社
地　　址	北京市西城区阜外大街甲 35 号 (100037)
发行电话	(010)68992190/3/5/6
网　　址	www.jiuzhoupress.com
电子信箱	jiuzhou@jiuzhoupress.com
印　　刷	定州启航印刷有限公司
开　　本	710 毫米 ×1000 毫米　　16 开
印　　张	13
字　　数	230 千字
版　　次	2020 年 11 月第 1 版
印　　次	2020 年 11 月第 1 次印刷
书　　号	ISBN 978-7-5108-9862-4
定　　价	52.00 元

在人类发展的历史长河中，健康一直都是人们共同的理想，人民健康也是民族昌盛和国家富强的重要标志。当下，随着我国经济社会快速发展、人民生活水平不断提高以及健康意识不断增强，健康已成为人们生活的一种普遍追求。然而，目前我国人口老龄化问题日益严峻，同时越来越多的人受到亚健康的威胁。因此，涵盖诸多业态的康养产业受到了国家高度重视，并在我国呈现蓬勃发展的态势。

康养产业的兴起顺应了新的发展趋势。习近平总书记在 2016 年 8 月的全国卫生与健康大会上强调，要把发展健康产业作为加快推进健康中国建设的重点，李克强总理也在会上特别提出，要尽力把健康产业培育成为国民经济的重要支柱。近年来，国家先后出台了《"健康中国 2030"规划纲要》《健康中国行动（2019—2030 年）》等一系列指导性文件，逐步形成了康养产业的顶层设计，为康养产业发展带来了重大战略机遇。

众所周知，产业主导社会变革，推动社会进步，是工业革命以来的现代社会的突出特征。当健康作为一个产业发展时必然会引起健康领域的革命，首先表现为医疗的产业化，其次就是康养产业的兴起。不过由于康养产业是新兴产业且处于初级发展阶段，各地在发展过程中还存在诸多问题，即便如此，发展康养产业对积极应对亚健康、老龄化等问题，提升全民健康水平依然具有重要作用。大力发展康养产业不仅有利于提高全民健康水平，加快推进健康中国建设，还有利于加快转变经济发展方式，推进产业结构优化升级，成为经济发展新常态下的重要经济增长点。著者通过文献分析发现目前关于康养产业的研究尚处于探索阶段，现有的文献大多是探索地方实践，或者只重点关注康养业态或康养类型的某个方面，没有对康养产业发展进行系统研究，尤其缺乏康养产业发展路径方面的研究。虽然有学者研究了康养产业发展路径，但该路径仅是地方的实际做法，没有提出真正意义上的发展路径，对计划发展康养产业或已经发展康养产业但存在问题的地区，这些研究只能提供有限的经验借鉴。在利好的政策大环境下，各地都在积极探索发展康养产业，然而目前还没有一个可借鉴的发展路径，由此，探索一条明确可借鉴的康养产业发展路径非常有必要。

本书以健康中国为背景，系统讲述了康养产业融合发展的机理和实施路径。本书从康养市场基本情况入手，分析了康养产业与养老产业发展存在的问题及解决对策，对康养产业发展的理论依据、产业的特征、发展的必要性及大体结构进行了分析，详细分析了与康养产业融合发展的相关行业，最后提出了康养产业融合发展和实施的路径，希望对地方康养产业发展提供一定的经验借鉴。

因作者水平有限，书中难免存在不足和疏漏之处，敬请各位学者及同行提出修改意见或建议，以便进一步订正，以臻完善。

目 录
Contents

第一章　我国康养产业的现状与发展 / 1

第一节　我国康养产业的发展现状 / 1
第二节　我国康养产业发展存在的问题 / 23
第三节　我国康养产业的发展建议 / 24

第二章　康养产业融合发展的理论依据 / 28

第一节　产业发展理论 / 28
第二节　产业集群理论 / 35
第三节　产业融合理论 / 40
第四节　可持续发展理论 / 46

第三章　康养产业的特征与发展必要性 / 52

第一节　康养产业的特征 / 52
第二节　康养产业与健康文化的融合 / 55
第三节　康养产业发展的必要性 / 61

第四章　康养产业的大体结构 / 77

第一节　我国康养产业的构成与发展空间 / 77
第二节　康养产业中的供求关系 / 78
第三节　康养产业中的产业网络 / 88

第五章　康养产业融合发展中的核心支撑产业——养老产业 / 96

第一节　国外养老产业发展 / 96
第二节　中国养老产业发展现状及问题 / 106
第三节　中国养老产业创新发展的影响因素及发展建议 / 112
第四节　中国养老产业市场分析 / 119

第六章 康养产业融合发展中的重要行业分支 / 124

第一节 健康农业的发展 / 124

第二节 健康用品制造业的发展 / 137

第三节 健康服务产业的发展 / 151

第四节 其他健康产业的发展 / 170

第七章 康养产业融合发展与实施路径构建 / 180

第一节 康养产业发展路径的关键步骤 / 180

第二节 康养产业发展过程中的重要辅助措施 / 186

第三节 康养产业发展中生态型经济模式建设 / 189

第四节 康养产业大环境的营造 / 195

参考文献 / 198

第一章　我国康养产业的现状与发展

世界银行的一项测算显示，通过对过去 50 多年的世界经济增长进行分析发现，其中 8% ～ 10% 的增长来自人们健康的改善。另一项哈佛大学针对亚洲经济的研究也表明，亚洲经济的发展 30% ～ 40% 是来自本区域人们健康水平的提高。作者通过查阅康养产业发展现状的相关研究资料，分析了我国康养产业的发展内涵、理论支持、行业细分，总结了我国康养产业发展的现状及问题，并针对上述问题提出了我国康养产业发展的建议。

第一节　我国康养产业的发展现状

一、康养产业的定义

（一）健康的定义

对于健康内涵的理解，传统上认为是指没有生理上的缺陷和疾病。随着观念的进步，大众对健康内涵的认识也在不断完善中。

1948 年，世界卫生组织（WHO）更新了对该概念的理解，它指出健康不仅是指没有疾病，还包括生理健康、心理健康以及社会良好适应状态。该定义强调了人与环境的协调与和谐。

1989 年，WHO 进一步深化健康的定义，新的健康概念已发展为包括生理、心理、社会和道德四个方面内容的四维健康观。

新的健康定义从现代医学模式出发，不但包含了人的自然属性，而且兼顾到人的社会属性，使健康概念得以进一步完善。其内容主要包括改变了把健康的着眼点局限在有无疾病的传统观念上；对健康的认识扩展到生物、心理，社会多方面，在医疗护理工作中，真正地把人作为一个整体来看待；把健康放到一个动态的、变化的过程，因此可以从不同水平、用不同标准来衡量健康；从关注个体健康扩展到注重群体健康；把健康放到人类社会生存的广阔背景中，指出健康不仅是有工作者的目标，也是国际社会的共同目标。WHO 健康新定义反映了人类对自身健康的理想追求。

进入 21 世纪后，WHO 又继续推出了健康公式：健康 = 15% 遗传 + 10% 社会因素 + 8% 医疗 +7% 环境因素 + 60% 生活方式。

可见，外部的环境和个人的生活方式已成为影响人们健康状况的重要因素。

（二）康养产业的定义及特点

对于康养产业的界定和分类，诸位学者也因研究视角不同而有所区别，主要有以下几种不同视角，分别是依据三次产业划分、从康养产业链的角度和从健康消费需求和服务提供模式角度。一般来说，狭义的康养产业是指与人的身体健康有直接关系的产业，主要是以医药产销和医疗服务为主的产业。[1] 而广义的康养产业是指不仅包含医药工程、医疗卫生服务等活动，还包括与之相关的一些边缘性产业，如制药设备、包装产业、服务业等有关活动涉及医药、保健品、食品饮料、医疗器械、中药材、医用材料、原料中间体、制造设备、化妆品等产品的生产经营及医疗服务、健康管理、休闲健身、营养保健、咨询服务、人才服务等细分领域的服务。[2]

本书将康养产业定义为那些与人类身心、健康直接或间接相关的制造经营、健康服务及信息传播活动的总称，涵盖医疗服务、健康管理与促进、健康保险以及相关服务，涉及药品、医疗器械、保健用品、保健食品、健身产品等多个领域。

康养产业具有几大特点，首先它具有较高的技术含量和附加价值，其次它是一种低能耗、低污染的绿色产业，最后它是一个覆盖面较广、产业链条长、能吸纳较多就业人数、具有较大消费拉动作用的复合型产业。因此，发展康养产业既能带动经济增长，又能惠及改善民生。

---

[1] 邱小益. 家庭健康管理创新模式的探索与实践 [C]. 中华预防医学会、世界公共卫生联盟、全球华人公共卫生协会. 转型期的中国公共卫生：机遇挑战与对策——中华预防医学会第三届学术年会暨中华预防医学会科学技术奖颁奖大会、世界公共卫生联盟第一届西太区公共卫生大会、全球华人公共卫生协会第五届年会论文集. 中华预防医学会、世界公共卫生联盟、全球华人公共卫生协会：中华预防医学会，2009:790.

[2] 刘青松. 我国康养产业的可持续发展策略探索 [J]. 改革与战略，2012，28（4）:146-148.

二、康养产业的理论支撑

（一）波特钻石模型理论

由美国著名的战略管理学家迈克尔·波特提出的"钻石模型"是一种可用来分析国家或地区某种产业竞争优势的工具。波特认为，决定一个国家或地区某种产业是否具备竞争力，关键取决于生产要素、需求条件、相关及支持产业以及企业战略、结构和同业竞争这四个基本要素和机会，以及政府这两个辅助要素的整合作用①，如图 1-1 所示。

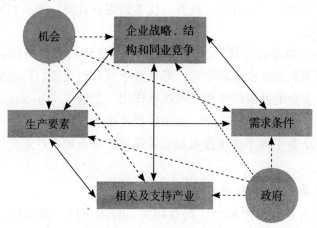

图 1-1　波特钻石模型

1. 生产要素

生产要素包括地理位置、自然资源、人口统计特征等初级生产要素和通讯基础设施、人力资源、科研技术等高级生产要素。生产要素特别是高级生产要素是产业创造强大、持续竞争力的来源。

2. 需求条件

需求条件是指一个国家或地区市场对该产业所供给的产品和服务的需求状况等。如果需求旺盛的话，可刺激企业增大对该行业的投资，并加大研发的力度和改进创新，最后将使整个产业的竞争优势得到提升。

3. 相关产业和支持产业

关联产业的存在可以帮助区域优势产业形成一种优势网络，并且有利于区域内优势产业集聚，形成关联产业集群。

---

① 刘颖琦，吕文栋，李海升.钻石理论的演变及其应用[J].中国软科学，2003（10）:139-144，138.

4. 企业战略、结构和竞争对手

适度的竞争有助于督促企业创新、改进产品品质、增加对高级生产要素的投资等，进而获得竞争优势。

5. 政府

政府可以通过制定补贴等有关制度和政策来影响其他四个要素，营造公平竞争的发展环境，来催化和激化企业的创造欲，进而提升区域竞争力。

6. 机会

产业能否通过借助一些可遇而不可求的随机事件，对于产业竞争优势的获得和提升至关重要。政府重大政策、技术的更新升级、需求偏好增加等都可能产生一些机会。

波特认为，当在特定区域满足该模型中所提到的多数条件，具备竞争优势的产业及很多企业将在区域聚集，形成竞争与合作关系。产业集群可以对集群内部相关联企业的发展产生积极的推动作用，能够产生外部经济效益，节约空间交易成本，提高效率。同时，由于集群内企业之间相近，会产生潜在的竞争，这也迫使企业不得不改进技术和完善管理，从而提升产业集群整体的竞争优势。

（二）产业经济学相关理论

产业是具有某种同类属性、利益相关、分工不同、由各相关行业所组成业态的总称，是联系宏、微观经济的重要纽带，是区域经济发展的重要支撑。产业经济学是应用经济学领域的重要组成部分，它研究的内容主要包括有产业内部的各企业之间相互作用关系的规律、产业自身发展规律、不同产业间作用联系的规律及产业的空间分布等。通过梳理可知目前对产业经济学的研究主要集中在以下六个角度。

1. 产业组织理论

该理论的主要研究对象就是产业组织，代表人物有张伯伦、贝恩、梅森、谢勒等人，他们认为市场结构—市场行为—市场绩效三者之间存在着一定的因果关系。其中，市场结构能决定企业在市场的行为表现，而市场的买方和卖方的行为又在一定程度决定最终市场的绩效将是多少。反过来，市场内企业的行为方式和市场绩效的水平大小也可直接或间接地对市场结构产生一定能动的反作用。该理论研究的主要目的是为了解决产业内企业的规模经济和垄断弊病之间的矛盾。[1]

---

① 牛丽贤，张寿庭. 产业组织理论研究综述 [J]. 技术经济与管理研究，2010（6）:136-139.

2. 产业结构理论

现代产业结构理论形成于 20 世纪三四十年代，代表人物有费夏、C. 克拉克、赤松要和 S. 库兹涅茨等。该理论在 20 世纪五六十年代得到较快发展，对此做出贡献的有里昂惕夫、赫希曼、希金斯、A. 刘易斯等。它主要研究资源在产业间的配置情况、各产业间的技术经济联系和数量比例关系、产业机构的演变规律、影响和决定产业结构的因素化及产业结构的优化等，从而为合理规划区域产业结构以及为产业机构优化与调整提供相关理论依据。

3. 产业关联理论

产业关联理论萌芽于 17 世纪古典经济学时期至 1874 年前，产生于 1874—1953 年间，1953 年以后，产业关联理论迎来了新的发展阶段，步入动态化、最优化和应用多元化。该理论着重研究了各产业间的中间投入和产出之间的关系、产业的前向或后项关联、产业的波及效果等。相对于产业结构理论而言，产业关联理论从更加细致、更加精确的角度地研究了各产业间的质和量的联系。[①]

4. 产业布局理论

该理论形成于 19 世纪初至 20 世纪中叶。杜能在其著作《孤立国》中提出了著名的孤立国同农业圈层理论，研究了农业区位。他被认为是产业布局学的鼻祖，给了后来许多研究工业区位的研究者以启发。整体规划区域产业布局有助于区域发挥优势，规避短处，有助于促进区域经济的持续、稳定发展。该理论的主要研究内容有影响产业布局的因素，如原材料、市场、运输、劳动力、外部规模经济性、政府职能和政府干预等；在产业布局时应遵循的基本原则、理论模式以及产业布局政策与实践等。

5. 产业发展理论

产业结构随经济的发展呈现同步变动。在纵向发展上，产业结构随着经济发展逐步由低级向较高级演进，在横向联系上，产业结构逐步由简单化向复杂化发展，从而推动产业结构变动不断合理化。该理论主要针对产业发展过程中的影响因素有哪些、产业发展的规律是什么、发展的周期如何，资源如何配置以及对产业发展政策和产业转移等问题进行了相应的研究。基于该理论视角可以更好地帮助决策机构判定产业发展所处的现状从而制定出差别化的产业发展对策和谋划相应的实施策略。

6. 产业政策研究

产业政策对于市场经济运行而言，可以起到很好的导向作用，能够在市

---

① 刘志迎，丰志培 . 产业关联理论的历史演变及评述 [J]. 产业与科技论坛，2006（1）：6-9.

场失灵时弥补市场缺陷，同时可使资源配置更加有效。从横向上看，产业政策研究的重点是就产业布局方面、组织方面、技术方面、结构等方面分别谋划相应的政策；纵向上看主要涵盖事前的产业政策调查和政策制定、事中的政策实施以及事后的政策效果评估、结果反馈和政策修改等内容；从其作用特征来看，产业政策可分为制度型和行为型两大类。

三、康养产业各细分行业简述

（一）化学原料药行业

1. 化学原料药行业定义

原料药指用于生产各类制剂的原料药物，是制剂中的有效成分，包括由化学合成、植物提取或者生物技术所制备的各种用来作为药用的粉末、结晶、浸膏等，但病人无法直接服用的物质。原料药只有加工成为药物制剂，才能成为可供临床应用的药物。医药中间体是化工原料到原料药或药品生产过程中的精细化工产品，可视为原料药。另外，我们通常将一些不仅仅用于制药，同时在食品饮料、饲料中添加的有效成分，如维生素、氨基酸、柠檬酸也归入原料药，但严格来说这些应该归入营养添加剂。

2. 分类

总体来看，医药行业内一直将原料药生产企业划分为大宗原料药和特色原料药两个子行业。大宗原料药是指青霉素、维生素、激素等大吨位、不涉及专利问题的传统化学原料药，而特色原料药则是指为非专利药企业及时提供专利刚刚过期产品的原料药。其中，特色原料药利润要高于大宗原料药。

大宗原料药品种主要包括抗生素类、维生素类、解热镇痛类三大类，另外还有少数激素类、杀虫类原料药，如地塞米松、阿维菌素、皂素等；抗生素类原料药：青霉素工业盐、6-APA、7-ACA、7-ADCA、GCLE 等；维生素类原料药：VC、VE、VA、VB、VB5、VH 等；解热镇痛类原料药：阿司匹林、布洛芬、扑热息痛、安乃近等。

此外，根据客户的不同，原料药企业可以划分为三个层次，层次越高，进入的要求就越高，产品的附加值也相对越高：第一层次是合约生产商（CMO），能直接与创新药商合作并保持密切的关系；第二层次是与仿制药公司密切联系的生产商，他们往往能向专利挑战、合成特殊药物活性成分、按合同生产等；第三层次是简单的原料药供应商，这个层面竞争制胜的关键是规模和低成本。我国原料药企业目前大多处于第三层次，竞争力较弱。

3.产业链

化学原料药根据品种的不同，上游的原料也有所不同，但总的来说可以分为合成型和发酵型两类。合成型的原料药主要包括VE、VA等，其中间体主要是一些化工产品，上游为原油；发酵型的原料药主要有VC、核黄素、青霉素等，上游产品为玉米、豆粕等粮食。从原料药的下游来看，抗感染原料药和解热镇痛药的下游均为医药制剂，而维生素则不同，下游需求多样化，除了医药制剂外，还包括保健品、饲料添加剂、食品添加剂和化妆品等。

（二）化学药品制剂行业

1.定义

化学药品制剂行业指直接用于人体疾病防治、诊断的化学药品制剂，其中包括片剂、针剂、胶囊、药水、软膏、粉剂、溶剂等各种剂型的药品及放射性药物；不包括中成药制造、动物用药制造和生物制品和生化药品。

2.分类

化学药品从是否获得药品专利保护的角度可以分为专利药和非专利药两类。专利药是指生产厂商申请专利保护，从而在专利期内享受市场独占性的药物，专利药的生产和销售被制药商垄断，价格也完全由制药商决定。专利保护期一般为17—20年，从申请专利到研究开发投入市场需经历十年左右时间，故一个新药真正的实际受保护期一般不会超过十年。一般药物的市场存在期要比其专利保护期长得多。

非专利药是指药物专利持有者之外的企业因专利过期，或者是合法取得专利持有者的专利授权而生产出的药品。非专利药都是没有商品名的，只标注药品通用名，医生对非专利药开处方也只写通用名，因此也被称为"通用名药物"。一般仿制药均为非专利药。2004年，美国食品药物监督管理局出台法规规定，首个获准的非专利药均享有Hatch-Waxman法案规定的180天的市场独占期，这期间不批准其他同样的非专利药上市。这一规定意味着授权式非专利药同样可以率先上市，占领市场先机。通用名药一般已经销售多年，疗效确切，加之投入少，研制周期短，风险小，受到很多厂商的青睐。如果率先上市，也能迅速夺取市场，获取高额利润。低价的通用名药上市将对专利药带来极大的冲击。首个非专利药上市时，品牌药将流失15%～30%的市场份额。当更多的非专利药上市时，品牌药的市场销售甚至可能削减90%。

近年来，一些发达国家政府为减少庞大的医疗费用支出，减少社会保障压力和财政赤字，鼓励使用通用名药，使通用名药市场得到了快速发展。目前，通用名药市场已经占全球药品市场的40%以上。

化学药品制剂可以分为处方药和非处方药。非处方药大都用于多发病常见病的自行诊治，如感冒、咳嗽、消化不良等。非处方药是不需要医师或其他医疗专业人员开写处方即可购买的药品，一般公众凭自我判断，按照药品标签及使用说明就可自行使用。处方药则需要医师或其他医疗专业人员开写处方。处方药的消费模式是由医生代理病人进行消费。

3. 产业链

从上游到下游的化学药品产业链构成主要是基础化工、中间体、原料药、制剂药。其中，原料药厂商可以分为大宗原料药和特色原料药厂商，大宗原料药主要用来生产大量生产的普药，后者主要是供应通用名药厂商，专利药厂商一般自己生产原料药。原料药厂商和制剂药厂商之间往往存在一个利润分成比例，而通用名药厂商出于成本竞争的考虑，一般跟特色原料药厂商有着比较稳固的战略关系，两者之间的利润分成比例也比较稳固，大约在 7：3。由于大宗原料药竞争比较激烈，价格波动也比较剧烈，在全球范围内，政府以及保险公司寻求降低医疗费用的背景下，普药及大宗原料药的利润空间将被抑制。

（三）中药行业

1. 定义

中药即按中医理论的用药，为中国传统中医特有药物。中药包括中药材、中药饮片、中成药三大支柱。其中，中药材是中药饮片和中成药的原料。了解了中药是什么，那我们再来说一下中药行业，中药行业是专门从事中药商品生产经营的行业。包括各种专营和兼营的中药材种植场、饮片厂、成药厂以及收购、采购、运输、批发、零售、仓储等经营和管理的全部机构网点。中药行业的产生和发展是随着中医药及其社会分工的发展和商品经济的发展而逐渐发展起来的。宋代以前，主要是官营，南宋时开始出现民营药铺。由于中医多味处方，涉及南北各地出产的药材，调剂面广，相应出现了行商（贩运）。药材行栈，中药材集散市场等一系列的商业企业和经营活动，药铺也逐渐有了药材铺、膏药铺、眼药铺、香药铺、生熟药材铺以及零售、批发等各种专业的划分。中华人民共和国成立后，经过对私营中药商全行业的社会主义改造，中药行业基本上为国营药材公司系统所取代。进入20世纪80年代，中药经营逐步出现了全民、集体、合作、个体一起上的新局面。为了加强对中药行业的管理，国务院明确规定了，药材公司负责中药产供、销的综合平衡和行业管理。

2. 分类

中药行业主要包含两个组成部分：中药饮片加工业和中成药制造业。中药饮片加工是指对采集的天然或人工种植、养殖的动物和植物中草药进行加工、处理的活动。中成药制造是指直接用于人体疾病防治的传统药物的加工生产，包括用中药传统制作方法制作的各种蜜丸、水丸、冲剂、糖浆膏药和用现代药物制剂技术制作的中药片剂、针剂、胶囊、口服液等专科用药。

3. 产业链

中医药行业的产业链中，国内部分的上游产业包括中药种植业、医药制造业等，上游企业主要有为中药行业提供原材料以及相关生产设备的企业等，如中药材培育基地、中药材加工研发基地等。下游产业包括医药流通、居民健康和保险等行业，主要是中药消费市场，有医院、药店、部分超市和商店。此外，还有以中药提取单体出口为主要业务的企业，属于国际天然药物产业链的上游部。

（1）中药新药研发，包括中药新药的临床前研究和临床研究。国内中药企业基础研发和创新能力较弱。

（2）中药材种植，针对不同地区的特殊的生态环境，种植优质品种。为了提高药材质量，必须运用各种育种技术培育拥有良好种质资源（优质、早熟、高产、抗病、抗逆、适应性强、有效成分含量高）的新品种。我国具有世界上最丰富的天然药物资源，据我国第三次中药材资源调查，我国现有的中药资源种类为12 807种，其中药用植物11 146种，药用动物1 581种，药用矿物80种。《中国药典》2000版收载中药材532种。仅对320种常用植物类药材的统计，总蕴藏量就达850万吨左右。全国药材种植面积超过580万亩，药材生产基地600多个，常年栽培的药材达200余种。在2018年我国启动了第四次中药材资源调查，截止到2019年已在全国31个省2 000余个县开展中药资源调查，汇总到全国近1.3万种野生药用资源的种类、分布信息，总记录数2 000万条，基于100多万个样方的调查数据，可以估算《药典》收载563种药材的蕴藏量；收集到药材样品、腊叶标本、种质资源36万余份；已发现79个新物种，初步分析近六成有潜在药用价值。此外，在全国建成28个中药材种子种苗繁育基地和2个中药材种质资源库。

中药制剂生产所需主要原材料通过国内采购供应，生产企业所需各类中药材中除一部分野生外，大部分来源于种植、养殖和加工。由于这些中药材多为自然生长、季节采集，周期性强、地域性强，因此某一种药材在某一时期可能因为自然灾害造成周期性减产而导致其价格上涨，可能影响本公司正常生产或者导致公司产品成本发生变化。

（3）中药加工。在中药材生产基地建立加工厂，直接加工成中间体，然后将中间体运输到提取厂进行提取。这样做可以节省运费、利于中药材保存、节省存放面积，同时对药品质量有保障。

（4）中药提取。专家认为，中药材经炮制加工后可增值30%左右，中药材制成提取物后可增值30%～50%，中药材经分离提取制成配方颗粒后可增值50%～80%。企业核心竞争力的体现正在于中药材的提取工艺以及药品配方。

（5）中药销售。中药材饮片、配方颗粒、中成药均可由中药材销售公司、连锁药店及医院等进行销售。中成药制造行业的下游行业为医药商业行业。降低流通费用是医药企业能够获得利益的关键。目前，医药流通市场竞争激烈，医药企业以往的小而全的经营模式不利于企业增强竞争优势，企业之间的合作以及现代物流手段的运用将得到高度重视，这利于流通成本的降低、效益的提升，并带动医药商业行业的良性发展。

（四）生物医药行业

1.定义

广义的生物医药包括从动物、植物、微生物等生物体中制取的以及运用现代生物技术产生的各种天然生物活性物质及其人工合成或半合成的天然物质类似物等，包括天然生化药物、生物制品、生物技术药物等产品。狭义的生物医药指利用基因工程、抗体工程或细胞工程技术生产的药物。我们在本书中将生物医药的含义定为狭义的生物医药概念。

生物医药从构思到走向市场，需要经历实验室研究、临床前研究、临床试验、新药审批、生产、药品定价、销售等环节，其中药品的生产涉及药品的成本，是药品能否实现产业化的关键性前提，药品的销售能力与渠道决定着产品销售收入。生产技术的发展也影响着生物医药整个行业的发展，每一次的生物技术革命（如重组技术的出现、现代免疫学的发展等）都推动了生物医药行业的发展。

2.分类及产业链

全球生物医药产业可划分为基因工程药物、抗体药物、血液制品、诊断试剂以及疫苗五类。其中，抗肿瘤药物、自体免疫疾病治疗药、抗糖尿病药以及疫苗类产品在生物医药市场占据主要地位，同时是增长较为显著的生物技术药物。2014年全球生物药市场规模为1 944亿美元，到2018年达到2 618亿美元，年复合增长率为7.7%，高于非生物药市场增速。由于多个单抗药物专利相继到期，生物类似药进入快车道，市场规模增长至2018年的72亿美元，年复合增长率达到43.4%。生物药市场中，单抗是占比最高的细分类别。2018年，单抗占据全球生物药销售额的55.3%，然后是重组治疗性蛋白销售额占比32.1%，疫苗销售额占比11.5%。2018年全球销售额排名十的药品中，单抗和融合蛋白类的产品占据了八席。其中，阿达木单抗销售额199.36亿美元，连续多年蝉联全球最畅销药物。

中国生物医药产业也可以细分为基因工程药物、抗体药物、血液制品、诊断试剂以及疫苗五大类。

2014—2018年，我国生物药市场规模从1 167亿元增至2 622亿元，年复合增长率22.4%，增速远高于全球水平。其中生物类似药从8亿元增长到16亿元；原研药从1 159亿元增长到2 606亿元。2018年生物药市场中单抗药物市场规模为160亿元，仅占比6.1%，低于全球55.3%的水平，未来发展空间巨大。

（五）医疗器械行业

1. 定义

按照《我国医疗器械监督管理条例（修订草案）》的规定，医疗器械是指单独或者组合使用于人体的仪器、设备、器具、机器、用具、植入物、离体试剂或校准物、软件、材料或者其他物品，其用于人体体表及体内的作用不是用药理学、免疫学或者代谢的手段获得的，但是可能有这些手段参与并起一定的辅助作用。其使用旨在达到一项或者多项预期目的，包括对疾病的诊断、预防、监护、治疗或缓解；对损伤或者残疾的诊断、监护、治疗、缓解或补偿；对解剖或者生理过程的研究、替代、调节或支持；生命的支持或维持；妊娠控制；医疗器械的消毒或灭菌；通过对来自人体的样本进行离体检查，为医学或诊断目的提供信息；等等。医疗器械行业是以开发和生产用于疾病防治和诊断，挽救危重伤病患生命及提高生存质量的材料、器械及设备生产为目的的行业。

2. 分类

根据国家统计局的标准，医疗器械行业可分为医疗诊断、监护及治疗设备，口腔科用设备及器具，实验室及医用消毒设备和器具，医疗、外科及兽医用器械，机械治疗及病房护理设备，假肢、人工器官及植（介）入器械，其他医疗设备及器械这7小类行业。而根据《医疗器械监督管理条例》，可以将医疗器械分为三大类：第一类指通过常规管理足以保证其安全性、有效性的医疗器械；第二类指对其安全性、有效性应当加以控制的医疗器械；第三类指植入人体，用于支持、维持生命，对人体具有潜在危险，对其安全性、有效性必须严格控制的医疗器械。

目前，我国形成了长三角、珠三角和京津环渤海湾三大医疗器械产业聚集区，三大区域医疗器械总产值和销售额占全国总量的80%以上。其中，珠三角以研发生产综合性高科技医疗器械产品为主，长三角主要生产开发以出口为导向的中小型医疗器械，环渤海湾地区主要从事高技术数字化医疗器械的研发生产。此外，成渝地区是新兴的、以生物医学材料和植入器械及组织工程为特色的医疗器械生产地区。

3. 产业结构

近年来，国家针对医疗器械行业出台了一系列的利好政策，推动医疗器械行业蓬勃发展。在产业政策上，"十三五"规划纲要明确指出，未来五年内重点研制高科技诊疗设备及体外诊断设备，开发应用医用加速器等治疗设备及介入支架等植入产品；发改委将医疗器械相关设备、医用材料及服务列入《战略性新兴产品重点产品和服务指导目录》。

我国医疗器械行业产品主要以中低端产品为主，由于技术水平限制和发达国家的资源垄断等因素，部分高端医疗器械仍需从国外进口。从医疗器械进口结构来看，中高端医疗器械约占全部进口医疗器械的44.3%，其中进口金额排名前三的医疗器械分别为光学射线仪器、高端介入类材料以及医用X射线诊断设备等中高端产品，分别占全部进口金额的7.7%、7.2%和7.1%；国内产品虽有相同种类产品，但是在安全性和有效性上仍较国外先进水平有一定差距，加之这些产品的技术含量和附加值较高，不易研发制造，所以仍需从国外进口。

从我国医疗器械的市场结构上来看，占比前五的细分行业与全球市场结构相同，都是医学影像、体外诊断、低值耗材、心血管耗材和骨科耗材，排名前五的细分行业整体占比超过55%；与全球医疗器械市场结构不同的是，中国医疗器械市场上，医学影像类设备占比最大，然后为体外诊断，低值耗材排在第三位（图1-2）。

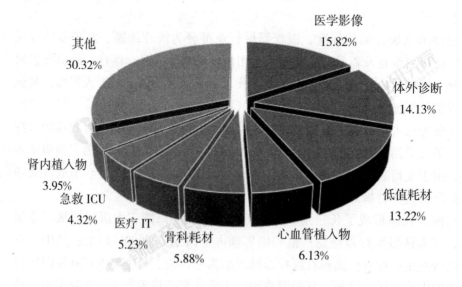

图1-2 中国医疗器械行业细分市场结构

（六）医药外包服务行业

1.定义

医药外包业务主要包括早期药物发现、临床前研究、各期临床试验、药物基因组学、Ⅰ-Ⅳ期临床、信息学、临床文件、政策法规咨询、生产和包装推广、市场、产品发布和销售支持、药物经济学、商业咨询及药效追踪等。

2.分类

按照在产业链上的分布看，制药业的外包包括R&D外包（CRO）、生产制造业务外包（CMO）和销售外包（CSO）。

合同研发外包（CRO）是提供包括化学结构分析、化合物活性筛选、药理学、药代学（吸收、分布、代谢、排泄）、毒理学、药物配方、药物基因组学、药物安全性评价和Ⅰ-Ⅳ期临床试验、试验设计、研究者和试验单位的选择、监察、稽查、数据管理与分析、药品申报等，几乎涵盖了新药研发的整个过程，并主要对新药的安全性和有效性进行检测。

合同制造外包（CMO）主要是接受制药公司的委托，提供产品生产时所需要的工艺开发、配方开发、临床试验用药、化学或生物合成的原料药生产、中间体制造、制剂生产（如粉剂、针剂）以及包装等服务。

合同销售外包（CSO）主要为制药企业提供项目队伍外置雇佣服务、市场推广、销售管理、临床实验、注册政务等全部医疗保健行业的商业化运作环节的外包服务。

（七）医药流通行业

医药流通行业是连接上游医药生产企业和下游零售终端承上启下的重要环节。医药流通企业从上游医药生产企业采购药品，然后再批发给下游的医药分销企业、医院、药店等，通过交易差价及提供增值服务获取利润。

根据药品流通终端客户的不同，我们可以将医药商业的业务模式简单分为分销（终端客户主要是医院等医疗机构）和零售（终端客户是个人）。

中国经济的梯度发展使各区域的医药流通市场发展各异。从各主要区域市场的分布来看，华东、华北和华南是最大的三个区域市场。这三个市场也是中国经济最发达的三个区域，并拥有一些共有的特征：①消费能力较强，高端药品消费多集中于此；②这些区域的流通市场运行相对规范一些；③医疗终端回款天数相对较短，如上海地区医疗机构回款天数在60天左右，而东北、西北地区则可能在180天以上。

（八）医疗服务行业

1. 定义

医疗服务是指对患者进行诊断、治疗、防疫、接生、计划生育方面的服务，以及与之相关地提供药品、医疗用具、病房住宿和伙食等的业务，统称为医疗服务。相应的，提供医疗服务的机构被称为医疗机构，包括医院、卫生院、社区卫生服务中心（站）、疗养院、门诊部、村卫生室、妇幼保健院、专科疾病防治机构、疾病预防控制中心等。

2. 分类

（1）按照产权性质医疗机构可分为公立医疗机构和非公立医疗机构。公立医疗机构包括国有和集体所有的医疗机构，一般为事业单位编制。非公立医疗机构指民营或外资等非公资本兴办的医疗机构，也包括非公资本与公有资本联营的医疗机构，通常由专门医院管理公司运营。

（2）按经营方式医疗机构可分为营利性医疗机构和非营利性医疗机构。营利性医疗机构所获利润可以进行分配，分配对象包括但不限于机构合伙人、股东、管理者、员工等。非营利性医疗机构所获利润只能用于机构自身的发展，而不能对其他任何对象进行分配，非营利性医疗机构享有国家对非营利机构的税收优惠政策。需要指出的是，所有公立医疗机构本身由于其作为事业单位的公益性质，都应当认为是非营利机构。因此，这一分类方式实际只对非公立医疗机构有意义。

（九）健康管理行业

1. 定义

健康管理产业属于康养产业的基本产业群体之一，由三个大的基本服务模块构成，即健康检测与监测、健康评估与指导、健康干预与维护，并在一个信息平台上运行，通过不断的跟踪服务形成一个健康管理服务的封闭循环。由于健康信息共享、服务质量、效率、效益、利益分配等原因，在现实中这个循环是不可分割的，整个服务需要在一个管理体系下完成。

2. 产业链及分类

健康管理产业链条的上游主要包括提供信息技术平台的企业，此外还包括生产体检所需要的制剂和设备的企业，设备主要包括血液透析仪、B超设备、X光设备等，制剂则主要包括体检所需要的检验试剂等；健康管理产业链条的中游主要是指健康体检机构；健康管理产业链条的下游则主要包括健康咨询及后续服务企业。健康管理产业链的主要环节如下：

（1）信息技术平台的开发。健康管理的每一个环节都离不开信息技术的支撑，从客户基本信息的录入，到体检结果的收集、传输，再到数据的分析、发布与管理，信息技术都起到了不可替代的作用。健康管理的整套流程需要通过一个信息平台来实现，健康管理企业的兴起也预示着这类提供健康管理整套解决方案的 IT 公司发展前景良好。健康与 IT 技术的结合将催生一个新的巨大的市场。

（2）健康体检。健康体检是进行健康管理的初始步骤，也是目前发展最为迅速的一块业务。目前，整个健康体检产业还处于发展初期，利润空间大，企业规模普遍较小，主导品牌尚未完全形成，市场还未成熟；但也正因为健康体检业尚处于发展初期，进入这个行业才有了更多发展壮大的机会。此外，健康体检目前已经有比较成熟的发展模式可供借鉴，市场将越来越规范，前景也长期看好。所以，健康体检是进入健康管理产业一个很好的切入点。

（3）体检客户数据的深度加工。健康管理或体检机构可以利用已积累的个人资料、健康体检报告等数据进行深度开发。例如，根据已有的数据库，筛选出易患糖尿病的高发人群，有针对性地为他们提供健康管理服务。根据现有数据库，还可以和医疗机构进行一些合作研究。客户数据是健康管理类公司的核心资源之一，其潜在的商业价值不可低估，所以很有必要有计划、有目的地通过多种方式加以利用。通过实行会员制，健康管理提供商可以搭载健康产品和其他增值服务，并通过吸纳、过滤、筛选、梯级分化会员，给会员提供相应的技术服务、产品及其他解决方案。

（4）健康咨询、培训及出版。根据体检结果进行个人风险评估，针对个人提出个性化的健康管理方案，针对大众做健康生活知识的培训，提供这类业务的培训机构可以是健康管理类公司的一个部门，也可单独存在，在健康知识培训这一细分市场上做专做精。随着人们对自身健康的关注度的提高，自然对健康知识的需求也会增多，这为出版行业带来了新的成长机会。

（5）健康维持、促进产品或服务。健康管理除了提出有针对性的方案外，还需要后续的服务来加以配合，这也是一块很大的市场。健康管理类公司通过与提供保健品、健康食品、各种家用医疗器械等产品的生产企业或经销商合作，可以实现三方（健康管理类公司、生产企业和客户）共赢。

此外，健康与休闲度假相结合可以为旅游休闲产业带来新的增长点；健康与房地产业相结合，从设计到建造都以人的健康为本，可开发出更适宜居住的健康住宅；健康管理产业与保险业相结合可进一步丰富保险公司产品，吸引客户购买保险产品，同时完善了健康管理产业的服务内容。但从国际康养产业发展的历程看，随着人寿险、健康险的推出，保险业出于保证自身经营安全与利益的需要，必将进入这个领域，在参与健康管理服务投资与经营的同时，成为保险客户个人非医疗性健康消费的支付手段之一。保险业的介入将解决健康管理服务消费支付的"瓶颈"问题，推动健康管理服务产业快速发展。

四、我国康养产业发展现状

（一）总体发展水平

居民健康需求快速增长，市场规模日益扩大。从表1-1可见，2013我国城镇居民人均用于医疗保健方面的支出为1 136元，而农村居民人均用于该方面的支出较少，仅668元。2018年城镇居民人均用于医疗保健支出增长到2 046元，增长80.11%，农村居民人均用于该方面的支出较2013年增长85.62%了。可以看出，城镇居民比农村居民对医疗保健的需求更多，且其中的高收入人群更甚。随着我国人口数量的自然增长、居民经济条件的改善、老龄化的快速发展及居民保健意识的增强，城乡居民对健康产品和服务需求将不断增长，且增长速度较快。

表1-1　2013—2018年我国城乡居民人均医疗保健消费支出数据统计

年　份	城镇居民人均医疗保健消费支出（元）	农村居民人均医疗保健消费支出（元）
2013	1 136	668
2014	1 306	754
2015	1 443	846
2016	1 631	929
2017	1 777	1 059
2018	2 046	1 240

近年来我国康养产业快速发展，其中医疗、医药、保健品、健康管理服务、健康养老等产业发展态势良好，市场容量不断扩大。2019年，中国智慧健康养老产业规模近3.2万亿元，近3年复合增长率超过18%，预计到2020年产业规模将突破4万亿元。美国《财富》杂志在对我国消费品市场进行相关调查后做出预测，认为未来5年我国康养产业市场将会扩大10倍，其中保健

养生市场每年潜藏着 1.5 万亿元的机会。

从需求角度看，2018 年东部地区的上海、江苏等省份的城镇居民人均用于医疗保健方面的支出整体上要高于中部的安徽、河南等省份和西部的陕西和甘肃地区等省份。所以，人们对康养产业需求的大小跟地区经济发展的水平具有很大关联。

（二）产业结构

康养产业涵盖医药产业、医疗卫生服务、保健业及近年快速突起的健康服务产业等细分领域。

1. 医疗服务业

医疗服务业规模不断扩大。从医疗卫生类机构的数量、卫生从业人员的数量和质量及医疗服务设施等的总量来看，医疗服务规模是在逐步扩大的。

（1）医疗卫生机构数。2018 年末，全国医疗卫生机构总数达 997 434 个，比上年增加 10 785 个。其中：医院 33 009 个，基层医疗卫生机构 943 639 个，专业公共卫生机构 18 034 个。与上年相比，医院增加 1 953 个，基层医疗卫生机构增加 10 615 个，专业公共卫生机构减少 1 862 个。

医院中，公立医院 12 032 个，民营医院 20 977 个。医院按等级分：三级医院 2 548 个（其中三级甲等医院 1 442 个），二级医院 9 017 个，一级医院 10 831 个，未定级医院 10 613 个。医院按床位数分：100 张以下床位医院 20 054 个，100—199 张床位医院 4 786 个，200—499 张床位医院 4 437 个，500—799 张床位医院 1 858 个，800 张及以上床位医院 1 874 个。

基层医疗卫生机构中，社区卫生服务中心（站）34 997 个，乡镇卫生院 36 461 个，诊所和医务室 228 019 个，村卫生室 622 001 个。政府办基层医疗卫生机构 121 918 个。

专业公共卫生机构中，疾病预防控制中心 3 443 个，其中省级 31 个、市（地）级 417 个、县（区、县级市）级 2 758 个。卫生监督机构 2 949 个，其中省级 29 个、市（地）级 392 个、县（区、县级市）级 2 515 个。妇幼保健机构 3 080 个，其中省级 26 个、市（地）级 381 个、县（区、县级市）级 2571 个。

如表 1—2 所示，截至 2019 年 5 月底，全国医疗卫生机构数达 100.4 万个。与 2018 年 5 月底比较，全国医疗卫生机构增加 7 819 个，其中医院增加 1 689 个，基层医疗卫生机构增加 7 921 个，专业公共卫生机构减少 1 865 个。

截至 2019 年 5 月底，医院 3.3 万个，其中公立医院 1.2 万个，民营医院 2.1 万个。与 2018 年 5 月底比较，公立医院减少 200 个，民营医院增加 1 889 个。

基层医疗卫生机构 94.9 万个，其中社区卫生服务中心（站）3.5 万个，乡镇卫生院 3.6 万个，村卫生室 62.2 万个，诊所（医务室）23.3 万个。与 2018 年 5 月底比较，社区卫生服务中心（站）增加，乡镇卫生院减少，诊所增加，村卫生室减少。

专业公共卫生机构 1.8 万个，其中疾病预防控制中心 3 453 个，卫生监督所（中心）3 127 个。与 2018 年 5 月底比较，疾病预防控制中心减少 10 个，卫生监督所（中心）减少 23 个。其他机构 0.3 万个。

表1-2　2018—2019医疗卫生机构数量对比

项　　目	2018 年 5 月底	2019 年 5 月底	增减数
医疗卫生机构合计	995 787	1 003 606	7 819
一、医院	31 606	33 295	1 689
按等级注册类型分			
公立医院	12 145	11 945	−200
民营医院	19 461	21 350	1 889
按医院等级分			
三级医院	2 433	2 608	175
二级医院	8 560	9 172	612
一级医院	10 185	10 819	634
未定级医院	10 428	10 696	268
二、基层医疗卫生机构	941 561	949 482	7 921
社区卫生服务中心（站）	34 790	35 075	285
政府办	17 960	17 791	−169
乡镇卫生院	36 525	36 299	−226
政府办	36 060	35 821	−239
诊所（医务室）	217 873	233 462	15 589
村卫生室	633 237	621 730	−11 543
三、专业公共卫生机构	19 889	18 024	−1 865
疾病预防控制中心	3 463	3 453	−10

项　目	2018 年 5 月底	2019 年 5 月底	增减数
妇幼保健机构	3 075	3 127	−23
专科疾病防治院（所、站）	1 185	1 142	−43
卫生监督所（中心）	3 150	3 127	−23
计划生育技术服务机构	7 922	6 086	−1 836
四、其他机构	2 731	2 805	74

（2）卫生技术人员的数量与质量。2019 年年末，我国卫生技术人员达到 1 010 万人，其中执业医师和执业助理医师 382 万人，注册护士 443 万人，分别较 2018 年增长了 6.3%、6.7%、7.5%。卫生技术人员规模的不断扩大，对于我国健康服务的提升有着重要保障作用。

从人均占有量上考察发现，我国城乡居民享有的医疗服务规模也在不断扩大。其中，城镇居民享有的医疗服务资源要比农村居民多很多。2016 年末，全国医疗卫生机构床位 741.0 万张，与上年比较，床位增加 39.5 万张，其中医院床位增加 35.8 万张，基层医疗卫生机构床位增加 2.8 万张。每千人口医疗卫生机构床位数由 2015 年 5.11 张增加到 2016 年 5.37 张。

医疗服务能力增强。各类医疗卫生机构的资源利用效率均有所提高，工作效率和服务能力增强。其中，综合医院、中医院等规模较大，占据的资源较多较好，其医疗服务能力要比社区卫生服务中心（站）、卫生院、村卫生室等基层医疗卫生机构的服务能力要高。由于医疗资源的配置不均衡，造成城区大医院医疗服务拥挤的同时，基层医疗服务的低效率也导致了相对资源的浪费和"看病难"现象的出现。

国内绝大多数的医疗服务都是由公立医院提供的。在构成上，大型的综合医院、专业的公共卫生机构等大部分也都是公立的，公立医院在医疗服务体系中占据重要地位，也是不可或缺的存在。据不完全统计，在 2014 年的总体医疗服务收入中，公立医院获得的收入占比高达 70%，而私立医院仅占到 6%。随着医改的推进及系列政策的支持下，办医格局更加多元化。近年我国私立医院获得良好发展，据国家卫生计生委的统计，2014 年中，民营医院的数量正式超过公立医院，此后更是拉开距离，至 2018 年 9 月底，全国民营医院数量达到约 2 万个，是公立医院的 1.65 倍。2013—2017 年，我国民营医院年均复合增长率达到 13.48%。

医疗服务业的发展水平会跟地区的经济水平、发展程度有很大关系。据相关统计数据来看，2015 年，东部、中部、西部地区的每千人口拥有卫生技术人员 6.2 人、5.4 人、5.8 人，2012 年东部、中部、西部地区的每千人口拥有医疗卫生机构床位数分别 4.16 张、4.21 张、4.42 张。2014 年，从拥有的医疗卫生机构数、卫生技术人员数及医疗机构床位数的总量来看，我国的东部地区分别占到全国的 32.5%、40.8%、35.7%，其医疗卫生服务发展情况都要明显比中部和西部地区好得多。

2. 医药行业

根据国家统计局统计，根 2018 年医药制造业规模以上企业实现营业收入 24 264.7 亿元，同比增长 12.4%。其中主营业务收入 23 986.3 亿元，同比增长 12.6%，增速较上年提高 0.1 个百分点，高于全国规模以上工业企业同期整体水平 4.1 个百分点。实现利润总额 3 094.2 亿元，同比增长 9.5%，增速较上年同期下降 8.3 个百分点，低于全国规模以上工业企业同期整体水平 0.8 个百分点。医药制造业主营业务收入利润率为 12.90%，较上年同期提升 1.14 个百分点，高于全国规模以上工业企业同期整体水平 6.41 个百分点。但由于受到药品招标降价和医保控费等影响，医药行业整体增长放缓。但是，其细分行业出现分化，加之国家在中药注射剂方面给予了更多的管制，使以调养功能为主的中药饮片的需求快速增长；现代生物技术的进步和应用使化学制剂、生物制品等领域得到广泛关注，成为投资的热点。

3. 医疗器械行业

我国医疗行业长期存在的"医药养医"使我国药品消费的规模要远大于医疗器械的消费规模。欧美发达国家用于这两者的消费大致相当，而我国分别用于医疗器械和医药的消费差别较大，比例为 0.2 ∶ 1。近年来，我国医疗器械行业市场规模持续发展。2016 年，中国医疗器械市场销售规模为 3 700 亿元，较 2015 年的 3 080 亿元增长了 20.13%。在我国医疗器械行业快速增长的大背景下，我国医用耗材行业快速发展。2015 年，我国医用耗材行业销售规模达 1 853 亿元，同比增长 11.49%。2010 至 2015 年间，我国医用耗材行业销售规模年复合增长率为 23.92%，行业呈现快速扩张的态势。

不过，医疗器械行业发展受很多因素的限制，需要具备较好的经济条件和科技水平和较完善的配套产业，主要集中分布在我国的东部和南部沿海区域，如珠三角、长三角和东北等地区。

4. 营养保健品行业

据前瞻产业研究院统计，2017 年，我国营养保健品行业市场销售收入为

2 445.16 亿元，除 2016 年市场销售收入略有下降之外，其余年份均保持 10%以上增速快速发展。在欧美国家，居民平均用在保健品相关支出占到其总支出的 25% 左右，而在我国，该比值仅为 0.07%，差距较大。近年来，城乡居民用于医疗保健类方面的支出以每年 15% ～ 30% 的速度增长着，要远高于国外发达国家 13% 的增速。这也说明我国保健品市场蕴藏着巨大潜力，有待进一步开发。目前，已有安利、雅芳等 4 000 家外资保健食品品牌打入国内市场，市场销售强劲。中国保健协会做过相关统计预测，认为到 2020 年我国居民人均用于营养保健品方面的消费将会达到 300 元，这也预示着我国营养保健品市场将在 2024 有超 4 500 亿元的容量。

当前我国的保健食品功能重在调节免疫、缓解疲劳和抗衰老等方面，未来可根据产品的功能性特点，专口针对减肥人群、养生人群、临床病人等人群设计具有不同功效的营养保健产品。从区域分布看，我国营养保健产品重点集中在江、浙、沪、北京、天津等经济较发达的地区。另外，保健食品将"食健字"批号销售，超市和大卖场将成为其主要销售场所，且保健食品生产企业将会需要强制执行 GMP 生产标准，以及《食品安全法》等系列法规的出台，这些举措也将有助于行业规范的形成，继而推动营养保健行业取得良性发展。

5. 健康管理与促进

随着人们对健康认识的加深，人们的健康观念也在随之转变，更加注重对心理健康、良好适应状态的追求，从对医疗服务的追求转向对预防、保健服务的追求，健康管理与促进行业由此应运而生。健康管理业在我国的发展时间还很短。在医疗保险方面，城乡参保人数逐年增多，覆盖范围越来越广。在妇幼卫生保健服务方面，城乡居民对婚前医学检查、产前检查、孕产妇系统管理及儿童保健等服务的需求日益增加，从事妇幼保健工作的卫生工作人员较之以前快速增加。在卫生总费用投入方面，2013 年全国卫生总费用达 31 668.95 亿元，占 GDP 百分比为 5.39%。到 2018 年中国卫生总费用预计达 57 998.3 亿元，占 GDP 百分比为 6.4%。虽然卫生投入不断增加，但卫生资源供求不平衡的问题依然存在。健康管理机构主要以三种存在形式：①医疗机构设立的健康管理中心，依托其优质医疗资源，可以科学分析客户健康相关资料，还可根据需要提供与临床治疗相结合的服务；②专业的健康管理机构，如专业体检中心，可以提供专业体检、咨询、健康教育、健康管理等服务；③基层卫生服务机构，如乡镇卫生院、社区的卫生服务中也或站点等，可以为城乡居民提供基本的健康管理服务。

健康管理与促进产业虽然在我国起步较晚，但是近年获得了显著的发展。从健康体检人次数来看，健康体检人次从 2011 年的 3.44 亿人次增长到 2017

年的 5.01 亿人次，年复合增长率约为 4.66%。据前瞻预计，2018 年全年，我国健康体检人次有望达到 5.63 亿人次。从体检市场规模来看，2016 年我国体检市场规模已经超过 1 100 亿元，2017 年市场规模突破 1。300 亿元。2019 年，我国健康体检市场规模将达到 1 680 亿元。但也存在一些问题，尤其是健康体检机构管理存在着标准和规范缺乏的问题；政府的支持力度不够；健康管理服务人员的专业素质不够高；在信息资源共享方面相对局限，没有建立起很好的信息共享平台。

6. 休闲经济

随着人们生活水准的提升、休假制度的普遍施行，假日休闲娱乐普遍受到关注，消费更加追求健康、舒适、休闲，因此体育健身、休闲娱乐等发展迅猛。据统计，2017 年我国体育用品行业主营业务收入 1 484.9 亿元，同比增长 1.2%，年均复合增长率为 7.64%；利润总额 81 亿元，年均说合增长率为 9.37%。此外，2012—2017 年中国体育产业总值占 GDP 比重上升趋势明显，2017 年体育产业比重达 1%，到 2020 年中国体育产业增加值在国内生产总值中的比重达 1.0%，体育服务业增加值占比超过 30%。人们为了维持健康、促进健康，未来体育健身将会逐渐普遍，成为康养产业发展的一个重要方向。旅游产业方面，生态旅游、养生旅游等休闲模式成为新亮点。

7. 健康养老产业

我国自 20 世纪 90 年代起老龄化社会的趋势便开始显现，且程度不断加深。我国老年人口本身基数大，随着老龄化的快速发展、老年身体机能的下降及疾病的增加，老年人口的健康养老需求巨大，将带动老年健康产品、老年护理、老年康复等老年康养产业的发展。当下，我国健康养老产业还只是在探索发展中，尚处于起步阶段。同时，面临很多问题，如养老产业发展严重滞后，市场刚性需求旺盛，但供给严重不足。康养产业链条较短，老年健康产品的设计、研发、生产能力还很弱。产业发展也存在诸多瓶颈，如社会保障、医疗保健和养老金制度不成熟，土地供应难以落实，专业护理人员和服务机构管理人才严重不足，民办养老机构融资困难，等等。

（三）科技和人力发展现状

通过对 2018 年我国的卫生技术人员的学历构成分析发现，本科及以上占 34.6%，大专占 37.8%，中专占 22.3%，高中及以下占 5.4%。可以看出我国卫生技术人员大部分都是专科学历。

通过对 2018 年我国的卫生技术人员的专业技术资格分析发现，在卫生技术人员中，高级（主任及副主任级）占 8.0%、中级（主治及主管）占 19.9%、初级（师、士级）占 61.1%、待聘占 10.9%。综上分析发现，从业人员整体素质还不高，专业人才较为欠缺。

在科技水平方面。近年来，现代生物技术迅猛发展，可将这些先进技术广泛应用于农牧业、健康食品、医疗、医药等领域，为康养产业的发展提供了技术支持。

总体上，我国虽康养产业起步较晚，但迎来了快速发展时期，康养产业链已初步形成。从燕达国际健康城、环京津康养产业带等的实践也可以看出，我国康养产业集群正逐步形成。

第二节 我国康养产业发展存在的问题

一、康养产业体系不完善，产业链较短

康养产业涵盖内容很广，涉及医疗服务、医药、保健品、健康管理与促进、医疗器械、休闲旅游等多个与健康紧密相关的产业领域。目前，我国康养产业相关企业的数量在不断增多，存在企业规模小，竞争能力弱，对研发重视不够，产业层次不高等特征。产业链中的企业缺乏与相关产业的协作，同时由于体制机制不健全、行业本身发展的不成熟等原因，康养产业现有产业链条没有得到有效的拓展延伸，相关产业的关联促进作用和波及效应没有发挥出来。

二、康养产业资源分布不均

从城乡分布看，虽然经过多年发展，但城乡二元经济结构的现状没有改变，城乡间经济体量仍存在较大差距。城市居民和农村居民在收入水平和消费观念上均存在差异，城市居民对健康的关注、相对高的收入水平以及城市因人才、交通、信息、技术等优势使城市比农村更容易聚集康养产业发展所需的优质资源，从而使康养产业发展的重点一直围绕在城市和城市周边。从区域分布情况看，由于我国西部大开发、中部崛起政策推行，中西部地区经济已有较大改善，但是相对于经济较发达的中部地区而言，发展仍然相对缓慢。总体上来讲，康养产业的发展状况与区域经济发展水平之间存在密切关系：经济发达、居民收入水平越高的区域，该地区人民对健康的重视程度较高、健康养生需求较大。发达地区更容易会聚资金、先进技术、优质人才等要素，导致健康相关

产业在这些地区率先发展，且发展得更为完善。因此，康养产业进入东部地区要比进入西部容易很多。

三、从业人员素质不高，缺乏专业人才

随着人口老龄化的快速发展、慢性病的增多及人们对生活品质的追求，健康服务业将趋向于私人化、个性化。医疗服务、健康管理、健康养老服务等均需要专业的人才，但是目前我国还十分缺乏此类人才。近年掀起的健康养生科普热也预示着当前群众对预防保健相关知识的迫切需求和健康教育人才的短缺，特别是具有保健技能和能提供综合咨询等服务的专业人才十分缺乏。据统计，我国康养产业的专职及兼职从业人员已达到千万，但很多是专科以下学历和不具备专业素养的非专业人员，他们缺乏正规、专业的培训，致使从业水平不高。虽然卫生技术人员的数量有所增长，但是无论从数量还是质量上均难以满足康养产业长远发展的需要。2019 年，国家卫生健康委在 31 个省（自治区、直辖市）336 个县区级监测点开展全国居民健康素养监测。结果显示，我国居民健康素养总体水平继续稳步提升，2019 年达到 19.17%，比 2018 年提升 2.11 个百分点，不过在世界范围内依然处于较低水平。

四、行业标准和规范缺乏

虽然近几年我国康养产业发展迅速，但由于涉及医疗服务、健康管理、保健品等众多领域，还没有形成完善、健全的政策体系和行业规范，标准的制定和执行乏力，导致康养产业特别是保健品行业产品质量参差不齐、假冒伪劣现象时有发生，市场发展较为混乱。健康管理服务方面，因缺乏核心技术和对相关资源、流程等整合不够，导致为客户提供完整的、持续的健康管理方案的能力不足。

第三节　我国康养产业的发展建议

一、加强政府在康养产业发展中的调控职能

政府的调控和指导对康养产业的发展特别是发展初期阶段来说作用巨大。我国康养产业起步较晚，缺乏相应的标准和行业规范，需要从以下几个方面来加强政府的规划和引导：

（一）从战略高度重视康养产业

首先，了解发展康养产业的必要性和意义。其次，应加强对整个康养产业的规划设计，涵盖产业布局、配套政策等方面，进一步明确康养产业发展的目标和重点，合理布局规划医疗服务、生物医药、健康食品、健康养老等板块。

（二）建立健全政策体系和法律法规

出台一些能够促进康养产业发展的政策，如放宽康养产业行业的准入和简化立项、兴办、执业资格等相关审批手续，鼓励社会资本投资兴办康复疗养医院、老年专科医院、儿童医院、护理院等机构；完善财政扶持政策，加大扶持力度，鼓励社会资本投入非营利性健康服务机构的兴办和运营中来。政府可以就项目立项、土地供应等方面给予相应的优惠，还可以设立专门的产业扶持基金，扶持产业发展。

（三）鼓励金融机构创新

金融机构在我国市场经济中发挥着重要力量，应鼓励金融机构开发一些符合康养产业发展特点的金融产品或服务方式，以满足康养产业相关企业的信贷需求。

二、建立健全多层次、多元化的康养产业体系

在康养观念的影响下，人们对健康内涵的认识更加丰富、多元，传统的医疗服务产业已无法满足他们的健康服务需求，非医疗性健康服务需求日益获得重视，人们的健康服务的需求也更加多元化。因此，康养产业企业应充分了解大众的需求，结合他们的需求开发出适合孕妇、婴幼儿、儿童、老年人等不同人群的健康相关产品和健康服务项目。加大投入建立健全城乡基本医疗服务体系，使其更加信息化、网络化，以满足城乡居民的基本医疗服务需求。与此同时，要发展延伸健康咨询、老年护理等多种业态以满足大众的多元化需求，发展兼顾多种所有制形式、涵盖高、中、低产业层次的康养产业体系。例如，对于高收入人群，他们的亚健康状态和健康疾病要明显高于一般人群，所以针对这类人群需要做的就是根据他们个人的生活习惯不同，制定出持续性的以预防为主的健康指南，让他们通过改善日常习惯而促进健康；面对我国人口老龄化基数大、发展速度快，老年身体机能下降以及疾病增加的趋势，应加快发展老年健康产品、老年护理、老年康复等老年相关产业。

三、加快科技创新，推进产业升级

发达国家的实践经验告诉我们康养产业的长期持续发展离不开科技创新。

我国康养产业发展的总体层次不高，科技创新能力不足。

（一）重视研发，加大对研发的投入

鼓励引进关键技术，然后进行再创新。鼓励科研机构和企业开发出具有自主知识产权的核心技术，提高本企业的自主创新能力。在构建科技创新体系时，应引导企业注重市场为导向，要做到产学研相结合，鼓励资源共享和联合开发，这样才能使企业研发的技术和生产的产品能够迎合市场的需求。

（二）建立公共创新平台

为企业提供有关的技术支持服务，完善科技成果转化机制，让科技成果最终转化到相应的产品中，产生效益。

（三）重视科研人才培养

高校和康养产业企业应注重对科研人才的培养，吸引生物技术等方面科研人才，打造高水平的研发队伍，增强技术创新能力。

（四）引入互联网思维

注重在康养产业的发展过程中应用互联网技术，对产品、流程、服务等进行改造、整合、升级，注重以用户为中心。例如，利用互联网便携式诊断仪器收集居民的健康信息数据，提供咨询服务，以及可通过云服务管理健康数据为持续的健康管理提供数据资料支撑。

四、打造康养产业集群

康养产业是一个复合型产业，横跨一产、二产、三产的多个领域，既包括传统的医疗性产业，又包括非医疗性产业，既包括制造经营，又包括健康服务。因此，各地区应结合实际，围绕优势资源和要素，选取康养产业的部分产业重点发展。同时，通过制定投融资等相关政策引导生物医药、健康食品、医疗器械等企业分别向产业集群区、生态农业基地和产业园区等聚集发展，形成康养产业的规模效应，实现关键产业链条贯通和延伸。

五、加强专业人才培养和员工队伍建设

人才是决定产业发展能否成功的一大关键要素。对于康养产业的发展，研发人才、经营管理人才至关重要。针对康养产业从业人员整体素质不高的现状，应注重加强健康专业人才的培养和队伍的建设。为培养能够从事理论研究和研发的高层次人才以及能提供专业化服务的实操人员（如护理员、营养师、按摩师等），可在相关医学类高等院校设立健康服务专业；注重职业继续

教育，鼓励康养产业企业加大对从业人员进行专业知识和技能及服务礼仪等方面的定期培训。对有发展潜力的人员可选派他们到国内外的一些高级医疗（教育）机构进行进修学习。开展职业认证，规范从业人员的资质。实行灵活机制，促进人才的合理流动，鼓励医疗人员下乡下社区。

六、加强行业规范

通过政府引导，促进康养产业建立相应的行业协会，协助政府制定相应的行业发展规范和标准，监督行业中企业的经营行为，帮助维护消费者的权益，营造诚信经营的行业发展环境。可通过健康网站、健康节目、学术交流、报纸杂志等多种形式、多种渠道做好健康教育宣传，广泛向社会大众宣传健康养生、健康管理知识，提高他们对康养产业的认知度、参与度与满意度。

第二章　康养产业融合发展的理论依据

康养产业的兴起顺应了新的发展趋势，习近平在 2016 年 8 月的全国卫生与健康大会上强调要把发展健康产业作为加快推进健康中国建设的重点，李克强也在会上特别提出，要尽力把健康产业培育成为国民经济的重要支柱产业。近年来，国家先后出台了一系列指导性文件，逐步形成了康养产业的顶层设计，为康养产业融合发展带来了重大战略机遇。发展机遇就在眼前，而抓住机遇发展的重要前提条件是要掌握康养产业融合发展的理论，只有以理论为指导，才能正确指引康养产业实践发展。

第一节　产业发展理论

产业发展理论主要是研究产业发展规律的理论，包括产业发展周期、资源配置、产业转移、影响产业发展的因素、产业政策等内容。产业发展理论是由诸多经济学理论发展形成的，其中有影响力的理论主要是产业结构演变理论、区位分工理论和发展阶段理论等。该理论认为，产业发展具有阶段性，不同的阶段呈现出不同的发展规律，即使是同一产业在不同时期其发展规律也不都相同，对这一理论的研究有利于政府决策部门根据产业的具体发展情况制定不同的政策措施，也有利于企业根据这些发展规律采取相应的发展策略。[①] 产业发展的趋势是实现产业集群、产业融合，促进产业可持续发展等。研究康养产业融合发展路径问题，需要基于产业发展理论进行产业发展路径设计，在具体设计过程中，考虑产业发展规律和产业发展趋势，特别是注意产业集群的打

---

① 董立晓.威海市文登区康养产业发展战略研究[D].济南：山东财经大学，2015.

造和产业融合的促进，只有符合产业发展理论的发展路径才能更好地促进产业发展，进而实现产业可持续发展。

一、产业发展周期理论

20世纪80年代以后逐步兴起的产业发展周期理论来源于产品生命周期理论。对于单个产业的产生、成长和进化过程，我们可以用产业发展的生命周期理论来描述。和其他任何事物一样，每一个产业都有一个产生、发展和衰退的过程，即具有自己的生命周期。对于某单个产业而言，从本质上看它无非是一些具有某种相同生产技术或产品特性的企业的集合。因此，可以说该产业存在的基础是这些企业及其产品。而企业，尤其是产品是有生命周期的，一般可划分为四个阶段，即投入期、成长期、成熟期和衰退期。在产品的整个生命周期中，其销售额和利润额的变化表现为倒U形曲线，如图2-1所示。

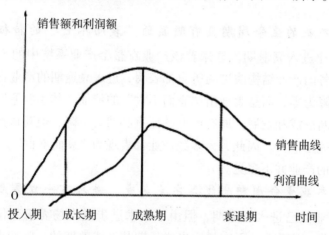

图2-1 产品生命周期的四个阶段

既然某一产业是以其具有代表性的产品为基础的，所以我们可以借用产品生命周期的阶段划分方法，同样把一个产业的生命周期也划分为四个阶段，即投入期、成长期、成熟期与衰退期。但是，由于一个产业的产出往往由多种相似的产品所组成，很难用某一产品的生命周期来代表整个产业的生命周期，这就造成了两者之间的差异，主要表现在以下几个方面：

（一）产业生命周期曲线的形状更为平缓和漫长

这是因为一个产业往往集中了众多相似的产品，因此从某种意义上说，其生命周期是所有这些众多相似产品各自生命周期的叠加，故反映其生命周期变化的曲线比单个产品的生命周期曲线会显得更加平缓而长度更长，如图2-2所示。

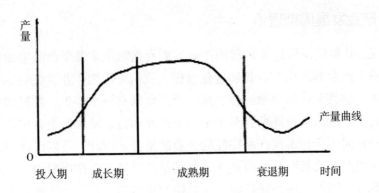

图2-2 产业生命周期的四个阶段

（二）产业的生命周期具有明显的"衰而不亡"的特征

一个产业进入衰退期，意味着该产业在整个产业系统中的比重将不断下降。但世界各国产业结构演进的历史都表明，进入衰退期的产业占整个产业的比重不会下降为零，而是表现出"衰而不亡"的特征。其主要原因是，随着新兴产业的不断形成和发展，原有产业的比重必然会下降，但对该产业产品的市场需求不会完全消失。因此，大多数产业都表现为"衰而不亡"，真正"死亡"或"消失"的产业并不多见。

（三）产业生命周期曲线会产生突变，进入下一发展周期

有些产业虽已进入衰退期，但由于技术进步或市场需求变化等原因，往往会重新焕发"青春"，再次显示出成长期甚至成熟期的一些特点。因此，有的经济学家认为，只有"夕阳技术"，没有"夕阳产业"。

划分产业生命周期的不同阶段主要是按照该产业在全部产业中所占比重的大小及其增长速度的变化而进行的。在产业的形成阶段，由于不同产业代表产品的市场需求状况的不同或其他原因，有的产业在形成期发展得较快（斜率变化大，曲线上升很快），有的却发展得十分缓慢（斜率变化不大，曲线上升平缓）。因此，该阶段的产业生命周期曲线对不同的产业时会呈现出不同的形状。但总的来说，这时期该产业在整个产业中所占的比重还很小。当某产业的产出在整个产业系统中的比重迅速增加，并且该产业在促使产业结构变动中的作用也日益扩大时，就可认为该产业已渡过了形成期而进入成长期阶段。处于成长期阶段的产业的一个主要特征是该产业的发展速度大大超过了整个产业

系统的平均发展速度，并且其技术进步迅猛而且日趋成熟，市场需求容量也迅速扩张，在生命周期曲线上表现为斜率较大，上升较快，当某产业经过成长期的迅速增长阶段，由于一方面其产出的市场容量已渐趋饱和与稳定，另一方面该产业对产业结构变动所起的作用也基本上得到了发挥，那么它发展的速度必将会放慢。这就标志着该产业从成长期步入成熟期，这时的生命周期曲线表现为斜率很小，变化平缓。这时期，与其他阶段相比较该产业在整个产业中所占的比重最大，当技术进步向市场上推出了在经济上可替代此产业的新产业时，该产业占整个产业的比重就会下降，发展速度开始变为负数，表明该产业已进入衰退期，这时的生命周期曲线具有不断下降的趋势，并且其斜率一般也为负数。

二、产业选择理论

产业发展的关键在于产业选择。一个国家或地区的产业体系由众多产业构成，如何选择适合本国国情的产业至关重要。按照各个产业在产业系统中的地位、作用和功能，可将国家或区域内部的全部产业划分为四个大类：主导产业、支柱产业、关联产业和配套产业。

（一）主导产业

主导产业是那些地区专业化水平较高、在国民经济中占有较大比重、技术先进、增长率较高、关联度强、对其他产业和经济发展有较强推动作用的产业，或者是当时对经济发展的作用还不大，但是具有较大的发展潜力和较好的发展前景，代表了产业的未来发展方向，可以在短时间内成长为具有较高总产出比重的产业。主导产业具有显著的四个特征：一是主导产业具有较大的产业比和较强的前向、后向和旁侧关联作用；二是受资源禀赋、制度环境和历史文化等因素的影响，主导产业表现出区域差异化特征；三是主导产业具有动态演化特性，随经济发展阶段的不同而变化；四是主导产业具有多层次性，处于国家或地区产业发展战略地位的主导产业应该是不同类型、不同水平、多层次的主导产业群，以实现产业发展的多重目标。

（二）支柱产业

支柱产业是指在整个国民经济产业结构体系中占较大比重，具有较快的发展速度，对国民经济起着引导和推动作用的产业。与其他产业相比，支柱产业具有较强的连锁效应，能够刺激新产业的产生和发展。在这里需要指出的是，支柱产业一定是主导产业，但是主导产业不一定是支柱产业。与主导产业相比，支柱产业更侧重于产值和利润。具体而言，支柱产业有五个特点：第一，注重产值。支柱产业更加强调产值在总产出中的比重。第二，注重当期。当前产值比重大的产业就是支柱产业，即使其产值有下降趋势，但比重仍较大，依然是支柱产业。第三，注重发展。支柱产业要求有较大的市场规模和较高的需求弹性，能够快速提高劳动生产率，不断降低生产成本。第四，注重就业。支柱产业要求能够创造就业岗位、吸纳劳动力。第五，注重带动作用。支柱产业拥有较强的带动能力，能够推动其他产业发展。

（三）关联产业

关联产业是相较于主导产业而言的，它是直接配合和围绕主导产业发展起来的产业，在投入产出或工艺、技术上与主导产业的联系最直接也最密切，可以说是为主导产业的建设发展而存在的。关联产业是主导产业的协作配套部门，因主导产业的不同而有所不同，有什么样的主导产业，就相应的要求发展什么样的关联产业，主导产业发展到什么程度，关联产业也就应该发展到什么程度。按照主导产业的三种关联效应，关联产业可以分为前向关联产业、后向关联产业和旁侧关联产业三大类型。关联产业具有三个特点：第一，不可或缺性。关联产业是保障主导产业的生产经营而生的产业，与主导产业有着紧密的联系，关联产业的缺失将会制约主导产业发展，不利于经济发展。第二，多样性。主导产业生产过程所需的各种生产要素都需要相关产业予以供给，而且其最终产品也需要其他产业予以购买消费等，这就推动了不同类别的多种产业的产生和发展，共同构成关联产业体系。第三，链条性。依据关联产业与主体产业的关系，形成了具有保障主体产业从生产到消费循环过程的支撑产业链和因主体产业、某些关联产业的发展带动其他产业发展的带动产业链。

（四）配套产业

配套产业也称为基础产业，除了主导产业、支柱产业和关联产业以外的其他所有产业都可以称为配套产业，它是主导产业、支柱产业和关联产业的基础。配套产业是为发展社会生产和保证生活供应而提供公共服务的部门、设施、机构的总体，包括生产性配套产业、生活性配套产业和社会性配套产业三大部门。配套产业具有五个典型的特征：一是基础性。配套产业一般处于产业链条的上游，其产品或服务往往是生产和生活所必需的。二是垄断性与竞争性并存。某些配套产业要求较大的固定资产投资，具有边际成本递减特性，垄断经营的效率反而更高；而某些配套产业的沉没成本较小，反而更加适合竞争经营。三是超前性。配套产业往往对其他产业存较强的制约作用，需要超前发展。四是必要的管制性。由于大部分配套产业属于垄断经营，为避免垄断带来的效率损失，对其进行严格的管制是有必要的。五是不可替代性。配套产业往往为社会提供必需的和基础性的产品或服务，在整个产业体系中不可或缺。

三、产业结构优化理论

产业结构是最为重要的一种经济结构，产业结构是否合理决定了经济发展水平的高低、发展速度的快慢。因此，明晰产业结构的内涵、发掘产业结构的演进规律有利于构建合理的产业结构，推动经济社会较快发展。

（一）产业结构的内涵

产业结构，从字面上看，既可以理解为某个产业内部企业间的关系结构，也可以解释为各个产业之间的关系结构。通常产业结构主要包括构成产业总体的产业类型、组合方式，各产业之间的经济技术联系，各产业的技术基础、发展程度及其在国民经济中的地位和作用。按三次产业分类，整个产业系统可以分为第一次产业、第二次产业和第三次产业三大门类。按照农、轻、重产业分类，产业结构可以分为重型结构、轻型结构、以农为主型结构三种类型。按照产业发展水平、技术层次、要素密集程度以及增加值的大小等因素分类，产业结构可以分为初级结构、中级结构和高级结构三种类型。

（二）产业结构演进规律

产业结构是随着经济和非经济因素的变化而不断地变动的，对经济发展有着重要的影响。只有把握产业结构演进的一般规律，才能制定科学的产业政策，引导产业健康发展。产业结构演进的一般规律如下：一是三次产业变动规律。它是关于不同产业实现国民收入的比重和吸纳劳动力比重的一般变动趋势，具体内容：随着人均国民收入的增加，农业实现的国民收入比重和农业劳动力的比重不断下降，第二次产业实现国民收入的比重和吸纳劳动力的比重呈现先上升后下降的趋势，而第三次产业实现的国民收入的比重和吸纳劳动力的比重都将不断上升。二是工业化重工化规律。它是一个国家或地区在工业化的进程中，消费资料工业与资本资料工业之间增加值的比例关系逐渐变化，工业结构凸显重工化的规律。这一规律是由经济学家霍夫曼发现的，因此也称为霍夫曼定律，消费资料工业与资本资料工业之间增加值的比例也称为霍夫曼比例。三是高加工度化规律。它是指在工业化重工化的过程中，无论轻工业还是重工业，都会发生由原材料工业为中心的结构向以精加工、深加工、组装工业为中心的结构转化，加工组装工业的发展速度和规模逐渐超越原材料工业，工业增长对原材料的依赖程度相对下降，工业加工程度不断深化的一种产业结构变化规律。四是技术密集化规律。它是指在工业化过程中，工业的要素资源结构呈现出向以资本技术为主体的结构演进趋势。在工业化初期，工业要素资源结构是以劳动密集化为主体的。随着工业结构重工化的推进，工业要素资源结构中的资本积累及积累能力将居突出地位，形成以资本密集化工业为主的阶段。此后，随着工业结构高加工度化的发展，技术资本品的质量和劳动力质量将成为工业资源结构中最为重要的影响因素，从事工业化过程进入技术密集化阶段。

四、产业布局理论

产业布局实质上是要素资源的空间配置。产业的空间分布是否合理决定了资源的配置和使用是否高效，进而影响到国民经济能够协调发展。产业布局理论是研究产业空间分布状况及其规律的理论，对一个国家和地区合理的产业空间分布结构的形成有着重要的指导意义。不管是市场机制还是计划机制，抑或者市场与计划相结合的机制形成的产业布局都是在遵守一定原则的前提下，有序进行的。

（一）经济效益原则

该原则是指产业的空间布局要按照经济效益最大化标准，合理确定产业的区位。

（二）比较优势原则

该原则指的是产业空间布局应充分考虑国家和地区的资源禀赋状况、技术发展水平、区域分工格局等因素的影响，使产业的地理分布能够尽可能发挥地区的比较优势，形成具有差异性的区域产业发展格局。

（三）分工合作原则

该原则指的是产业布局应立足于区域资源禀赋的产业，体现劳动地域分工与地区综合发展相结合、地区生产专门化和多样化相结合的关系。

（四）集中分散相结合原则

该原则指的是在产业发展的初期通过集中布局获得聚集经济效益，而当产业发展到一定阶段时，尤其是聚集不经济初露端倪时，应通过适当分散的产业布局避免或防止聚集不经济现象发生，从而提高经济效益。

（五）全局长远性原则

该原则指的是产业布局应充分发挥各地区的比较优势，协调局部与全局、短期与长期的相互关系。

第二节 产业集群理论

产业集群理论由美国哈佛大学迈克尔·波特教授创立，最早出现在他的代表作《国家竞争优势》一书中，在此书中，波特教授首次明确提出了"产业集群"定义，这一定义既肯定了产业集群的地理集聚性特征，也强调了产业集群内企业和关联机构间的竞争与合作，得到了业内的普遍认可。波特教授创立的产业集群理论主要是在亚当·斯密（1776年）的分工协作理论、马歇尔（1890年）的外部经济理论、韦伯（1909年）的区位论、佩鲁（1945年）的增长极理论和新产业区位理论等基础上提出的。[①] 该理论认为，产业集群的形成能为地区产业带来多种有利效应[②]，如规模效应、外部效应、区域品牌效应、学习与创新效应、合作竞争效应、成本节约效应等，这就提示在康养产业发展过程中应该注意打造产业集群，通过产业集群的打造形成区域康养品牌，发挥规模效应、学习与创新效应、外部效应等，促进康养产业快速发展，从而获得更大的产业发展效益。[③]

一、外部经济理论

新古典经济学的代表人物马歇尔在继承亚当·斯密劳动分工理论的基础上，进一步描述和研究了产业的集聚问题，被认为是第一个阐述产业集群理论的经济学家。他提出了"内部经济"和"外部经济"的概念。外部经济包括三种类型：市场规模扩大带来的中间投入品的规模效应、劳动力市场规模效应、信息交换和技术扩散。马歇尔认为"外部经济"促使中小企业的集聚并最终形成产业集群。外部规模经济是指企业利用地理接近性，通过规模经济使企业生产成本处于或接近最低状态，使无法获得内部规模经济的单个企业通过外部合作获得规模经济。他指出，集中于特定地方的"地方性工业"即产业区的本质是具有分工性质的企业在特定地区的集聚。马歇尔将集聚企业的地区称为"产业

---

① 侯小菲.龙草坪林业局熊猫谷景区森林康养基地建设浅析 [J].陕西林业科技，2018，46（1）：84-88.

② 李秀云，李俊杰，康丽滢.基于八要素模型的京津冀森林康养基地评价及承德策略 [J].经济研究参考，2017（47）：71-79.

③ 高丹丹，刘鹏，李顺龙.伊春市发展森林康养产业的潜力挖掘与品牌建设 [J].东北林业大学学报，2017，45（8）：101-104.

区"。马歇尔认为产业集聚的原因是为了获得外部规模经济的好处，许多性质相似的企业集中在一起就能获得外部经济的好处。马歇尔还用随着产业规模扩大而引起知识量的增加和技术信息的传播来说明产业集群现象。马歇尔认为外部规模经济是产业集群形成的原因，外部经济理论是他的小企业集群理论的基础。[①]

二、聚集经济理论

韦伯是世界经济史上较早而又完整、系统地提出产业区位理论的经济学家，其重要的贡献是对工业区位进行规范性的研究。韦伯的区位理论认为集聚的产生是自下而上的，是通过企业对集聚好处的追求而自发形成的。他认为，若干个工厂集聚在一个地点能给各个工厂带来更多的收益或节省更多的成本。

韦伯认为，产业集群分为两个阶段：第一阶段是企业自身的简单规模扩张，从而引起产业集中化，这是产业集群的低级阶段；第二阶段主要是靠大企业以完善的组织方式集中于某一地方，并引发更多的同类企业出现，这时，大规模生产的显著经济优势就是有效的地方性集聚效应。

韦伯认为影响集聚的因素有四个方面：

（一）技术设备的发展

随着技术设备专业化的整体功能加强，技术设备相互之间的依存会促使工厂地方集中化。

（二）劳动力组织的发展

韦伯把一个充分发展的、新颖的、综合的劳动力组织看作一定意义上的设备，由于其十分"专业化"，因而促进了产业集群化。

（三）市场化因素

韦伯认为这是最重要的因素。产业集群可以最大限度地提高批量购买和出售的规模，得到成本更为低廉的信用，甚至"消灭中间人"。

（四）经常性开支成本

集中化可以使基础设施得到共享，而基础设施的共享降低了企业的一般经常性支出（如煤气、自来水管道、街道等），同时一般开支的降低还会进一步促进企业的集聚。[②]

从理论上看，韦伯运用模型对产业集聚优势的因素进行了量化研究，研

---

① 谌迎春.产业集群理论综述 [J].广东科技，2010，19（4）:16-17.

② （德）阿尔弗雷德·韦伯.工业区位论 [M].李刚剑等译.北京：商务印书馆，2017:109.

究成果具有较高的理论价值。但是，韦伯对产业聚集的研究同其区位理论中的其他内容一样，是一种纯理论化的研究。对于所处的外部动态环境中的企业来讲，如果脱离了一切制度、社会、文化、市场竞争、历史因素，只是简单地从资源禀赋、能源消耗等角度考察产业集群的形成与发展，其研究结论在科学的现实性方面存在不足。

三、增长极理论

增长极的概念最早是由法国经济学家佩鲁提出的，是在分析具有支配效果发生的经济的非经济均衡增长时引入的。"增长极"概念是与"推动性单位"这一概念一起提出的。佩鲁首先定义了"推动性单位"，他认为，推动性单位是一种起支配作用的经济单位，当它增长或创新时能诱导其他经济单位增长。而增长极是在特定环境中的推动性单位，它是和周围相联系的推动性单位。增长极理论则是在以保德威尔为代表的区位理论学派将增长极概念用于解释相关产业的空间集聚后形成的。

（一）增长极理论内容

（1）在高度工业化的背景下，社会生产集聚是在经济发展冲动的地方先实现的。因借喻磁场内部运动在磁极为最强这一规律，称经济发展的这种区域"极化"为"增长极"。

（2）作为"增长极"发展及作用基础的产业被称为关键产业，它的特征是生产规模大，有很强的增长推动力并且与其他产业有广泛的关联。当关键产业开始增长时，该企业所在区域的其他产业也开始增长。经济增长的动力将逐步扩散，最终波及整个地区。

（3）"增长极"通过两个方面作用于周围地区。一是"极化过程"，即增长极以其较强的经济技术实力和优越条件将周围区域的自然及社会经济潜力吸引过来，如矿产资源、原材料、劳动力、投资、地方工业或企业；二是扩散过程，即增长极对周围地区投资及其他经济技术支援，形成附属企业或子公司，为周围地区初级产品提供市场，吸收农业剩余劳动力等。

（4）在"增长极"发展演化的中后期，以扩散作用为主，在这阶段，给予多于吸取，区域发展水平趋于均衡。

（二）增长极对地区经济增长产生的作用

1. 区位经济

区位经济是由于从事某项经济活动的若干企业或联系紧密的某几项经济

活动集中于同一区位而产生的。例如，某一专业化生产的多个生产部门集中在某一区域，可以共同培养和利用当地熟练劳动力，加强企业之间的技术交流和共同承担新产品开发的投资，可以形成较大的原材料等外购物资的市场需求和所生产产品的市场供给，从而使经济活动活跃，形成良性循环。区位经济的实质是通过地理位置的靠近而获得综合经济效益的。

2. 规模经济

规模经济是由于经济活动范围的增大而获得内部的节约，如可以通过提高分工程度、降低管理成本、减少分摊广告费和非生产性支出的份额，使边际成本降低，从而获得劳动生产率的提高。

3. 外部经济

外部经济效果是增长极形成的重要原因，也是其重要结果。经济活动在某一区域内的集聚往往使一些厂商可以不花成本或少花成本获得某些产品和劳务，从而获得整体收益的增加。因此，根据增长极理论，一个地区要想取得经济增长的有效途径就是在本地区优先发展一系列推动性产业，通过推动性产业的带动作用促使其他相关产业的集聚，这种推动性产业的建立可以依靠国家或地区政策自上而下地完成。

四、新产业区理论

（一）巴卡蒂尼区域产业集群

意大利学者巴格纳斯科在 1977 年提出新产业区的概念，认为新产业区是具有共同社会背景的人们和企业在一定自然地域上形成的"社会地域生产综合体"。巴卡蒂尼在 1990 年进一步指出，新产业区是一个社会和地域性的实体，它由一个在自然和历史所限定的区域中的人和企业集合的特征所决定。新产业区的首要标志是本地化网络，也就是区域内行为主体之间的正式合作联系及其在长期交往过程中所发生的非正式交流关系。区域产业集群一经形成就具有难以复制的各种特性。

1. 因企业集聚而形成的高度专业化分工

新产业区理论强调了产业区内部企业通过高度专业化分工或转包合同结成一种长期的稳定关系。而这种稳定的关系是基于企业之间的依赖和信任而形成的。

2. 本地结网

这是新产业区的核心内容，网络是指区内行为主体，包括企业、大学、科研机构、政府机构等，有选择地与其他行为主体进行长期正式的或非正式的合作，在此基础上所结成的长期稳定关系。

3. 植根性

一般来讲企业的竞争力取决于国家环境，但更取决于企业所在的区域和地方环境，任何经济活动都离不开当地的社会文化环境。

4. 行为主体的对称关系

在新产业区各企业都是相对独立的、平等的，没有支配和依附关系，都以平等的地位参与本地结网。

（二）皮奥勒和撒贝尔的以弹性专精为基础的产业集群

新产业区的概念虽然是巴卡蒂尼所提出的，但真正让这一理论引起关注的是在皮奥勒和撒贝尔的弹性专精理论提出后。他们合著的《第二次产业分工》首次对 19 世纪产业区再现的现象进行了重新解释，并提出了这种发展模式特点是弹性专精。

皮奥勒和撒贝尔认为，以弹性专精为基础的产业集群具有以下特点：

1. 柔性加专业化

柔性指通过生产要素的再配置不断改变生产过程，专业化指这种资源的再配置是在有限范围内进行的，因为进入某一产业界的企业都认为"他们的行业"是生产此领域内的产品而不是其他领域的产品。

2. 限制进入

一旦形成产业集群区，则区外的生产者无法享受区内的各种资源及制度性供给。

3. 鼓励创新和竞争但限制过度竞争

因为恶性竞争如工资等工作条件的竞争会阻碍技术进步。

新技术革命以后，随着后工业化和信息经济时代的到来，新产业区等理论对产业集聚或集群的解释正式进入了现代产业集群的范畴。学者对新产业内的企业从生产方式、企业间的非物质联系、产业区内参与主体的地位等各方面提出了对产业区不同的认识。[①] 可以说，新产业区理论的确立是产业集群理论正式进入了现代产业集群理论范畴的标志。

五、新竞争优势理论

波特在 1990 年所著的《国家的竞争优势》一书中，从战略的竞争优势角度研究产业聚集现象，并给出了一个新的称谓——产业集群，代替长久以来的产业区的称谓。他认为产业集群能否提高企业的生产率，提高企业持续创新能

---

① 尤振来，刘应宗．西方产业集群理论综述 [J]．西北农林科技大学学报（社会科学版），2008（2）:62-67.

力，降低企业进入风险，进而有利于提高国家竞争力，主要取决于生产要素、需求条件、相关供应商或支撑产业、企业的战略与结构四个主要因素和两个间接因素：政府和机遇，它们共同构成"钻石模型"。[①] 这个模型一旦形成，就会产生子增强机制，推动产业、企业的竞争优势形成及提高。

（一）形成产业集群的区域影响竞争的方面

①提高该区域企业的生产率；②指明创新方向和提高创新速率；③促进新企业的建立，从而扩大和加强集群本身。

（二）产业集群与竞争的关系

①产业集群内的企业通过在群内的生产力对群外企业施加影响；②集群内的企业通过采取低成本地进行技术创新为将来的发展奠定了基础；③集群的环境有利于新企业的产生和集群规模及影响的扩大。

因此，产业集群能够提高企业的竞争力。波特的竞争优势理论引发了不少管理学家对产业集群以及合作竞争战略的关注，但他的研究忽视了跨国的贸易活动对"钻石模型"的影响，且缺乏对集群内部结构、集群内各个企业间的产业联系的研究。

第三节　产业融合理论

1963 年，罗森伯格在研究美国机械设备产业时首次提出了产业融合思想，之后产业融合逐渐被人们关注，出现了研究热潮。产业融合的主要特征在于融合结果出现了新的增长点或新的产业。产业融合是一个动态发展过程，经历了技术、产品、企业、市场阶段，它使产业边界变得模糊，促使人们需要重新考虑各产业间的关系，通过对各产业之间的资源进行整合和利用，进而产生极大的乘数经济效应。[②] 如今，产业融合已经不仅是一种发展趋势，更是产业发展的现实选择，因为产业融合有助于促进产业创新、塑造新市场结构、提升消费、优化资源配置、提升产业竞争力、促进就业增加和人力资本发展、提高产业整体发展效益、推动区域经济一体化等[③]，对产业发展和经济

---

① 陈璐珊.产业集群理论研究综述 [J].商场现代化，2010（27）:127-128.

② 刘福江，刘林，冯健，等.辽宁省发展森林康养产业的思考 [J].辽宁林业科技，2016（5）:63-66.

③ 陈亚云，谢冬明.江西森林康养旅游发展刍议 [J].南方林业科学，2016，44（5）:58-60.

增长具有非常重要的作用。康养产业是一个涉及诸多领域的综合性产业，对其他产业能起到带动作用，因此和其他产业进行产业融合是其发展的必然趋势和现实选择。

一、产业融合内涵及特征

（一）产业融合内涵

产业融合是伴随技术变革与扩散过程而出现的一种新经济现象。国外产业融合思想最早起源于美国学者罗森伯格，但是直到 20 世纪 70 年代末，这种现象才受到广泛关注，并最初是来源于实业界关于"电脑和通信融合图景的描绘"，此后才扩展到学术界和政界。

1978 年，麻省理工学院（MIT）媒体实验室 N·尼古路庞特对计算、印刷和广播业三者间技术融合的模型化进行了描述，认为交叉处是增长最快、创新最多的地方，开启了学术界对产业融合研究的大门。此后的一段时间里，学术界对产业融合的研究成果也只是零星地出现。直到 20 世纪 90 年代中后期，美国新电信法案通过后，信息通信领域里跨媒体、跨产业、跨地域的企业并购风起云涌之时，才出现了产业融合研究的高潮，大量研究文献才开始出现。国内外学者对产业融合理象进行研究时，尝试着从不同视角对其内涵进行界定，结果使其内涵至今仍未形成一致意见。具体而言，现有研究成果主要从技术、产品、企业、市场及制度等视角来界定产业融合内涵的。

1. 技术枧角

产业融合理象研究最早始于技术融合。罗森伯格在对美国机器工具产业演化研究中发现了同一技术向不同产业扩散的现象，并把该现象定义为"技术融合"。所谓技术融合，是指迄今为止不同产业分享共同知识和技术基础的过程，也是某些技术在一系列产业中的广泛应用和扩散，并导致创新活动发生的过程。当不同产业技术的一体化（即共享相同的技术基础）显著地影响或改变另一产业中产品、竞争、价值创造过程的本质时，意味着技术融合产生。融合被界定为新技术不断替代以前技术的过程。

2. 产品视知

产业是由具有同类属性的企业组成的，产品是同类属性的重要体现与载体，因此一些学者从产品视角来界定产业融合。从需求角度看，产业融合是指以产品为基础的融合，或者是采用数字技术后原本各自独立的产品的整合。这种融合可以分为替代性融合与互补性融合。

3. 企业视角

企业作为产业融合的主体，在产业融合中，两个或多个以前各自独立的产业，当它们的企业成为直接竞争者时，即发生了融合。产业融合的发起者是企业，但仅以企业竞争合作关系的变化作为衡量产业融合是否发生的标准，往往忽视了处于不同产业而互补的企业。

4. 市场视角

融合是消除市场准入障碍和产业界限后，迄今各分离市场的汇合与合并，融合型产业出现萌芽状态后，这种融合是否成功乃至能否持续下去需要经过市场的检验。对于市场而言，需要达到相应的收入弹性条件和生产率上升条件，该产业才具有潜在的市场。此外，还有学者从更广范围研究产业融合含义，如基于企业对产业融合的反应、基于产业演化角度、基于产业边界视角、产业属性视角及模块理论视角，基于从产业融合的关键特征进行定义和从产业融合的涉及范围进行定义。

郑明高博士认为：从信息通信产业角度看，产业融合是在技术融合、数字融合基础上所产生的产业边界模糊化，最初指计算机、通信和广播电视业的"三网融合"。从原因与过程看，产业融合是从技术融合到产品和业务融合，再到市场融合，最后达到产业融合，是一个逐步实现的过程。从产业服务和产业组织结构看，随着产品功能的改变，提供该产品的机构或公司组织之间边界逐渐模糊。从产业创新和产业发展看，指不同产业或同一产业不同行业在技术与制度创新的基础上相互渗透、相互交叉，最终融合为一体，逐步形成新型产业形态的动态发展过程。

综合来看，虽然学者对于产业融合的定义各有侧重，但本质上来看，他们都基于一个共同认识：产业融合是一种从信息产业逐渐扩散的全新经济现象；产业融合的发展态势已广泛影响到世界产业的走向，并必将重塑全球产业的结构形态。

（二）产业融合的基本特征

对于产收融合的内涵定义，尽管由于视角不同，各种表述也不尽相同，但产业融合具有它共同的特征。

1. 产业融合本质上是一种创新

在信息化时代下，产业融合是一场新的产业革命，它加速了社会经济系统的深刻变更。产业融合在本质上是一种突破传统范式的产业创新，它丰富了传统的产业创新理论。新产业革命不仅是信息技术产业对传统产业的整合和改造，更重要的是以信息技术与信息产业为平台，关联产业互动与融合形成了一种新的产业创新方式。

2. 产业融合往往发生在产业边界处

产业融合发生的前提条件是产业之间具有共同的技术基础，能够先发生技术融合，即产业的技术革新或发明开始有意义的影响和改变其他产业产品的开发特征、竞争和价值创造过程，因而产业融合一般发生在产业之间的边界和交叉处，而不是发生在产业内部。产业融合不是产业重叠，因为信息化并不能完全消除产业边界，融合后的新产业可能会在很大程度上替代原有的产业，但是并不能完全替代原有产业，而是部分替代。

3. 产业融合是一个动态的过程

在产业融合发生之前，各产业内的企业之间是相互独立的，它们各自生产不同的产品，提供不同的服务，完全是一种"互不相干"的状态。随着企业规模的扩大和技术进步，一些企业为了生存，选择了多元化生产的路径和方法，生产多种产品、提供多种服务，这样一来，就会有部分企业的产品和服务有接近的地方，但它们之间的影响甚小。当越来越多的企业选择多元化生产和服务时，产业边界会逐渐模糊，不同产业之间发生交叉，融合型产品出现，标志着产业融合的发生。不同产业之间的相互促进会促进产业创新，当新兴产业出现并且融合型产品成为市场的主导时，产业融合的实现就成为事实。

4. 产业融合是产业间分工的内部化

产业融合是产业分工的新路径和新起点。分工的基本含义是由两个或两个以上的个人或组织去执行原本由一个人或一个组织所执行的不同操作或职能，融合的基本含义是由一个人或一个组织去执行原本由两个或两个以上的个人或组织所执行的不同操作或职能。

5. 产业融合是信息化与工业化融合的重要依据

信息化和产业化都是社会中生产形态的演进过程，在演进过程中生产方式内容包括发展理念、发展方式和发展动力、产业内容和管理模式等多方面。产业内容则是对应生产方式的重要组成部分和基础，没有产业内容的生产是不存在的，无法促进社会形态的变化。推进信息化与工业化的融合应先促进产业融合，用信息化的先进技术、理念和管理模式推动传统产业分解和重构，促进产业创新，实现新的市场、业务和产业发展，所以产业融合应是信息化与工业化融合的重依据和出发点。

二、产业融合的动因

产业融合的动因主要有技术创新说、市场需求说、市场供给说、综合因素说等四种观点。

（一）技术创新说

该学说认为技术创新是促使产业融合现象产生的内在动因，技术进步催生了产业融合（Lei，2000）。某一产业的技术创新使产业之间形成了共同的技术基础平台，进而影响和改变其他产业产品的开发、竞争和价值创造过程。

（二）市场需求说

该学说认为产业融合产生的根本动因在于市场需求和消费者的愿景（Aimralin Convergence Report，2000）。数字技术是产业融合的必要条件，而非充分条件。产业融合最重要动因是消费者的未来愿景，即拟接受的所有服务变得更加简单便捷。

（三）市场供给说

该学说认为产业融合产生的原因在于市场供给因素的变化（Thorns，2002）。产业融合的驱动因素主要包括生产成本的降低、供应方式的简单化、管理的简单化、维护费用的降低、供应速度的加快、服务的改进等。

（四）综合因素说

该学说指出产业融合的动因有技术动因（数字化）、经济动因（自由主义）、管制放松、全球化的数字通信网络（产业关联复杂化）。通信产业与广播产业产生融合的动因包括宽带技术和大容量信息通信网络技术的进步、移动通信技术发展及互联网的急速增长等。

三、产业融合的机制

国内外学者主要从技术、产品、价值链、产业结构、产业形成等四个层次对产业融合过程进行了理论阐述。

（一）技术演进的视角

该视角认为产业融合是新技术不断替代旧技术的过程。产业融合源于技术进步和管制的放松（植草益，2001），这一过程形成了技术的学习曲线（Gains，1998）。信息技术融合与学习扩散过程可分为突破、复制、经验、理论、自动化和成熟等若干阶段。

（二）产品融合的视角

提出产业融合过程主要是通过产品的替代型融合或互补型融合来实现，其中技术标准和知识产权在互补型融合中起重要作用。

（三）价值链整合的视角

从生产经营环节，将产业融合分为生产融合、采购融合和分销融合，不同阶段的融合相互促进（Greenstein and Khanna，1997），从价值链的整体性变化方向上，将产业融合过程分为价值链的分解与重构两个紧密衔接的阶段。

（四）产业结构演变的视角

该视角认为产业融合的过程，即是传统的产业内纵向产业关联向产业间横向产业关联发展的过程，如电话、电视与计算机三个不同产业的融合过程体现为三个产业内的纵向产业关联分解，并形成了五个水平化的产业间的横向关联。

（五）产业形成过程的视角

该视角认为技术的融合并不意味着产业的融合，产业融合应以市场融合为导向，一般要经过技术融合、产品融合与业务融合、市场融合三个阶段，最后才能完成产业融合的全过程。

四、产业融合的程度

技术融合、业务融合与市场融合的存在性及融合程度往往是研究的热点内容之一。研究方法上，主要有两种，即相关系数分析法和赫芬达尔指数法。例如，Fair and Tunzelmann（2001）从美国 867 户公司或分支机构中选择其在 1930—1990 年间行专利活动记录的 32 户公司，将它们被授予的专利分为化学、电子、机械、交通运输四个行业，分别计算了各个行业所占的专利分比，然后运用计量经济分析中的相关系数分析法，检验产业相互之间的专利份额的相关系数，以此判断产业间是否存在技术融合趋势；Gambardella and Torrisi（1998）在分析计算机、电信设备、电子元件、其他电子产品和非电子技术这五大产业技术融合状况时，通过搜集各产业内代表性的企业在各个产业专利资料的基础上，运用值来衡量产业间的技术融合度。相关系数分析法适合于对产业之间是否存在融合趋向进行判断，赫芬达尔指数法则侧重于对已处于融合进程中的产业之间的融合程度进行测算。

此外，也有学者运用线性回归分析法来衡量变量之间的关系，以此判断不同产业企业之间融合的存在性以及企业融合与企业业绩之间的相关性等产业融合相关问题。

五、产业融合的效应

目前，学术界主要从以下五个方面对产业融合的效应进行分析。

（一）产业融合与产业绩效关联

有学者的研究表明，20 世纪八九十年代，计算机、电信设备、电子元件、其他电子产品和非电子技术这五大产业发生了明显的产业融合理象，与其他融合发展现象不明显的产业相比，融合产业的绩效得到了明显的提高，产业融合必将成为新条件下促进就业与增长的一个强有力的发动机。

（二）产业融合与产业创新

产业融合往往发生在产业边界的交叉地带，认为技术替代型产业融合及技术整合型产业融合最终促成了一个新产业的诞生，这一新生产业将成为新的经济增长点。

（三）产业融合与产业升级

认为产业融合就是"通过技术革新和放宽限制来降低行业间的壁垒，加强各行业企业之间的竞争合作关系"（植草益，2001），不同产业间新型竞争合作关系建立在产业融合后更高层次的产业分工基础之上，有利于产业结构的优化升级。

（四）产业融合与经济一体化

产业融合无疑将扩展至整个信息市场，乃至催化今后世界经济的综合，这意味着信息通信业的产业融合将呈现出不断拓展化趋势，通过信息化的技术进步加速经济全球化进程。

（五）产业融合与企业发展战略调整

美国学者尤弗亚（Yoffie，1997）提出了 CHESS 模型，用来描述产业融合对企业发展和战略制定的影响，认为产业融合将促使企业采取有利于实现产品融合的战略措施，主要包括创新性组合、外部性和标准设定、范围经济、规模经济和捆绑，以及系统聚焦过程。

2002 年以来，产业融合理论开始为国内学术界所关注和引入，一些学者在介绍国际信息产业、金融业、物流产业、能源产业等融合发展趋势的基础上，对中国信息产业、金融业、能源产业出现的融合发展趋势进行了简要的理论分析，国内产业融合研究领域主要集中于中国信息通信产业领域的产业融合发展问题。

第四节　可持续发展理论

1980 年，"可持续发展"在《世界自然保护大纲》中被首次提出。[①] 之后，

---

① 李秀云，李俊杰，康丽滢. 京津冀协同发展背景下承德森林康养产业发展路径探析 [J]. 全国流通经济,2017（2）:57-59.

联合国世界环境与发展委员会在名为《我们共同的未来》的报告中，正式对"可持续发展"概念进行了界定，认为可持续发展是"既能满足当代人需要，又不对后代人满足自身需要的能力构成危害的发展"。①可持续发展理论强调资源的可持续利用，主张人与自然和谐共生。习近平提出的"绿水青山就是金山银山"理念就印证了可持续发展思想的重要性。随着该理念的提出，可持续发展问题逐渐被人们重视，人们对可持续发展问题的关注也逐渐从资源环境保护领域扩展到其他各个领域，如本文研究的康养产业，同样需要重视可持续发展问题。因为康养产业是十分依赖资源发展的产业，各种康养需求的满足都必须结合优质的自然资源或产业资源②，所以需要在可持续发展理论指导下进行可持续发展。康养产业的可持续发展不仅体现为康养产业自身能够可持续发展，更应体现为最终实现产业、经济、生态、人类社会可持续发展以及四者之间的统一和谐发展。

一、可持续发展理论的内涵

可持续发展理论的"外部响应"是处理好人与自然之间的关系，这是可持续能力的"硬支撑"；可持续发展战略的"内部响应"是处理好人与人之间的关系，这是可持续能力的"软支撑"。

可持续发展理论的外部响应表现在对人与自然之间关系的认识：人的生存和发展离不开各类物质与能量的保证，离不开环境容量和生态服务的供给，离不开自然演化进程所带来的挑战和压力，如果没有人与自然之间的协同进化，人类社会就无法延续。

可持续发展理论的内部响应表现在对人与人之间关系的认识：可持续发展作为人类文明进程的一个新阶段，其核心内容包括了对社会的有序程度、组织水平、理性认知与社会和谐的推进能力，以及对于社会中各类关系的处理能力，如当代人与后代人的关系、本地区和其他地区乃至全球之间的关系，必须在和衷共济、和平发展的氛围中，才能求得整体的可持续进步。总体上可以用下面叙述概括可持续发展的内涵认知：①只有当人类对自然的索取与人类向自然的回馈相平衡；②只有当人类在当代的努力与对后代的贡献相平衡；③只有当人类思考本区域的发展能同时考虑到其他区域乃至全球的利益时，此三者的

①　PHILLIPS A L. A walk in the woods[J]. *American Scientist*, 2011,99（4）:814-817.

②　董兴杰.秦皇岛市高端康养产业集群发展路径探索——以主动承接北京非首都功能为视角[J].燕山大学学报（哲学社会科学版）,2017,18（1）:92-96.

共同交集才能使可持续发展理论具备坚实的基础。

可持续发展揭示了"发展、协调、持续"的系统本质。从可持续发展的本质出发，其体系具有 3 个最为明显的特征：①它必须能衡量一个国家或区域的"发展度"。发展度强调了生产力提高和社会进步的动力特征。②能够衡量一个国家或区域的"协调度"。协调度强调了内在的效率和质量的概念，即强调合理地优化调控财富的来源、财富的积聚、财富的分配以及财富在满足全人类需求中的行为规范。也就是说，能否维持环境与发展之间的平衡；能否维持当代与后代之间在利益分配上的平衡。③能够衡量一个国家或区域的"持续度"，即判断一个国家或区域在发展进程中的长期合理性。持续度更加注重从"时间维"上把握发展度和协调度。建立可持续发展的理论体系所表明的三大特征，即数量维（发展）、质量维（协调）、时间维（持续），从根本上表征了对于发展的完满追求。

可持续发展反映了"动力、质量、公平"的有机统一。可持续发展集中解决了"发展"的三个基本组成元素：第一元素是寻求"发展动力"，通过解放思想、改革开放、制度创新调适生产关系，通过教育优先和科技创新去促进生产力，由此两者共同完成我国新时期对发展动力的要求；第二元素是寻求"发展质量"，通过制定低碳经济战略，达到节能减排，实现资源节约与环境友好；第三元素是寻求"发展公平"，即如何将发展成果惠及全体社会成员，坚持统筹城乡发展，坚持将改善民生问题作为出发点和落脚点。其中，发展的"质量"表征包括一个国家或地区的人与自然和谐程度、资源节约和环境友好及其对理性标准的接近程度，构成了衡量国家或地区发展的质量表征，其中包括国家或地区的物质调控水平、能量效用水平、生态服务水平和环境支持水平等的综合度量。

可持续发展体现了"速度、数量、质量"的绿色运行。从绿色发展的理念出发，国民财富积累不仅仅在于 GDP 的数量大小和增速高低，关键更在于是用何种方式、何种途径、何种成本生成的 GDP。可持续发展希望一个国家或地区不断创造与积累出理性高效、均衡持续、少用资源、少用能源、少牺牲生态环境，在综合降低自然成本、社会成本、制度成本、管理成本的前提下，最终获取的"品质好的 GDP"。可持续发展下的绿色 GDP 是可持续发展下真实国民财富的度量，这是在国家公布名义 GDP 的基础上，综合考虑扣除资源与环境的代价（超额的自然成本），平行地扣除社会理性程度与有序水平的不完善（超额的社会成本），以及考虑扣除制度设计、发展规划、管理水平的缺陷（超额的行政成本），同时应增加科技与教育投入所获得的储备（可持续发展潜力）。为实现绿色 GDP，首先要求破除粗放式生产和非理性生产的弊端；其次要求破除以资源投入的过度消耗和环境容量的过度透支为代价攫取财富。在既考虑自然成本也考虑社会成本的双重关系中，在统一思考资源环境成本的超额损耗、社会管理成本的超额损耗、可持续能力建设投入欠账的三重制约下，可持续发展将体现由经济要素、社会要素、环境要素、生活要素、管理要素共同组成的绿色运行。

二、可持续发展的相关理论

（一）可持续发展的基础理论

1. 可持续发展的生态学理论

可持续发展的生态学理论是指根据生态系统的可持续性要求，人类的经济社会发展要遵循生态学的三个定律：一是高效原理，即能源的有效利用和废弃物的循环再生产；二是和谐原理，即系统中各个组成部分之间的和睦共生，协同进化；三是自我调节原理，即协同的演化着眼于其内部各组织的自我调节功能的完善和持续性，而非外部的控制或结构的单纯增长。

2. 人口承载力理论

人口承载力理论是指地球系统的资源与环境，由于自身自组织与自我恢复能力存在一个阈值，在特定技术水平和发展阶段下对人口的承载能力是有限的。人口数量以及特定数量人口的社会经济活动对地球系统的影响必须控制在这个限度之内，否则就会影响或危及人类的持续生存与发展。这一理论被喻为20世纪人类最重要的三大发现之一。

3. 人地系统理论

所谓人地系统理论，指人类社会是地球系统的一个组成部分，是生物圈的重要组成部分，是地球系统的主要子系统。它是由地球系统所产生的，同时与地球系统的各个子系统之间存在相互联系、相互制约、相互影响的密切关系。人类社会的一切活动，包括经济活动，都受到地球系统的气候（大气圈）、水文与海洋（水圈）、土地与矿产资源（岩石圈）及生物资源（生物圈）的影响，地球系统是人类赖以生存和社会经济可持续发展的物质基础和必要条件；而人类的社会活动和经济活动又直接或间接影响了大气圈（大气污染、温室效应、臭氧洞）、岩石圈（矿产资源枯竭、沙漠化、土壤退化）及生物圈（森林减少、物种灭绝）的状态。人地系统理论是地球系统科学观论的核心，是陆地系统科学理论的重要组成部分，是可持续发展的理论基础。

（二）可持续发展的核心理论

可持续发展的核心理论尚处于探索和形成之中。目前已具雏形的流派大致可分为以下几种：

1. 资源永续利用理论

资源永续利用理论流派的认识论基础在于：认为人类社会能否可持续发展取决于人类社会赖以生存发展的自然资源是否可以被永远地使用下去。基于这一认识，该流派致力探讨使自然资源得到永续利用的理论和方法。

2. 外部性理论

外部性理论流派的认识论：认为环境日益恶化和人类社会出现不可持续发展现象和趋势的根源是人类迄今为止，一直把自然（资源和环境）视为可以免费享用的"公共物品"，不承认自然资源具有经济学意义上的价值，并在经济生活中把自然的投入排除在经济核算体系之外。基于这一认识，该流派致力从经济学的角度探讨把自然资源纳入经济核算体系的理论与方法。

3. 财富代际公平分配理论

财富代际公平分配理论流派的认识论基础：认为人类社会出现不可持续发展观象和趋势的根源是，当代人过多地使用了本应属于后代人的财富，特别是自然财富。基于这一认识，该流派致力探讨财富（包括自然财富）在代际间能够得到公平分配的理论和方法。

4. 三种生产理论

三种生产理论流派的认识论基础：人类社会可持续发展的物质基础在于人类社会和自然环境组成的世界系统中物质的流动是否通畅并构成良性循环。他们把人与自然组成的世界系统的物质运动分为三大"生产"活动，即人的生产、物资生产和环境生产，致力探讨三大生产活动之间和谐运行的理论与方法。

三、中国可持续发展的特征

作为一个发展中大国，提高经济技术水平，加速社会发展，尽快地由粗放型经济过渡到集约型经济，是当今中国可持续发展的首要任务。在这个时期，中国可持续发展战略具有以下基本特征：突出了产业部门，包括钢铁、有色冶金、化工、轻工、纺织、机械电子、建筑以及交通运输、物资流通等行业，特别注重能源和农业两大支柱性产业的可持续发展战略。

在保护与发展这个既矛盾又统一的问题上，采取了在促进经济发展的同时保护资源与环境的战略。为实现这一战略目标，强调尽可能地提高资源、能源利用率和废弃物综合利用率，减轻经济发展对环境的危害；强调可再生自然资源特别是生物和生态资源的开发，着眼于开发和增值的协调，扩大资源的再生能力，确保不因开发规模扩大而导致可再生自然资源的枯竭。

高度重视区域性和全球性重大环境问题，积极加入了《气候变化框架公约》《生物多样性公约》《蒙特利尔议定书》等有关国际公约，并制定了履行公约的战略措施。在《中国 21 世纪议程》的基础上，基于我国的实际情况，中国对可持续发展的认识和理解主要强调以下几点：

第一，可持续发展的核心是发展。历史表明，落后和贫穷不可能实现可持续发展的目标。中国必须毫不动摇地把发展经济放在首位，各项工作都要围绕经济建设这个中心来展开，无论社会生产力的提高、综合国力的增强、人民生活水平和人口素质的提高，还是资源的有效利用、环境和生态的保护，都有赖于经济的发展。经济发展既是发展的物质基础，也是实现人口、资源、环境与经济社会协调发展的根本保障。

第二，可持续发展的重要标志是资源的永续利用和良好的生态环境。可持续发展要求在严格控制人口增长、提高人口素质和保护环境、资源永续利用的条件下进行经济和社会建设，保持发展的持续性和良好势头。因此，保护好人类赖以生存与发展的大气、淡水、海洋、土地和森林等自然环境和自然资源，防止环境污染和生态破坏，既是中国社会主义建设的一项战略性任务，也是中国的一项基本国策。

第三，可持续发展要求既要考虑当前发展的需要，又要考虑未来发展的需要。中国实施可持续发展战略的实质是要开创一种新的发展模式代替传统落后的发展模式，把经济发展与人口、资源、环境协调起来，把当前发展与长远发展结合起来，而不是以牺牲后代人为代价来满足当代人利益的发展。

第四，实现可持续发展战略必须转变思想观念和行为规范。要正确认识和对待人与自然的关系，用可持续发展的新思想、新观点、新知识，改变人们传统的不可持续发展的生产方式、消费方式、思维方式，从整体上转变人们的传统观念和行为规范。

第三章　康养产业的特征与发展必要性

一个国家的经济发展水平和能力在很大程度上取决于一国人口的数量、质量及人力资本利用程度。因此，关注健康、以国民健康促进经济增长，既符合以人为本、改善民生、全面建成小康社会的发展目标，又可以扩大内需、提升人力资本质量、促进经济转型升级。本章紧扣康养产业这一概念，介绍了康养产业的特征及发展的必要性。

第一节　康养产业的特征

康养产业中的健康制造业更多地从微观层面（如从器官、组织深入到细胞、分子、基因等）对生命、健康和疾病现象展开产业研发和生产销售。而健康服务业强调服务对象是完整的个体，某种意义上，它的出现弥补了医药产业链之于人类福祉追求上的缺憾（见病不见人，重微观轻整体）。

康养产业是由许多不同学科所组合而成的整合性产业，依托临床医学、行为科学、传统医学、分子生物学、免疫学、遗传工程学、生物信息学、环境科学等其他支持性科学，与其他知识型产业一样，除具有注重研究发展、技术密集、需求性市场导向等产业特性外，康养产业中的健康制造业具有高投入成本、高投资风险（开发时间长，失败率高）、投资收益高（专利排他性，高毛利），同时面临政府的直接干预等特点。

一、关乎健康与生命质量，高度依托于科技与创新

康养产业的宗旨是提高全社会健康水平，提高生命质量，是高度专业化的、科技含量极高的产业。

　　康养产业的发展与生命科学、信息技术、材料科学等众多学科和技术的发展密切相关，是健康领域科学技术研究成果的集中体现，是众多相关领域科学研究和技术创新的价值体现，其技术和产品是多学科交叉、融合、渗透的产物，具有很高的科技含量和高附加价值的产业。

　　随着科技创新而来的是对更广大利润与市场的需求，新科技产品所需要的市场远大于单一组织或集团。科技创新中的科学知识和科学技术是不同的，前者是可开放使用的资源，一个组织（国家、机构、企业和院所等）拥有某种科学知识并不会阻止其他组织对该科学知识的追求。但科学技术属于非公共财产范畴，牵涉专利与知识产权，它是某组织投入资源进行研发的产物，归于组织所有权之下。不同组织间的科学技术之获取的关键在于科技外溢与科技移转。

　　科技外溢与科技移转使落后组织可以用较低成本获得先进组织投入庞大资源所研发的成果，即所谓的后发优势。但康养产业具有投资周期长的特点，这会减缓科技外溢所造成的后发优势之影响：高科技产品成本昂贵，资本不足的组织和企业难以生产；获得先进的科学知识并不等同于有运用这一知识的能力，组织必须要有相当高的技术水准，才能了解其内涵，进而与自身需求融合，制造出有效的高科技产品。这两项因素使原本科技研发能力极为有限的组织和集团很难迎头赶上。

　　尖端科技的不断研发与创新只有在拥有能力、资源与技术的先进大型公司才能进行，在先进组织与落后组织之间常存在科技鸿沟，这一现象在康养产业领域表现得更为突出。但就整体产业而言，致力科技创新与研发仍然利多于弊，拥有关键科技知识，又有足够发展能力的企业，便可将科技优势转化为战略上的优势，进而强化其在市场中的影响力，同时将争夺产业"发言权"的组织数目局限于先进企业集团，减少康养产业领导体系的不稳定因素。

二、总量上具有主导性，发展上具有可持续性

　　康养产业不论在"康德拉捷夫经济"周期中，还是在"财富第五波"中，都是主导产业，其基础是人类日益增长的对健康和舒适度的需求。

　　据世界银行专家测算，在过去的 50 年里，世界经济增长约 8% ～ 10% 要归功于人群的健康，康养产业成了发达国家经济的支柱产业。目前，发达国家康养产业规模相当庞大，以美国为例，康养产业是美国的第一大产业，美国健康医疗产业达到 1.4 万亿美元，占全国 GDP 的 14%，同时康养产业带动了其他产业的发展，如物流行业、包装行业、辅料工业、银行保险业等。

康养产品是居民收入达到一定程度后的消费热点，可实现经济的倍增性和可持续性。不论发达国家还是发展中国家，人口结构的重心都在向老龄人口移动。依据人力资本理论，劳动者的人力资本存量主要由健康、知识、技能和工作经验等要素构成。人们在年轻的时候注重教育、知识、专业技能等人力资本的投资，因为这些投入可以增加获得高收入的机会，然而当进入中年以后，以上方面的投入很难继续增加人力资本；而健康作为工作和生活时间、个人精力、其他人力资本质量等决定因素会越来越重要，中年以后人们更愿意为健康产品"埋单"。

可预见，在今后相当长的一段时期内（有专家预测中国人口老龄化在2070 年之后才会出现缓解），这种由人口结构上的变化带来的健康刚性需求具有可持续性。而康养产业的发展还会带动新医药、生物技术产业、医疗设备制造、节能环保等产业的发展，并能促进新兴产业在地区及国家层面的合作。

三、附加价值链长，企业间相互依存度高

对健康制造业而言，虽然研发时期长达 10—15 年，但是在其产业结构的价值链上，各技术分工间的依赖程度高。其中与传统产业或是 IT 业不同之处，在于其产业结构中任一研发阶段的技术、专利等无形资产都能适时将其知识"产权化"，通过资金筹集再加以"有价化"，作为变现依据。新产品研发的不同阶段都可由专门生物科技公司或大型药厂负责，其所提供之技术或产品均为新产品开发过程中重要环节，并且每一个环节都可以"资本化"，即投资在新产品研发过程中，"进入"与"退出"的资金转移在健康制造业中是常见现象，因为不同的企业在不同产业链上各有所长，而且基本上是相互依存的。

四、敬畏生命，严格遵守相关政策法规

由于康养产业的产品直接与生命健康维护和促进有关，它带给社会的是无形价值——健康关乎民生和国力，也是基本人权。如果没有对无形价值的认同，康养产业也难以得到发展。康养产业的参与者必须高扬生命和健康价值观，这也是康养产业能够健康发展的基本依据。

另外，基于康养产业不论对个体、社会和国家而言都事关重大，这就决定了不论是健康制造业还是服务业都是无形之手无法大包大揽的，其发展受到政府相关政策和法规的重大影响。

以制药业为例，药物研发必须经过一连串动物试验、人体临床试验及严

格的审查，方可顺利获准上市销售，在销售期间随时追踪消费者使用状况。对于大部分的药品而言，这种谨慎但漫长的程序耗费是"必要之恶"，并且绝对无法避免，因为上市药品对国民健康影响重大，唯有抱着慎之又慎的态度，才能尽力避免因药物问题延误病情甚至未蒙其利先受其害的现象。

健康服务作为产业，其发展本来就有许多的空白点待补：银发浪潮带来与健康相关的养老问题，康复期患者住院难，晚期癌症患者的临终关怀无处着落。另外，大多数民间资本更愿意选择以门槛相对不高、进出较为方便的健康服务业作为发展方向，如养生和保健食品等。现阶段，我国健康服务业的发展尤其受到政策层面的影响。政府部门对自己角色的定位，如何订立规矩、如何做好监管、如何让需求和供给得到充分释放都深刻影响健康服务的发展。

五、消费者将拥有更多的话语权

传统的医疗产业和医药产业具有被动消费的特点，不是单纯的消费选择；与此不同，康养产业的特点是越贴近终端，消费者越有发言权。

当前影响人类健康的主要因素已经发生了巨大变化，不良生活方式引起的非传染性疾病成为健康损害的主要原因。健康人群、亚健康人群、患病人群的生活习惯、健康数据、精神状态、消费能力都是企业开发相关产品和服务必须考虑的因素。以解决公众健康为目标的传统康养产业布局正在朝向以个体健康为目标，能够个性化、科学化、系统化、终身化的康养服务体系，即原来在健康服务业中处于被动的消费者，其主体性将会被逐渐凸显。总体上，在康养产业领域，消费者对话语权的拥有程度显著高于传统的医药产业。

第二节　康养产业与健康文化的融合

康养产业涉及面极广，且康养产品的消费者在消费过程中所扮演的角色将出现重大转变，与消费者观念和行为息息相关的康养文化，对康养产业的健康发展具有非常重要的意义。

文化的广义概念是社会人的活动所创造的东西既有赖于人和社会生活而存在的东西的总和，即文化既包括物质因素，也包括非物质因素。狭义的文化即精神文化，是人类精神财富的总和，包括思想意识、观念形态、宗教信仰、文学艺术、社会规范道德、法律、习俗、教育及科学技术和知识。

在经济学中，主要从制度的角度定义文化。制度可分为信念、规范（非正规制度）、规则（正规制度）和组织。信念是人类整体的经验与个体经验的直接体现，具体表现为面对情景 A 即行动 X；面对情景 B 即行动 Y；而面对情景 C 即行动 Z。个人的行为信念在观察者看来就是他的行为习惯与习俗。规范是人类在适应稀缺世界的过程中，经过长期的试错过程与经验的积累而形成的，是社会共同认可的、自生演变的。规则有着设计、制定并颁布执行的过程和强制实施的第三者。组织是按一定的期望，捆绑了确定的信念、规范和规则，从而在一定的人群中形成的合作结构。这里所说的文化是狭义的，主要指规范或非正式的约束，也成为非正式规则、非正式制度，主要包括习惯、习俗、惯例和道德等。

人类社会基本构造的展开经历了漫长的历史。对于长历史时段现象的研究，总体而言，只有两种基本方法，即马克思所提出的历史唯物主义的方法和以马克斯·韦伯为代表的历史学派的方法。韦伯认为，经济增长依赖于资本主义积累，而资本主义积累又依赖于企业家阶层的资本主义精神；因为新教伦理思想才产生资本主义精神，从而产生了近代资本主义。韦伯旨在从个人的主观行为去解释社会行为，强调个人的意义，因为个人是不可能改变社会文化的。

如果仅从韦伯等人的立场去研究社会现象，文化因素就会不可避免地被过度强调，往往陷入文化决定论。

我们高度重视文化的历史意义，而不赞同"经济决定论"，但也并不认同"文化决定论"。我们认为，文化作为一种非正式制度是与经济协同演化的；经济与道德、经济与文化之间是互动的并构成了反馈链，而并不是单向的决定因素：文化既是决定的因素，也是被决定的因素。任何既定的文化因素都是由之前以及同时的诸种自然的和社会的因素所共同决定的。当然，文化一旦形成，就成为一种新的现实的社会存在，影响或决定着此时的和此后的经济与社会的发展，即文化与产业、技术、制度（指正式制度）是协同演化。

一、康养文化和康养产业共同的产生基础

社会存在决定社会意识，而不是社会意识决定社会存在。这是马克思主义理论体系中最基本的命题。

任何社会意识不是在其生存所必要的所有的社会存在都完全改变之后，才最终改变的。社会存在的部分改变引起社会意识的改变；而改变后的社会意识引起社会存在新的改变，这是一个反复互动的过程。

康养文化和康养产业两者的关系正体现了这种互动关系。

探索健康是人类文明永恒的主题。人类对健康及其含义的认识是随着社会的发展、医学科学的进步、医学模式的转变和文化素质的提高而逐渐深化和演变的。

当今，人类在健康领域所面临的"社会存在"已经发生了重大变化。

有人将当代医学比作一架与社会衔接运作的机器，它的"输入端"是各类疾病，其"输出端"连接着人的生命与健康。理想状态下，它的良好运转是保持社会健康运作的前提。但在新的现状下，"输入端"的情况显得越来越复杂，且输入量越来越大，单纯依靠这架机器中的既有模块（医学模式）应对人类健康的新状况和新问题时，必然出现应对不良和超负荷运转的问题。这里所谓的人类健康的新状况和新问题，究其根源，都开始于现代工业社会。

进入 21 世纪，人类所面临的生态威胁已然成为四处可见的事实，如全球气候变暖、化肥和各种杀虫剂的滥用、越来越多的"自然"灾害（干旱、洪灾等）及新型传染性疾病等。实际上有些灾害并非自然发生的，而是人为因素导致的。毫无疑问，生态危机是西方科学技术文明带来的危机，但如果认为环境问题只是西方工业国家的问题则为大谬；生态灾难进一步加剧了第三世界现有的经济社会问题。

人类的两次卫生健康革命使人类重大传染性疾病和慢性非传染性疾病得到了一定的控制。但随着生存环境的改变，不断有新的传染病（艾滋病、SARS、禽流感等）出现；而由于过度诊疗，新的医源性和药源性疾病所导致的死亡人数也在不断增加，日趋严重的耐药性问题可能将导致未来人类的一些疾病无药可治；对医疗药物的长期过度依赖也可能会使人的身心受到影响，造成不同程度的伤害。而全球性的人口结构老化使旧有医学模式在增进以人类健康为最高宗旨的事业上更显力不从心，如何实现医疗的可持续发展已成为全球性的难题。

世界卫生组织（WHO）在其 2008 年年报中明确指出卫生系统的 5 大缺陷，在医疗不公平之外的其他 3 项分别如下。

（1）已经和正在支离破碎的保健：卫生保健服务提供者的过度专业化以及对许多疾病控制项目的狭义关注使卫生服务的提供者对他们所服务的个人和家庭不愿采取整体分析的疗法，并且漠视持续性保健的需求。面向穷人及边缘人群的卫生服务通常是高度支离破碎的，而且资源严重不足，但是发展性援助通常会加重这种分裂程度。

（2）不安全的保健：有缺陷的卫生系统设计无法保证卫生安全和符合卫生标准，由此可导致医院获得性感染的高发生率，用药失误及其他一些可避免的、被低估的可致死和致病的不良反应。

（3）被误导的保健：资源配置集中于高额的治疗服务费用，却忽略了初级预防及健康教育可能预防高达 70% 的疾病负担。同时，卫生部门缺乏专业知识技能来指导如何减缓其他部门对健康造成的不利影响，以及如何最大化地利用其他部门开展促进健康的活动。

很明显，如果今天仅依靠医疗资源自身，卫生系统不会像《阿拉木图宣言》中所倡导的那样通过发展初级卫生保健向"人人享有卫生保健"的目标迈进。卫生系统目前的发展方向几乎无益于维持公平和社会公正，而且未能实现投资于健康的最大效益。

这便是人类健康正在面临的"社会存在"。康养产业正是在这种社会存在、社会现实之下产生的，它是大众健康需求变化的直接结果，是人们对疾病预防更加重视之后的必然选择。过去的 20 年来，康养产业在美国取得了巨大成功，目前全美国超过 1.75 亿人享受健康管理服务，平均每 10 个人中就有 7 个在享受服务，社会的医疗费用降低了 30%，人均寿命延长 10 岁。健康服务业已经超过 IT 业成为美国第一大产业。

面对新的社会、经济、生态和科学发展的新格局、新挑战（社会现实），人们一直都在探索适合新型健康文化形成的文化资源。健康的新视野必须体现在将人视作"完整的人"，它不仅是对人体脏器的生物性病变给予关注，还对与病患有关的心理因素、环境因素、生活方式因素、生态因素给予关注；不仅关照到病患诊疗的过程，还将视野更扩展到日常生活领域，将疾病时点纳入全生命时程进行通盘考量；不仅重视疾病的疗愈，也重视健康的维护和促进，并强调健康和生命意义的辩证关系。康养文化将人的生命生存、健康维护、生命质量、生活质量等具有哲学意味的话题引入了健康现代化的建设之中。对于一个社会来说，康养文化是对生命终极关怀之价值与意义的文化追求。因此，康养产业和康养文化两者有着共同的产生基础。

二、康养文化和康养产业相互促进和发展

在发达国家，康养产业已经成为带动整个国民经济增长的强大动力，健康行业增加值占 GDP 比重超过 15%。健康及康养产业、健康经济、健康产品的巨大需求——全新的经济模式，必将带动无限量的经济市场；世界经济和科技向人性化、差异化、健康化方向发展的趋势越来越明显，速度越来越快，力度越来越大。在中国，依赖于医疗卫生机制，依旧是老百姓应对健康问题的主要手段，而当前的医疗卫生机制的运行核心仍然是生物医学模式。在产业领

域，与该现状相对应的是疾病经济，文化领域则也未能形成相应的健康文化。

两者对照差距巨大，同时说明机遇巨大。

迈克尔·波特等学者将经济发展划分为 4 个阶段："要素驱动"阶段；"投资驱动"阶段；"技术驱动"阶段；"创新驱动"阶段。其中，第四阶段和前三个阶段的根本区别在于它的文化意义和主体意义。创新是一种文化知识、文化价值以及思维方式、心理结构的革命性飞跃，是人的自觉性、能动性、创造性的本能特征的充分发挥。康养产业的发展生命在于创新，在于创造出既符合时代需要，又以自身优势资源为支撑的优秀的产品、优秀的服务和优秀的品牌。

在康养产业内部，创新者对整个产业的推动是巨大的。天士力在 2008 年 1 月 8 日就已明确将"康养产业"作为全面升级发展的战略。从此，天士力集团通过将自身的企业文化注入旧式的"疾病产业"，并将制药领域的创新思路、创新技术应用到新的产业链中，而成为"康养产业"的首倡者和受益者，自身也实现了跨越式发展。"康养产业"是天士力战略定位的关键词。对于天士力来说，"康养"已成为其未来的市场布局。从专精于制药业，到强势进军康养产业，天士力为成就百年企业、百年品牌的愿景勾勒了一条同心多元化的行进轨迹。

对于产业中的后来者，创新者的示范作用会推动其他企业的思考和尝试，进而企业文化的革新需要推动政府文化的革新，从而才能进一步促进企业的发展和创新，推动企业文化的变迁。对于整个产业而言，企业文化的现代化和政府文化的现代化是协同演化的；从更大的层面上说，文化是可以通过引进产业、引进技术、引进政策及其实施或引进组织来构建的。

在康养产业内部，越来越多的传统制药企业开始接受"康养"理念，转型投入康养产业，并积极在社会中推动"康养文化"的观念。

在政策层面，"康养产业"在我国经济改革和规划中所占的分量也越来越重。例如，国家新医改方案把预防和控制疾病放在了首位。这表明政府已经充分认识到了"治未病"的重要性，国务院出台四大措施力挺康养产业（2013 年 8 月 28 日国务院会议）：一要多措并举发展健康服务业；二要加快发展健康养老服务，加强医疗卫生支撑；三要丰富商业健康保险产品，支持发展与基本医疗保险相衔接的商业健康保险；四要培育相关支撑产业，加快医疗、药品、器械、中医药等重点产业发展，提升中医药医疗保健服务能力。而在《国务院关于加快发展养老服务业的若干意见》中明确指出养老产业涉及养生、医疗、健康保险、健康管理等一系列的产业；另外"健康中国 2020"战略明确提出 10 个具体目标，其中有集成创新中医药、发挥中医药等我国传统医学在保证国民健康中的作用等。

对于文化，必须指出的是，旧式"健康文化"（实为"疾病文化"）的消退和新型健康文化的形成并不依赖于对文化的批判，而是由一定的社会条件所诱致的。旧文化与旧经济协同演化，而先进文化与先进经济协同演化。在区域上，经济落后地区可以通过引进产业、引进技术、引进组织和引进政策及其实施来获得先进的文化。在产业上，企业、政府、各行业的创新者之行为不仅能推动经济与社会的成长，也在改变着本土的文化。

康养文化和康养产业的兴起相互影响。发展中国家正是要在经济与文化的共生演化的过程中，实现跨越式发展。当决定旧文化的环境发生了重大变化，文化也就变了。

当然我们必须承认价值观对经济和文化的引导作用，"康养观"是健康价值观领域的"元"成分，对于康养产业和康养文化均具有重要的指导意义。"康养观"强调人（包括生理和心理）、社会和生态 3 个共生元素之于健康的重要作用，它与中华传统健康观有着天然的契合。传统中医文化是我国人民同疾病做斗争及维护自身健康的过程中形成的人文思想，它所蕴含的丰富道德理念和基本的价值体系可为新型健康文化的构建提供有益的参照。传统中医文化认为人与自然、人与社会、人体内部是和谐统一的，只有保持人体内、外环境之间的生态平衡，才能保持人类的健康和幸福。这一思想与当今生态医学的要求是一致的，生态医学认为人类要保持自然、社会、人之间的和谐统一，在研究人的健康和疾病时充分利用有益因素，控制和消除有害因素，使人类与不同层次的内外环境保持生态平衡，达到生理、心理及社会适应的完好状态，使人的寿命与其生存环境的和谐适应达到良性互动。中医文化"天人合一"的生态医学的价值观体现了建立普世价值的目的，对于肯定当代生命科学发展中以人类为中心的思想，建设人与自然和谐发展的全球生态文明具有重要的指导意义。我们认为"康养观"可作为不同社会、群体或组织等共同体的黏合剂，它对国家乃至人类的健康事业和未来医学的进步、康养文化的构建、康养产业的发展都具有引领作用。

天士力和其他产业创新者所推进的康养产业，是在向人们传递这样一种思路：将企业文化与社会文化融合，求得理念认同、行为认同与价值观认同，同时在企业文化层面，与员工的发展愿景、发展平台融合起来，进而才能塑造产业未来；这也正好验证了康养文化和康养产业的和谐共生、相互推动。

第三节　康养产业发展的必要性

一、创建健康社会的必然需求

（一）疾病和健康成为社会问题

随着全球生活环境改善与医疗科技的突飞猛进，人类生活品质普遍提升，平均寿命也因此延长。但对许多发达国家或发展中国家而言，伴随而来的是老龄化人口结构的形成，和慢性病患者数量逐渐增加，这成为社会医疗支出与社会福利负担的重大隐忧。

20世纪后半叶，疾病谱系从病程急剧的传染病逐渐转为慢性的和生活方式肇因的非传染性疾病，且这一趋势现已横扫世界。目前重要的非传染性疾病包括心血管疾病（心肌梗死、中风、外围血管疾病）、糖尿病、肾脏病和癌症（如胃癌、乳腺癌、肺癌等）。几乎所有重要的非传染性疾病进程都很缓慢，经过几年或几十年患者或者痊愈或是进入末期无法医治而死亡，部分患者则因罹患其他疾病而去世。

慢性病的"长期性"特征给全球范围内医疗卫生体系提出重要挑战。一旦慢性病发生，病人将长期健康状况不佳并需要医疗服务。目前，慢性病占全球疾病负担的60%。当今以及未来，影响中国人健康，导致其过早死亡和残疾的首因是慢性病。每年约1 030万各种因素导致的死亡中，慢性病所占比例超过80%。据世界银行的估计，2010年中国至少有5.8亿人具有至少1种或以上的与慢性病有关的危险因素，其中70%～85%发生在65岁以下的人群。到2030年，如果不加以控制，生活方式和营养危险因素将使中国的慢性病负担增长50%。

更为严重的是，慢性病和老龄化是两个紧密关联的因素。人口老龄化将导致疾病负担由相对年轻的人群不可避免地向年老的人群转移，疾病构成也不可避免转变为以慢性病为主。我国在2018年60岁以上人口比例达到17.9%，而据相关数据显示2019年这一比例已升至18.1%。我国作为中等偏下收入国家，其老龄化水平约为中等偏下收入国家平均水平的2.5倍，甚至超过很多中等偏上收入国家的老龄化水平，"未富先老"特征已成为我国当今及未来医疗卫生费用控制以及医疗体制改革的重大挑战。

迅速的人口老龄化将使慢性病负担增加。随着人口老龄化程度的逐渐加深，人均医疗卫生支出也趋于提高：在一国尚未进入老龄化社会时，人均医疗卫生支出基本没有明显变化；当人口老龄化水平超过 10% 后，医疗卫生支出将以递增的速度增长。同样的，卫生支出占 GDP 比例随着人口老龄化程度的加深而逐步提高，经济发展和政府财政将承担越来越重的医疗支出负担。根据世界银行的估算，到 2030 年，中国迅速的人口老龄化问题将至少使慢性病负担增加 40%。有效控制卫生费用和支出是一项世界性难题。以中国为例，根据国家统计局及《2015 年我国卫生和计划生育事业发展统计公报》数据，我国包括政府卫生支出、社会卫生支出及个人卫生支出在内的卫生总费用由 2010 年的 19 980.4 亿元增至 2015 年的 40 587.7 亿元，年均复合增长率为 15.2%。卫生总费用占我国 GDP 的比重也不断提升，从 2010 年的 4.9% 增长至 2015 年的 6.0%。卫计委组织研究发布的《"健康中国 2020"战略研究报告》提出"到 2020 年，主要健康指标基本达到中等发达国家水平"，其包括的 10 个具体目标之一即为到 2020 年，卫生总费用占 GDP 的比重达到 6.5% ~ 7.0%。费用激增不但给政府预算带来压力，而且加剧老百姓，特别是农村贫困人群的负担。卫生费用的上涨和老百姓负担的增加将削弱政府拓展医疗保险覆盖（保险的深度）的努力，也会增加弱势人群由于大额医疗费用而导致的因病返贫的风险。

疾病谱发生变化的同时，旧医学模式的不足逐渐凸显：以"短促突击""阻断疾病蔓延"为任务的医学不再能满足以"长期与疾病周旋""把控病程""调摄健康行为"等与新疾病谱相适应的医学目标。如果治愈所有疾病不再是核心目标，那么医学必须转而考虑预防和管理疾病的问题了。疾病谱的变化使人们认识到与疾病有关的因素越来越多，疾病的危险因素并不限于躯体，行为、交往和精神因素都可能蕴含着危险，这就模糊了患者与健康人之间的界限，今日的健康者可能会是明日之患者，反之亦然。危险因素从此不仅具有生物学属性，其社会属性和精神属性也凸显出来，生物学上的危险因素可部分交由医学处理，而后者则可交由自己和社会负责。在发达的现代医学和社区卫生网的监控下，百姓通过自身运用的一系列保健措施，成了自我健康的缔造者。这一现象隐含着：疾病所造成的社会负担部分可由个体担负起自身的健康责任而有所减轻。

在这种大背景下，一方面社会要设法减轻慢性病负担以及控制其对卫生体系造成的巨大压力，另一方面又要使社会中的个体担负起维护和促进自身健康的责任。某种意义上说，这是项新的健康事业，它需要一系列的精心设计的、持续的以及相辅相成举措才能达成；也需要全社会，各阶层的投入和参与才能实现。

在这项伟大的事业中，必然要有相关的产业界参与其中。

（二）大力推动康养产业发展

到 2020 年，我国人均国民生产总值将达到 3 000 美元，人口期望寿命将达到 74 岁，中国将进入高人类发展水平（指人类发展指数大于 0.8）国家行列，这意味着健康会成为中国人的优先选择。但在经济高速发展的同时，中国同样面临巨大的健康挑战。2019 年，我国 65 岁及以上年龄人口的比重已上升到 12.6%，老年性痴呆、帕金森病等老年性疾病增多，乙肝、癌症、白血病、心脑血管疾病、艾滋病等重大疾病的治疗费用居高不下。非典、禽流感、甲型 H1N1 流感等新发性传染病的出现，表明我们正面临诸多潜在、不确定性疾病的威胁，城市化带来的人口集中又会加速流行疾病传播。各类精神疾病、职业性危害在不断增加，地方病的危害依然存在。环境污染给生活质量的提高带来了严峻的挑战。少年儿童群体健康状况、3 亿多育龄妇女的生殖健康等不容乐观。生活和工作压力的增加给精神带来了极大的压力，抑郁症、亚健康普遍存在，心理、精神和行为因素导致的问题逐渐增多，尤其是在人口流动和网络信息迅速传播的今天，任何小比例的事件就有可能引发极大的问题，健康事件成为影响社会稳定的重要因素。

为此，在战略性新兴产业选择过程中，我国应抓住这个历史机遇期，加快推进康养产业发展。

发展康养产业是对庞大的健康需求之响应，即人们对健康需求是康养产业发展的最大动力。即使在金融危机的影响下，相比其他行业的回报率，康养产业依然表现最好。在我国，预计未来 5 年的 GDP 仍将会增加，北京、上海、深圳、广州及沿海一带估计将会有上亿人的人均 GDP 超过 1 万美元。随着经济条件的改善，人们对健康的需求会愈加旺盛。但目前我国存在医疗费高涨和人民健康需求得不到满足、人民健康素养不高并存的局面。

大力发展康养产业有利于引导国内资源聚集和发展。从目前来看，我国的康养产业发展面临西方国家更加重视中国市场和开发中国市场的巨大压力。他们正在以东西方文化差异和与中国习俗的差异为基础，制定不同的市场拓展策略，进入中国市场。外商对中国投资已从来料加工、合资办厂发展到兼并中国企业独资办厂的阶段。他们不仅利用中国的市场，也在整合中国的资源，整合我国不多的技术积累和国家培养的专业工程技术人员及掌握操作技能的技术工人，以及生产可靠性好、高性能、价位低的适合中国市场的产品。在策略上，他们不再是仅仅追求推销原公司的高性能、高价格的高档治疗类精密医疗器械，而是转向发展中国市场需求量大面广的常规治疗类精密医疗器械。由此更增加了我们发展康养产业的紧迫性。因此，我国应及时启动康养产业规划，积极引导社会资本等进入康养产业领域。

发展康养产业有利于促进医疗卫生体制改革。以生物技术和生命科学为先导的康养产业必将为保证医疗改革的顺利开展提供科学支撑与技术推动力。医药产业和医疗产业是康养产业的重要组成部分，其发展将促进经济、简便的预防、诊断、治疗设备与药物的开发与应用，加快推进基本医疗保障制度建设、推进国家基本药物制度建设，在健全基层医疗卫生服务体系、促进基本公共卫生服务逐步均等化、推进公立医院改革试点五项改革重点中发挥重要作用，为减轻群众个人支付的医药费用负担、降低医疗服务和药品价格、改变公共医疗卫生服务长期薄弱状况，解决群众"看好病"问题做出具体贡献。

康养是一项巨大的社会工程。康养产业具有刺激消费、拉动内需、调整结构、惠及民生的重大意义，将引发社会、行业乃至人们生活方式的一系列重要变革。国家"十二五"规划的推进以及新一届党和国家领导班子推行的新政，为康养产业、健康服务业的发展创造了有利的政策环境。

康养新政全面推出，从政策信号向行业落实发力。纵观这几年，国家实施的大政方针，对康养产业开始全方位的重视。

（1）行业全覆盖：制造业—服务业；主产业—相关产业、辅助产业；实体产品—信息服务。

（2）生命全周期：贯穿从出生到养老的全过程。

（3）服务全面化：从实施基本医疗向全面推进健康服务业转变。

国家以更大的改革勇气和开放精神发展康养产业。将健康问题纳入了全面深化改革的总盘子，提高了康养产业在社会经济体系中的地位和作用；确立市场对资源配置的决定性作用；由政府主导向政府引导转变；鼓励各类社会力量举办医疗与健康服务机构，明确了"非禁即入"的原则；统筹考虑医药、医疗、健康服务等全产业体系的布局。

康养创造大空间。康养产业由于社会需求的拉动、政策的扶持以及企业的积极参与，保持着增长的刚性。从制造业向服务业、信息业延伸的趋势，可以创造更多的财富机会。从政策上进一步落实了康养产业未来目标和发展前景的可预期性。世界上著名制药企业走向新一轮的多元化发展之路，反映出国内外一致的发展趋势。

康养产业扩量提质，走向升级版。发达国家康养产业占 GDP 的比重多在10% 以上，我国仅占 GDP 的 5% 左右；由于资源、环保、质量、安全等因素的制约趋紧，我国康养产业面临转型升级；各企业产品结构雷同，迫使企业跳出同质化竞争，寻求差异化发展；我国在高端健康产品、健康服务以及个性化、社区化健康管理等方面，起点低、差距大；在健康服务领域，国际化、标准化水平还比较低。

我们坚信，康养的政策环境将长期向好。当代中国进入了全面建成小康社会的关键时期，也是深化改革开放、加快转变经济发展方式的攻坚时期。全面建成惠及全体国民的更高水平的小康社会，不仅要让人民拥有殷实富足的物质生活条件，还要让人民享有健康的生活品质。

二、疾病影响社会经济的发展

（一）流行性疾病与社会发展

瘟疫在中国史料中早有记载；如《周礼·天官·冢宰》记载："疾医掌养万民之疾病，四时皆有疠疾。"《吕氏春秋·季春纪》记载："季春行夏令，则民多疾疫。"

说明当时对瘟疫的认识已经达到了一定水平，认为瘟疫一年四季皆可发生，原因之一是由于时令之气的不正常，是由"非时之气"造成的。

现存最早的中医古籍《黄帝内经》也有记载，如《素问·刺法论》指出："五疫之至，皆向染易，无问大小，病状相似，正气存内，邪不可干，避其毒气。"《素问·本能病》篇："厥阴不退位，即大风早举，时雨不降，湿令不化，民病瘟疫，疵废。风生，民病皆肢节痛、头目痛，伏热内烦，咽喉干引饮。"

指出瘟疫具有传染性、流行性、临床表现相似、发病与气候有关等特点，并认为只要"正气存内"，就能"避其毒气"。

东汉时期的张仲景在其著作《伤寒杂病论》的序言中说："余宗族素多，向余二百。建安纪年（公元196年）以来，犹未十稔，其死亡者，三分有二，伤寒十居其七。感往昔之沦丧，伤横夭之莫救，乃勤求古训，博采众方。"文中的"伤寒"，除了指外感热病外，还包括了当时的烈性传染病，可见当时瘟疫流行之猖獗。

三国曹植《说疫气》记载："建安二十二年（公元217年），疠气流行，家家有僵尸之痛，室室有号泣之哀。或阖门而殪，或覆族而丧。或以为：疫者，鬼神所作。夫罹此者，悉被褐茹藿之子，荆室蓬户之人耳！若夫殿处鼎食之家，重貂累蓐之门，若是者鲜焉。此乃阴阳失位，寒暑错时，是故生疫，而愚民悬符厌之，亦可笑也。"描绘了当疫病流行的惨状，并明确指出："疠气流行"，并非"鬼神所作"，而是"阴阳失位，寒暑错时"所致。

建安七子之一的王粲在《七哀诗》中也记载："……出门无所见，白骨蔽平原。路有饥妇人,抱子弃草间。顾闻号泣声,挥涕独不还。'未知身死处,何能两相完?'驱马弃之去,不忍听此言。"

这是当时凄凉情景的真实写照。据史料记载,从汉桓帝刘志,至汉献帝刘协的 70 余年中,记载有疫病流行 17 次。疫情连年,民不聊生,即使是士大夫也未能幸免。例如,文学史上著名的"建安七子"中的徐干、陈琳、应场、刘桢也一时俱逝。其惨状可见一斑。

曹植却说,得这病的全是以粗布为衣、以野菜当饭、住藤屋草房的人,而住得好、吃得好的人,却极少患此病者。换句话说,落后贫穷、卫生条件不好是易得此疫的社会原因。

历史上传染性疾病的爆发常常使社会经济发展遭到灭顶之灾,社会的政治、法律秩序土崩瓦解。在西罗马帝国时期曾有五次大的瘟疫,高峰期每日死亡达万余人之多,整个城市被毁掉并不罕见,有学者认为瘟疫的破坏因素对西罗马帝国的衰亡比战争更重要。6 世纪查士丁尼统治的东罗马帝国,鼠疫持续的时间长达 52 年之久,仅君士坦丁堡在 3 个月的时间内,每天要死去 5 000 人,后来增加到 1 万人。当时的医生束手无策,统治者也未采取有效的防治措施,死亡惨重,人口锐减,以致社会瘫痪。14 世纪鼠疫再度猖獗,欧亚两大洲均未能幸免。据说欧洲因这次鼠疫死亡的人数占当时人口的 25% ~ 50%。据考证,金元时期我国即有鼠疫流行,历史资料显示元末确实大疫频发,有学者认为瘟疫的流行加速了元朝的灭亡。

流行性感冒也是威胁人类生命的一大杀手。400 多年前,意大利威尼斯城一次流感使 6 万人死亡。即使到 20 世纪,流感病毒依然给人类造成过巨大伤害。1918—1919 年爆发的"西班牙流感"横扫世界,导致 4 000 万人死亡,这一人数远远高于当时第一次世界大战中死亡的 1 500 万人。

在人类对重大疾病的认知十分有限的情况下,疾病对人类发展史的破坏与战争齐名,有时甚至超过战争。在人类文明史上,死于传染病的人远比战争或者其他天灾人祸加起来的总和还多。

人类在长期与疾病的斗争中,在付出代价的同时取得了很多经验,成功抵御了病毒一次次的侵袭。中国自春秋战国时起就有对养生之道的研究和记载,在对疾病和养生的长期探索和积累中,产生了博大精深的中医药文化。在与传染病的抗争中,人类对传染病的知识由不知到知,由知之不多到知之甚多,逐渐控制和消灭了曾严重危害人类健康的主要传染病。早在 10 世纪人们就学会接种天花疫苗的方法;19 世纪的霍乱大流行迫使人们注意水源、食品、环境等的卫生状况,促成了公共卫生学的建立;19 世纪人类发现自身免疫系统，建立免疫学；1862 年法国科学家巴斯德发现旨在消灭细菌的灭菌法，预防手术开刀和医疗用器受病菌侵袭的无菌法；1885 年发明狂犬病疫苗；1890 年发明白喉抗生素；1921 年发明预防肺结核的卡介苗；1928 年发明抗生素青霉素；同年白喉、百日咳疫苗诞生。19 世纪后半叶以来，第一次卫生革命从欧洲开始席卷全球，通过控制传染源、预防接种、改善环境、使用抗生素治疗等措施，到 20 世纪中期，基本消除了天花、疟疾等重大传染病。20 世纪，人类征服病魔的能力越来越强，速度越来越快。如今全球的科学家利用互联网和现代计算技术快速找到 SARS 病原体，联合破译基因图谱，实行信息与知识的全球共享。历史也可以说是人类同疾病斗争的历史。

总之，从历史上看，疾病确实对人类社会的发展造成过许多负担和损失，而经过长期的历史发展，人类已经创造出了一系列行之有效的方法，进行疾病预防、治疗、控制，从而极大地改善了健康，促进了生产力的发展。尤其是在过去几十年，人类的总体健康水平获得了加速提高。

根据麦迪森（2003 年）提供的数据，1000 年时世界人口平均预期寿命仅为 24 岁，到 1820 年时为 26 岁，仅比 1000 年时提高了 2 岁，到 1900 年时为 31 岁，1950 年时为 49 岁，1999 年达到 66 岁，比 1820 年提高了 40 岁。其中，发达国家人口平均预期寿命已经达到 78 岁，发展中国家为 64 岁，分别比 1820 年提高了 42 岁和 40 岁；中国和印度分别为 71 岁和 60 岁，分别比 1900 年提高了 45 岁和 36 岁。

从经济史的角度看，历史上一些巨大的腾飞——如工业革命时期英国的突飞猛进，20 世纪早期美国南部的腾飞和日本的快速发展，20 世纪五六十年代南欧和东亚的强劲发展，所有这些都是以公共卫生、疾病控制和改善营养摄入等方面的重大突破为后盾。

经济学家福格尔对营养对经济增长的长期影响进行了研究。运用数理工具，他精辟地揭示了身体体形与食物供应的关系，并指出这对长远劳动生产力来说至关重要。在全要素生产率中，营养对经济增长的作用占很大部分，这些研究成果使他获得了 1993 年诺贝尔经济学奖。发展经济学家库兹涅茨通过对西欧和北美人口与经济增长的观察，认为对死亡控制的加强，尤其是对以流行病和传染病为代表的不可预料的灾难性死亡的控制加强，必然促进人们的现代观念，对现代经济增长起巨大促进作用。从世界总体来看，健康的改善为近现代经济的腾飞准备了重要的人力资本基础，对健康的投资是有着显著的经济收益的。

（二）慢性非传染性疾病对经济的影响

1.疾病谱变化：从传染病到非传染性疾病

非传染性疾病即俗称的慢性病，主要是由于生活习惯不良所累积的病症，如心脏病、高血压、癌症等。过去人们认为发展中国家盛行因环境脏乱或病媒充斥引起的传染性疾病，如霍乱、疟疾等；而非传染性疾病则较盛行于社会经济条件较佳的发达国家。然而，现今的发展中国家的非传染性疾病盛行率已占其所有疾病的八成以上，这表明非传染性疾病不再是发达国家才要重视的议题，其在发展中国家亦有越来越严重的趋势。我国在经历了经济发展与居民生活水平提高、居民营养状况改善之后，传染病已得到了有效控制，但同时人口老龄化日益明显。当前，我国疾病谱已经发生巨大变化，慢性病已经成为中国的头号健康威胁。在每年约 1 030 万各种因素导致的死亡中，慢性病所占比例超过80%。此外，慢性病在疾病负担中所占比重为68.6%。

2012 年 12 月出版的《柳叶刀》（*Lancet*）发布了耗时 5 年完成的"2010全球疾病负担研究（GBD 2010）"报告。GBD2010 是迄今全球耗资最大、最详细、最权威的世界健康状况报告，它由美国华盛顿大学健康指标与评估研究所、世界卫生组织、约翰·霍普金斯大学和哈佛大学等联合组织全球 50 个国家（包括中国）303 家研究机构联合完成。《中国的快速健康转型 1990—2010：2010 年全球疾病负担研究的发现》是其中的一篇，它显示，当前中国的人口健康模式既带有慢性病、老年疾病增加等发达国家的特征，也有明显的转型国家和中国自身特点，环境污染、食品安全等对健康的威胁越来越大。

在该报告研究所涉及的 20 年间，大多数传染性疾病及儿童疾病导致的疾病负担已经大大下降，成年人中心血管疾病、糖尿病和癌症等慢性病的疾病负担则大幅度上升。儿童死亡率下降了 79.7%，传染性疾病、孕产妇、新生儿及营养不良导致的死亡从 1990 年的 26.6% 下降至 2010 年的 10.1%。在 2010 年的 830 万死亡中，有 700 万是死于慢性病。中风、缺血性心脏病、癌症和慢性阻塞性肺疾病是引起死亡的主要原因。我国中风、慢性阻塞性肺疾病、肝癌、胃癌、食管癌、溺水和跌落等导致的死亡损失明显高于 G20 成员的平均值。2010 年，55—59 岁年龄段癌症引起的死亡峰值显著增加。

该报告还显示，生活方式和环境污染已成为威胁国民健康的主要因素：2010 年造成疾病负担的前五位危险因素依次为不健康饮食习惯、高血压、吸烟、环境空气污染和室内空气污染。不健康饮食作为居首位的健康危险因素，导致了 16% 的疾病负担，其中主要是高钠摄入，水果、全谷物和坚果类摄入不足。第二大主要危险因素为高血压，导致了 12% 的疾病负担。第三大主要危险因素为吸烟，吸烟导致的疾病负担占到 9.5%。物理环境也是影响健康的重要因素，中国目前 $PM_{2.5}$ 污染严重，主要来源是环境空气污染、室内空气污染和二手烟草烟雾，这三大来源的污染使感染性疾病、心血管疾病和癌症的患病率上升。

根据国家疾病预防控制中心危险因素调查推算，我国超重人群超过 3 亿，肥胖人群超过 1 亿，心血管疾病患者超过 2 亿。

此外，人口结构的变化应引起注意。中国人口正快速步入老龄化，受数十年低生育率和寿命延长的影响，目前中国 60 岁以上老年人口已接近 2 亿，占人口的 14%，预计到 2050 年将达到人口的 30%。

2. 慢性病对经济造成沉重负担

慢性病已经给我国带来巨大的经济负担，卫计委数据显示，我国慢性非传染性疾病在中国所有疾病负担中所占比重约为 69%，已远远超过传染病和其他伤害所造成的疾病负担。

慢性病长病程及对机体的损害影响整个社会的劳动能力。据 2008 年第四次国家卫生服务调查显示，因慢性病全国劳动力休工 36 亿人 / 年；因慢性病劳动力人口长期失能 37 亿人 / 年；预计到 2020 年将有 85% 的死亡归因于慢性病，而 70% 左右的高血压、糖尿病、超重肥胖、血脂异常也将会发生在劳动力人口中。

慢性病对居民个人也带来了沉重的经济负担。罹患常见慢性病住院一次，城镇居民至少花费人均收入的一半，农村居民至少花费人均收入的 1.3 倍。目前，国内对由慢性病所造成的经济负担之综合性研究并不丰富。但从数量不多的研究当中仍然能看出慢性疾病对经济正在造成的重大影响。

原卫生部统计信息中心的胡建平等人在 2007 年发表的《中国慢性非传染性疾病经济负担研究》[①] 为当中较有代表性的一篇。该研究的研究结果显示：2003 年慢性非传染性疾病总经济负担合计为 8 580.54 亿元，占全部疾病总经济负担的 71.45%。排名前五名的疾病分别为恶性肿瘤、脑血管疾病、高血压、其他类型心脏病和冠心病（576.89 亿元）。这 5 类疾病的经济负担合计为 3 393.53 亿元，占慢性非传染性疾病总经济负担的 39.55%，占全部疾病总经济负担的 28.25%。

---

① 该文中的直接负担包括门诊与急诊费用、住院费用，药品零售费用，患者及陪护人因看病发生的交通费、营养费等其他直接非医疗费用。间接负担包括短期、长期失能，早死造成劳动生产力的损失，以及陪护病人的误工成本。疾病总经济负担 = 疾病直接经济负担 + 疾病间接经济负担。

总经济负担构成中，直接经济负担占 56.50%，间接经济负担占 43.50%，直接经济负担略高于间接经济负担。进一步分析可以看出，慢性非传染性疾病经济负担构成分 3 种情况：直接经济负担明显高于间接经济负担，其病种有糖尿病、高血压、椎间盘疾病、脑血管疾病、COPD；间接经济负担显著高于直接经济负担，病种有恶性肿瘤和类风湿关节炎；直接经济负担和间接经济负担比例比较接近，病种有其他类型心脏病和冠心病。

慢性疾病总经济负担的 GDP 占比如表 3-1 所示。2003 年慢性病总经济负担占当年 GDP 的 7.31%，而 1993 年的占比为 5.67%。慢性非传染性疾病总经济负担绝对数增加了 337.02%，占同期 GDP 比重增加了 1.64 个百分点。由于直接经济负担增长速度高于间接经济负担增长速度，2003 年慢性非传染性疾病的直接经济负担超过了间接经济负担。感染、产科、围产疾病、损伤和中毒总经济负担绝对数的增长幅度明显小于慢性非传染性疾病的增长幅度，占同期 GDP 比重呈下降趋势。

表3-1　1993—2003年慢性疾病经济负担占GDP比重之变化[①]

时间（年）	慢性非传染性疾病					
	疾病负担（亿元）			占 GDP 比重（%）		
	合计	直接	间接	合计	直接	间接
1993	1 963.44	910.41	1 053.03	5.67	2.63	3.04
2003	8 580.54	4 847.73	3 732.81	7.31	4.13	3.18
2003 年比 1993 年增长（%）	337.02	432.48	254.48			

慢性病带来总体经济损失可能非常巨大，但这种负担是可以避免的。

世界银行在 2011 年面向中国政府公布的一项报告（《创建健康和谐生活——遏制中国慢性病流行》）中通过对健康赋值的手段，估算了慢性病的全社会经济成本。将健康与价值挂钩的一种方式是测量个人愿意用多少有价的具体市场商品交换健康（即健康的支付意愿）。世界银行的数据显示，2010—2040 年间，如果每年能将心血管疾病死亡率降低 1%，其产生的经济价值相当于 2010 年国内经济生产总值的 68%，或多达 10.7 万亿美金（按购买力平价计）。

① 胡建平，饶克勤，钱军程，等 . 中国慢性非传染性疾病经济负担研究 [J]. 中国慢性病预防与控制，2007（3）:189-193.

在微观经济层面，成人健康状况的改善会使工作小时数增加16%，个人收入提高20%。因此，应对慢性病不但是一项宝贵的健康投资，也可视作是对人们生产力及其收入潜力的投资。

相反，如果不能有效应对慢性病，这些疾病势必将加剧可以预见的人口老龄化、劳动力人口降低所造成的经济社会影响。而且，健康劳动力人口相对于患病的被扶养人群的比例降低将增加经济发展减速、社会不稳定的风险。

到2030年，人口迅速老龄化和低生育率将会使中国的总体劳动力参与率下降3%～4%，而人口迅速老龄化可能使中国慢性病负担增加40%。

如果不能将慢性病作为政府的首要任务加以有效控制，其未来的增长不仅将进一步加剧可以预见的劳动力短缺，还会削弱人力资本的质量。因为将来50%以上的慢性病负担都集中在经济活跃的劳动力人口。

慢性病不会消失，这将是21世纪的全球性卫生保健挑战，改变其进程将需要卫生保健决策者和领导人坚定的努力。

2012年，中国政府发布了2012—2015年《中国慢性病防治工作规划》，这是中国政府针对慢性病制定的第一个国家级的综合防治规划，这标志着中国开始着力打造慢性病防治服务体系，建立日趋完善的慢性病综合防治工作机制。2020年6月1日正式施行的《中华人民共和国基本医疗卫生与健康促进法》中规定，各级人民政府应当把人民健康放在优先发展的战略地位，将健康理念融入各项政策，坚持预防为主，完善健康促进工作体系，组织实施健康促进的规划和行动，推进全民健身，建立健康影响评估制度。

三、国民健康水平驱动中国长期经济增长

（一）国民健康如何影响经济增长

国民健康如何影响经济增长？优秀青年学者胡琳琳通过对发展经济学、卫生经济学、临床医学及公共卫生等相关学科的理论和实证研究的回顾和整理，认为国民健康影响经济增长主要通过以下几条途径。

1. 健康水平决定劳动生产率

健康状况好、体能与脑力活动处于最佳状态的生产者的生产效率高，能够在单位时间内生产更多的产出。健康劳动力能够更有效地利用技术、机器、设备，使其他生产要素的效率充分发挥出来。健康的劳动力也能更灵活地适应工作任务和组织结构等的变化。尤其是在体力劳动者较多的发展中国家，健康对劳动生产率的影响更为明显。

一些营养学家和发展经济学家已经对营养状况与生产率之间的关系做出

了很多先驱性的研究。劳动生产率与身高、体重等指标有显著的正相关关系。一定时间内维持低水平的能量摄入虽然可以使身体维持一种能力平衡，但这种低水平的能量平衡不但意味着工人福利的损失，而且确实会对人的活动或者说工作带来影响，严重时还会导致心理的变化。Davies 的研究表明，患有缺铁性贫血的劳动力虽然也能从事体力活动，但这些人因血红蛋白的水平低而十分容易劳累，无法承受长时间的劳动，结果使劳动产出受到严重影响。研究中国贫困地区健康对农业和种植业劳动生产率的影响，发现"卡路里拥有量"和"因病损失工作时间"都对劳动生产率有显著的影响。

2. 对劳动供给的影响

健康的个体生病的时间短，从而增加了用于工作或闲暇的健康时间。健康的人生产率更高，健康的改善将提高工资从而提高增加劳动供给的动机（替代效应）；健康也有可能通过提高终生收入而使人们可以提前退休享受闲暇（收入效应）。

3. 健康提高教育的效率，提高回报

健康能够提高教育的效率。健康是受教育的前提。营养不良、传染性疾病、残疾、受伤、中毒等健康问题会在很大程度上影响人的认知能力和学习效果。从受教育的角度来说，健康改善的收益也是大大高于它的成本的。

健康水平提高使死亡率下降，预期寿命延长，而且使人的体力、脑力水平下降的速度更慢，运用其所获得的知识、技能的时间延长，进而使受教育的成果得到更高的回报，从而提高了人们对教育投资的预期回报，以及增加人们投资于教育的动机，从而有利于推动经济增长。

4. 健康增加对物质资本的影响

健康的人倾向于为以后的生活而储蓄，这增加了可以利用的国内投资。健康的人口能够吸引更多的外国直接投资（FDI），Gallup and Sachs 发现症疾流行地区 FDI 和旅游都受到影响。对于强烈依赖外国投资和旅游的经济来讲，控制疾病，尤其是传染性疾病的传播对其经济的发展来说尤为重要。

5. 健康影响人口结构

健康影响人口因素而影响经济增长。健康的改善会降低死亡率和人口出生率。对 1995 年 148 个国家的妇女生育率（TFR）和婴儿死亡率的研究发现，两者具有很强的相关性（WHO，2001）。由于死亡率和生育率的降低是有一个时滞的，在一些发展中国家这形成了"人口红利"，即劳动年龄人口占总人口比重的上升。如果政府能够抓住机会创造有利于教育、劳动力市场及对外贸易的政策环境，就能抓住这一人口红利，有力地推动经济增长。

6. 对收入分配的影响

研究表明，投资于健康不仅能够通过直接创造人力资本、提高劳动生产率而促进经济增长，还能提供有效的卫生保健服务，特别是向低收入人群提供卫生保健服务，实现卫生公平，能够改善收入分配，减少贫困，从而有利于经济的长期增长。

（二）健康在中国经济"起飞"中的作用

胡琳琳通过系统研究得出的结论：经济"起飞"时期健康水平（预期寿命为代表）的改善使该时期的年平均增长率提高了 0.92 个百分点。虽然单从量上看是较小的，但每年的经济增长率提高 0.92 个百分点，积累起来对经济增长的贡献就非常可观了。中国 2000 年人均 GDP 比按照"起飞"前增长率高出的部分中，有 15% 是由于健康水平的改善带来的，如果再加上健康通过影响人口年龄结构而对经济增长产生的影响（人口红利的一部分也是由健康水平改善带来的），那么实际上健康对经济发展的贡献更大。

如何解释改革开放以后中国经济增长率高而健康改善速度趋缓的现象？Sen 等学者认为，经济增长并不一定带来健康改善，如何分配经济资源是更重要的。他认为毛泽东时代中国在食物和医疗资源（包括农村的医疗服务）的公平分配，是其能够在人口健康方面取得显著改善的主要原因。认为改革开放以后健康改善趋缓的重要原因之一就是不断积累的社会经济不平等。胡鞍钢、胡琳琳等学者认为：经济增长对健康来说是一把双刃剑。经济的发展既能为健康的改善创造更好的物质条件，也可能对健康构成威胁或损害。福格尔认为健康的改善与技术进步和经济增长有关，但是技术进步成果转化为健康收益的速度以及这种收益分配范围的扩大均受到政府社会经济政策的影响。经济与健康之间的关系，关键是看实施怎样的经济发展战略，是否能够推行有利于健康的社会经济政策。从健康对经济发展的作用来看，由于有改革前的基础，居民健康水平一直维持在一个较高的水平上，保证了经济发展有健康的劳动力，为经济的持续增长做出了贡献。中国自改革开放以来，由于片面追求经济增长而忽视对健康的维护，其经济发展在一定程度上是以牺牲健康为代价取得的，因此虽然经济有了较快增长，健康的改善却进展缓慢。胡琳琳指出：健康对经济增长这种贡献就像是一种储蓄账户，改革前健康水平的大幅度改善相当于向账户中进行储蓄，而改革开放后则相当于一直在支出，而没有进行相应的"投资"以弥补支出。如果一直维持这种状况，这个账户迟早会出现"赤字"，也即"健康赤字"。2003 年的非典、2020 年的新冠肺炎已经在这方面敲响了警钟。因此，着眼于中国经济未来的长远增长，必须对当前的战略进行反思和调整，使经济和健康能够形成相互促进的良性发展关系。

四、"健康强国"战略

目前，中国经济已经进入了历史上最好的发展时期，机遇与挑战并存。中国经济能否持续发展，很大程度上取决于中国现有的人口健康是否符合经济增长与社会和谐发展的需要。鉴于健康不安全状况的多重性和广泛性，单纯的防病治病已经不能解决问题，需要一套综合的、既治标又治本的解决方案。

随着经济的发展和生活水平的提高，人民的生活方式不断变化，对于健康的需求将不断增加，这为康养产业的发展提供了良好的环境。健康经济将是未来经济的发展方向。

为此，我们提出，应该进行一场新的"健康革命"，实施"健康强国"战略。这场"健康革命"不仅是卫生体系的改革，还是一次发展观念的变革，以及由此带来的社会政策的全面调整。"健康强国"就是通过改善人口健康，发展健康相关产业，使中国成为人力资源强国，加强在世界经济中的竞争力，并在某些康养产业的发展上引领世界潮流。首先，在发展理念上，必须树立"人民健康优先"的康养观。健康是福利的重要组成部分，也是发展的主要目标之一。经济增长不能以牺牲人民健康为代价，否则就是舍本逐末。但是，在新千年的最初十年的发展过程中，政府和社会将关注的焦点集中在一些短期的、片面的经济利益上，健康被有意无意地忽视了。发展观念是指导一个社会发展的灵魂，如果不能纠正以往片面的发展观，就不能从根本上扭转健康和经济增长背道而驰的趋势，而这样的增长只能是自我损害、不可持续的。因此，目前必须彻底转变发展观念，树立"人民健康优先"的发展观，将健康摆到国家战略的高度，实施"健康强国"的目标和战略。

树立"康养观"，制定与健康相关的法律，在"康养观"下和相应法律框架下协调各部门之间的关系，利用各种政策工具促进健康的改善。现代医学模式转变表明，卫生保健只是健康的决定因素之一，决定健康的还有教育、就业、环境、社会保障等因素，它们和传统卫生内部系统构成康养系统。临床干预、治病防病仅仅局限于生理概念，即健康系统中的小卫生概念。我们应树立康养的观念，充分地进行协作与整合，利用有限的资源，最大限度地增进和保障人民健康。如果仅从传统卫生一个方面着手，是不可能保障全体人民健康的。看"管卫生"与"管健康"的外延和内涵差距是巨大的，树立康养观具有非常重要的现实意义。从管理的角度说，作为健康系统的社会总体系统，需要做整体的制度性安排，需要平衡所有健康因素的边际投入和边际收益，要关注投入的健康回报，即健康改善。

可以借鉴一些发达国家部分的成功经验，制定与健康相关的法律。我国在 2019 年 12 月 28 日第十三届全国人民代表大会常务委员会第十五次会议上通过了《中华人民共和国基本医疗卫生与健康促进法》，并于 2020 年 6 月 1 日施行。该法律的实施使传统卫生内部系统和决定健康的教育、就业、环境、金融保险、企业责任、社会保障及全社会各行各业的大系统充分地进行协作与整合，从而利用有限的资源最大限度地增进和保障人民健康，利用各种政策手段（不仅仅是医疗卫生政策）促进健康的改善。例如，充分利用税收和财政转移支付等经济杠杆为健康筹资。

在"康养"系统下改革现有的卫生体系，充分利用政府和市场两种机制，促进卫生资源的合理利用和有效配置。卫生体系是"康养"系统的重要一环。过去 20 多年，在国家对卫生的公共投入日益减少的情况下，形成了"以医养防""以药养医"的格局，预防保健被严重忽视。而且，新建的基本社会医疗保险，其导向是保大病，减轻大病的经济负担，这就导致了对常见病、多发病等的预防和治疗的忽视。这些都造成了不必要的资源浪费。

当前，全社会都在讨论中国医疗卫生体制改革的取向问题，出现了"政府主导""市场主导"等不同的流派。我们认为，市场与政府均是构建现代国民卫生体系中的重要部分，缺少任何一方都不可能取得成功。改革的取向应该是在坚持公平、兼顾效率的原则下，充分发挥政府和市场的作用，分清性质、区别对待、多方参与、整体推进。

首先，政府要承担起对公共卫生服务的投入职责。公共卫生服务包括法律、规划、预防、保健、教育、监管、计划生育、急救、信息发布、医学研究等，是具有很大外部性的公共产品，单纯的市场力量无法提供足够的服务，要由政府承担投入的责任，公平和均等地提供给全体公民。其次，属于临床和治疗的半公共、半竞争产品和完全竞争的私人产品，应充分利用市场机制，辅之以有效的监管手段。政府由办医院转向管市场，由原来是医院、医生（供给方）的利益代表者转向全体人民、患者（需求方）的利益代表者。改变医院的职能和定位，在财政上逐步取消政府对供方（医疗机构）的财政性补贴，直接补贴需方，特别是农民和城市低收入者。三级医疗服务体系向综合医院、专科医院与社区卫生服务机构的双层运行模式转变，医院和专科医院主要从事急症、疑难病症患者的治疗，社区卫生服务机构主要从事社区公共卫生、预防保健、小病、多发病和诊断明确的长期慢性疾病的治疗和康复。最后，社会医疗保险、社会医疗救助、商业保险共同构成医疗多元化筹资补偿主体，充分发挥第三方付费的约束作用，以"健康结果"为主要的产出目标，引导卫生保健服务的提供不仅以治病为目的，而是要做好居民的健康管理，以最少的成本取得最大的健康收益。

积极发展康养产业，推动健康经济的形成，促进经济增长方式的革命性转变，创造新的经济增长点。21世纪是知识经济的时代，也是健康经济的时代。在构建健康保障体系的基础上，我们应抓住机遇，积极发展康养产业，全面倡导健康经济的形成。康养产业系统不仅是医疗服务业，将包括预防保健、保险、医疗设备、制药、体育、心理卫生、健康咨询、健康理财、健康文化、健康信息、健康教育、环境保护等与健康有关的所有行业和产业的总和。传统产业引入健康的概念，可以实现升级换代，创造新的增长点。发展康养产业将有利于加快产业结构的调整，提高社会资源使用效率，扩大就业，促进居民消费观念和理财模式的转变；更重要的是，它将提高中国经济在世界经济中的竞争力，完成从"中国制造"到"中国创造"的跨越，最终有利于实现健康强国的国家战略。

展望未来，今后20年，中国政府将致力于健康与发展的宏大战略目标，全面创建世界上最大的健康社会。新一轮的健康革命将致力于从根本上控制和消除健康不安全因素，把沉重的医疗卫生负担转化为卫生健康服务优势，把人口大国建设成为健康强国，把人力资源数量优势转化成人力资本质量优势，最终建设成为健康大国。按照"人民健康优先论"的原则，保障人民得到良好的健康服务，抑制过快的医疗费用增长，减轻国家、社会负担；促进经济结构调整，经济增长方式的革命性转变和节约型健康经济形成，创造崭新的经济增长动力，实现社会公平、社会资源节约和提高社会资源效率。这必将促进全民健康结果改善，缩小健康差距，消除健康贫困；保障中国社会稳定、安全、健康、和谐、可持续发展，提高人民分享国家发展成果的能力，为全面建设小康社会和建设和谐社会，为中国现代化宏伟目标的实现做出重大贡献。

第四章 康养产业的大体结构

康养产业无所不在，触角遍及人们生活的方方面面。康养产业不能被简单地归类到第一、二、三产业，它是一个跨产业、跨领域、跨地域，与其他经济部门相互交叉、相互渗透的综合性产业。例如，提供健康管理服务的企业属于第三产业，它需要整合其他产业提供的装备、设备、技术、信息等；而医药工业企业则属于第二产业。大健康产业在产业结构上相较于其他产业有其共性又有自身的特点。

产业结构是指某个市场领域内，各产业的构成及各产业之间的联系和比例关系。针对大健康产业结构进行深入分析，把握大健康市场的市场容量与供需现状，理清大健康领域内各产业的构成及各产业之间的联系和比例关系，充分认识现存市场的特点与产业存在的问题，有利于预测健康产业领域的发展趋势，发掘潜在的市场机会。

第一节 我国康养产业的构成与发展空间

我们认为，随着我国社会的发展与进步，康养产业也将经历深刻的结构变革，其包含的各产业构成及各产业之间的联系与比例关系也都将发生变化。了解康养产业的现状与总体发展趋势，能够为康养产业结构分析奠定良好的基础。

一、康养产业涉及的领域广泛

康养产业是有关人类健康的各个产业的统称，其涉及的产业组织、产品种类等市场要素都极为丰富，故康养产业形成了与其他产业相互交织的态势。

从我国的市场结构看，除去政府相关管理部门与消费者外，医疗机构、医药企业、保健类产品企业和健康管理机构等都能够成为康养产业的重要组成部分。医疗机构为消费者提供疾病诊断、治疗的服务；医药企业为消费者提供药品、器械等疾病诊断和治疗所需的医药产品；保健类产品企业为消费者提供保障身体健康的相关产品；健康管理机构则为消费者提供保健类的相关服务。

从产品结构看，制药业可以细分为化学药、中药、生物药等；保健品业可以分为保健食品、保健用品、保健器械等；保健管理服务业可以分为疾病诊断、预防与治疗、保健咨询、休闲养生、健康保险等。

可以看出，康养产业涉及的市场众多，相关价值链较长，各产业间的相互关系较为复杂。

二、康养产业的发展空间

我国现有健康市场规模总量较大，增长速度较快。以 2018 年为例，中国卫生总费用预计达 57 998.3 亿元。其中，政府卫生支出 16 390.7 亿元；社会卫生支出 24944.7 亿元；个人卫生支出 16 662.9 亿元。人均卫生总费用 4 148.1 元，卫生总费用占 GDP 百分比为 6.4%。

然而，相对于我国的经济总量，卫生投入仍然相对不足。国卫生总费用仅占 GDP 百分比为 6.6%，远低于金砖国家的巴西的 8.8% 和南非 9.2%，而美国这一比例达 17%，其他欧美国家也都在 8% ~ 10% 之间。可见我国在卫生投入方面与发达国家差距较大，即使与发展中国家相比仍然属于偏低水平。这也给健康市场的发展留下了极为广阔的空间。

第二节　康养产业中的供求关系

市场中供给与需求的情况决定着产业的基本形态与发展走向，是产业形成的基础。了解我国康养产业供给与需求的现状，归纳其存在特点，对于探索康养产业的产业结构有着极为重要的意义。

一、我国康养产业存在旺盛的需求

目前，我国正处在社会深刻变革的重要转型期，随着改革开放的不断深入，物质生活水平的不断提高，人们更加重视健康这一人类不懈追求的生活主题。同时，庞大的人口基数与特定的人口结构、高速的经济发展、逐步增加的居民收入、丰富的商品种类、快速的科技成果化进程、消费观念转变等各种宏观经济要素与社会因素也都有利于孕育我国康养产业旺盛的消费需求。

（一）我国人口数量与结构蕴藏巨大的康养需求

目前，我国仍然是世界人口最多的国家。2019 年末，中国大陆总人口 14.0 亿人，比上年末增加 467 万人。全国出生人口 1 465 万人，人口出生率为 10.48%；死亡人口 998 万人，人口死亡率为 7.14%；人口自然增长率为 3.34%。

从年龄构成看，60 岁及以上人口 25 388 万人，占总人口的 18.1%；其中 65 岁及以上人口 17 603 万人，占总人口的 12.6%；15 ～ 59 岁劳动年龄人口 89 640 万人，占总人口的比重为 66.4%。

从城乡结构看，中国城市人口比例已从 2011 年的 51.3% 上升到 2019 年的 60.6%。到 2019 年，我国城镇常住人口为 84 843 万人，比上年末增加 1706 万人；乡村常住人口 55 162 万人，减少 1 239 万人；城镇人口占总人口比重达到 60.6%，比上年末提高 1.02 个百分点。

全国居住地和户口登记地不在同一个乡镇街道且离开户口登记地半年以上的人口（即人户分离人口）2.80 亿人，比上年末减少 613 万人；其中流动人口为 2.36 亿人，比上年末减少 5 159 万人。

年末全国就业人员 77 471 万人，其中城镇就业人员 44 247 万人，占全国就业人员比重为 57.1%，比上年末上升 1.1 个百分点。全年城镇新增就业 1 352 万人，比上年少增 9 万人。年末全国城镇调查失业率为 5.2%，城镇登记失业率为 3.6%。全国农民工总量 29 077 万人，比上年增长 0.8%。其中，外出农民工 17 425 万人，增长 0.9%；本地农民工 11 652 万人，增长 0.7%。

通过上述数据可以看出，我国人口基数庞大，蕴含着巨大的康养需求，健康市场的前景极为广阔。特别值得注意的是，我国中老年人占各年龄组的比例已经较高，并且有持续增长的趋势。老龄化已经是我国未来所不得不面对的重要社会问题。而中老年属于身体机能衰弱的阶段，更需要关注自身的健康问题。此外，由于城镇化进程加快，城镇人口增长较快，相应地提高了新增城镇人口的健康需求。

（二）我国经济高速发展有利于释放健康需求

改革开放 40 多年来，我国总体经济实力持续高速增长，年均增长率超过了 9.8%，比同期世界经济年均增长率高 6.5 个百分点。至 2019 年，我国全年国内生产总值 990 865 亿元，按年平均汇率折算达到 14.4 万亿美元，比上年增长 6.1%，稳居世界第二位。根据世界银行发布的 2019 年统计数据，从总量上看，我国的经济总量接近 100 万亿人民币，根据比较计算，2019 年中国 GDP 总量已与 2018 年世界排名第三、第四、第五、第六位的日本、德国、英国、法国四个主要发达国家的 2018 年国内生产总值之和大体相当；从增长速度上看，一直保持在 8% 以下，增速依然名列前茅。与此同时，我国人均 GDP 也保持着同步的高速增长，2019 年，我国人均国内生产总值 70 892 元，按年平均汇率折算，达到了 10 276 美元，突破 1 万美元大关。而 2018 年这一数字仅为约 9 780 美元。

从国外数十年的发展经验看，经济增长将有效地释放国民的健康需求。我国经济实力的增强将有利于丰富国民的物质与精神生活，人们将更加关注自身的健康问题并积极寻求解决方案。我国的康养产业在经济高速增长的宏观经济大环境下，将面临前所未有的机遇。

（三）我国消费者不断增长的收入水平刺激健康需求

随着经济的快速增长，我国居民的消费能力正在逐步提高。根据国家统计局的数据，2019 年全国居民人均可支配收入 30 733 元，比上年增长 8.9%，扣除价格因素，实际增长 5.8%。全国居民人均可支配收入中位数[①]26 523 元，增长 9.0%。按常住地分，城镇居民人均可支配收入 42 359 元，比上年增长 7.9%，扣除价格因素，实际增长 5.0%。城镇居民人均可支配收入中位数 39 244 元，增长 7.8%。农村居民人均可支配收入 16021 元，比上年增长 9.6%，扣除价格因素，实际增长 6.2%。农村居民人均可支配收入中位数 14389 元，增长 10.1%。按全国居民五等份收入分组[②]，低收入组人均可支配收入 7380 元，中间偏下收入组人均可支配收入 15 777 元，中间收入组人均可支配收入 25 035 元，中间偏上收入组人均可支配收入 39 230 元，高收入组人均可支配收入 76 401 元。全国农民工人均月收入 3 962 元，比上年增长 6.5%，如图 4-1 所示。

---

① 人均收入中位数是指将所有调查户按人均收入水平从低到高（或从高到低）顺序排列，处于最中间位置调查户的人均收入。

② 全国居民五等份收入分组是指将所有调查户按人均收入水平从高到低顺序排列，平均分为五个等份，处于最高 20% 的收入群体为高收入组，依此类推依次为中间偏上收入组、中间收入组、中间偏下收入组、低收入组。

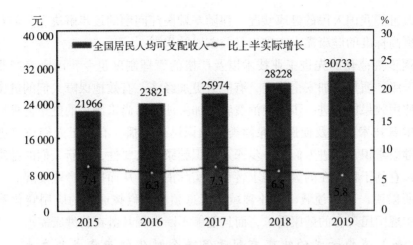

图4-1　2015—2019年年全国居民人均可支配收徒及其增长速度

2019年，全国居民人均消费支出21 559元，比上年名义增长8.6%，扣除价格因素，实际增长5.5%。其中，城镇居民人均消费支出28 063元，增长7.5%，扣除价格因素，实际增长4.6%；农村居民人均消费支出13 328元，增长9.9%，扣除价格因素，实际增长6.5%。其中，人均医疗保健消费支出1 902元，增长12.9%，占人均消费支出的比重为8.8%。

从以上数据看，我国城乡人均可支配收入均有较大幅度的增长。中等偏上收入组的数据与平均数据接近，这说明我国中产阶级人数进一步增加，其可支配的财富也更加宽裕，加之以财富换取健康的意识逐渐觉醒，将成为康养产业中一支拥有较强支付能力的消费主力军。

（四）丰富的产品种类有利于培育健康需求

康养产业所涉及的产品种类繁多，包括各种药品、保健品、医疗保健服务等等，其涉及的产品数量、产品价格等关键产品要素，从宏观上较难有统一的统计口径和统计数据。但从整体上看，随着经济的发展、物质生活水平逐步提高，康养产业中的产品种类逐渐丰富，这说明越来越多的各类社会资源参与到健康领域中，也有利于满足人们日益个性化的健康需求，使人们持续关注健康消费，进一步培养健康需求。

（五）各类科技成果的应用有利于发掘潜在健康需求

在科技浪潮中，关于人类生命健康安全的研究始终是科技界的前沿。随着大量人力、物力、财力的投入，我国也掌握了相关领域大量科研与技术革新的成果。相关科技成果的产业转化在一定程度上改善了我国缺医少药的窘境，大大改善了我国人民的健康状况。伴随基础医疗问题的逐步解决，人们对潜在的、更高标准的健康需求表现出日益浓厚的兴趣。

逐步规范化的先进工业技术以及严格的管理制度也令我国康养产业整体逐步升级，质量更加安全稳定，有能力更加经济、有效地保障人们的健康。良好的使用效果能够进一步促使消费者更加关注自己尚未满足的健康需求。

信息技术的普及使医药保健类的知识迅速传播，有利于人们获得更多基本的健康常识，促进人们进一步深入认识健康的重要性，更新人们的健康消费观念，有利于将潜在的健康需求转化为实际消费，从而推动产业发展。

所以说，医药领域、工业领域、信息领域等科技成果的应用转化不但有利于实现国民现有的健康需求，而且能够不断发掘其潜在的健康需求。

（六）消费方式的改变有利于促进个性化健康需求的产生

随着消费者个人素质的提高及对健康重要程度的重新认识，消费者的消费趋势正逐渐由"有病看病"的单一医疗消费，向"无病强身"的保健消费转变。从经济角度考虑，医疗消费存在一定的滞后性、可选择性差、消费昂贵等问题；而保健消费则拥有一定的提前性，灵活自由，有"花小钱防大病"的优势。从个人体验角度考虑，医疗消费通常意味着身心健康已出现某种问题，重新回复健康的过程可能是一个较为漫长而痛苦的过程；而保健消费通常能带给消费者身心的放松与愉悦，创造健康的过程可能是一个充满乐趣的过程。

通常情况下，保健消费的可选性非常多，各类保健品、保健服务及相关药品的组合非常丰富，所以，医疗消费向保健消费转变的过程将大大促进个性化健康需求的产生。

二、康养产业的市场供应现状及发展趋势

康养产业虽然具有明显的市场需求拉动型特征，但由于受到特定的历史背景、生产要素、劳动力水平、生产技术水平等社会因素供给的影响，而逐步形成了特定的产业结构。

（一）相关商品的价格体系并不成熟

以药品而言，国内中小型医药企业由于规模所限，产品较多为原料药，仿制药或非专利药，缺乏独特竞争优势，产品同质化程度高，竞争激烈，获得溢价能力较低，所以产品的整体价格水平相比较低。而国际大型企业拥有规模、技术等方面的优势，其专利药或特有产品的定价普遍较高，从而能够为企业带来较为丰厚的回报。

以保健品为例，目前我国保健品价格体系较为混乱。大部分生产企业规

模小，营销渠道有限，管理缺乏规范性，产品科技含量低，附加值低，价格竞争激烈。而知名品牌保健品的价格较为稳定，并在市场需求的推动下稳中有升。而且，部分保健品企业虚假宣传、夸大功效等乱象频现使市场的部分产品也存在着价格虚高的现象。

以保健服务而言，我国保健服务业中所涉及的服务种类繁多。由于具有服务消费时效性和地域性的特点，加之我国经济资源的不均匀分布，我国不同地区的保健服务的整体价格水平相差较大。一般来说，我国中西部内陆地区普遍低于东部沿海地区，乡村也普遍低于城镇。

（二）生产要素的价格影响有限

康养产业中的部分企业属于科技密集型，无论研发或是生产都需要复杂先进而又尖端的科学技术和设备，如大量的医疗机构和医药公司等。由于其产品和服务的特殊性和稀缺性，必要生产要素经加工后增值幅度较大，所以受生产要素本身的价格波动影响不大，即上游供应商对企业的影响较小。

康养产业中的部分企业属于服务行业，如保健服务企业等。由于服务业自身特点，此类型企业需要投入的物质性生产资料较少，故而几乎不受生产要素的价格波动影响。

康养产业中还有少部分企业属于农牧资源加工型，生产需要特定的农牧资源，如动植物制品企业等。终产品的价格可能在一定程度会受到动植物原料成本波动的影响，但远不如钢铁制造业、煤炭加工业等对原料价格的反应敏感。

（三）所需的劳动力资源容量大，领域宽

康养产业具有就业容量大、就业领域宽、用工灵活等特点，能够吸纳不同需求的社会就业人员。

据中国医药行业学会不完全统计，2005 年仅医药生产企业就业人数达到130 万人，这还未包括全国近万家的医药商业企业、十几万家的药品零售企业中的从业人员，特别是全国各地挂靠在合法经营机构中而实际为自由贸易人的估计就有约上百万人。粗略估计，全国医药行业从业人员总数很可能已超过500 万。而据国家药监局南方经济研究所估计，国内保健品产业的从业人员已达近千万人。2019 年末，全国卫生人员总数达 1 292.8 万人，比上年增加 62.8万人（增长 5.1%）。另外，以美国为例，截至 2012 年，美国已有 31 万专业健康管理师，他们工作在不同机构中（如社区、养老院、康复中心、医院等）。此外，日本有营养师 40 万人，美国有注册营养师超过 6 万人，而我国目前营养专业人员还不到 1 万人，我国健康管理服务比率低至 1/15 万，即我国 15 万

人中才配有 1 名健康管理人员。这充分说明康养能够创造出数量庞大的社会工作岗位，促进人员就业。

康养产业关系到国计民生，需要吸引高素质的人员就业，同时能够提供相对足够丰厚的软硬件条件。例如，在知名医药企业的研发、生产技术改造等团队中，硕士学历甚至博士学历已经较为常见。同时，康养产业能够创造大量普通的就业岗位，是实现农村转移劳动力和城镇就业困难人员就业的重要载体。

（四）生产技术水平及劳动生产率参差不齐

从整体看，康养产业中各行业的生产技术水平参差不齐，这与企业所处的行业特点、自身规模、所处发展阶段等要素有关。例如，大型的医药或保健品生产企业，由于生产技术先进，机械化程度高，其单位时间劳动生产率也较高，人均营业收入和人均利润率在各行业的横向比较中较为靠前。而小型的保健服务企业，如中医按摩诊所等，受服务时间、服务区域范围、客户数量等条件所限，其生产技术水平则相对较低。对于康养产业而言，提升整体技术水平，规范生产流程，提高产品及服务的质量都是非常重要的。

三、康养产业的供求矛盾

供给与需求这两种不同市场力量之间的相互作用逐步形成了相关的经济活动，促进了产业的形成与发展。供给与需求之间通常存在动态的不平衡关系，即供求矛盾，这种矛盾决定了相关产业的产业组成与产业资源分布。具体到康养产业来讲，存在的供需矛盾主要是人民日益增长的健康消费需求与有限的、较低水平的产品与服务供给之间的矛盾。

（一）从供求总量及品质上看

近年来，虽然我国健康市场的供给能力持续增强，相关企业的数量与规模都有较大幅度增长，产品及服务的质量水平也有较大幅度提高，但相对于健康市场庞大的潜在需求，仍存在较为严重的供应量不足、品质较低的现象。

从医疗服务领域看，2019 年末，全国医疗卫生机构总数达 1 007 545 个，比上年增加 10 112 个，其中医院 34 354 个，基层医疗卫生机构 954 390 个，专业公共卫生机构 15 924 个。与上年相比，医院增加 1 345 个，基层医疗卫生机构增加 10 751 个。虽然数量持续增长，但考虑到我国现有 14.0 亿人口的巨大基数，在数量上人均医疗服务仍处于短缺状态，加之医疗资源分布不均衡的情况，各地医疗服务供给与需求存在较大的缺口。

从医药行业看，根据国家统计局统计，2010—2016 年我国医药制造行业的总体销售收入和利润总额均在不断提升，至 2016 年，我国医药制造业行业规模以上企业有 7 449 家；实现销售收入 28 062.9 亿元，同比增长 9.89%；实现利润总额 3 002.9 亿元，同比增长 14.3%。据前瞻产业研究院发布的《2018—2023 年中国医药行业市场前瞻与投资战略规划分析报告》对 2017 年医药行业相关数据的统计得到，2017 年全年我国医药制造业销售收入和利润总额分别为 29 826 亿元和 3 519.7 亿元，较上年实现了 6.28% 和 17.21% 的同比增长。从总体来看，我国医药制造业的利润附加值还有较大的提升空间。

从医药制造行业销售收入及资产总计分区域来看，2016 年华东地区的销售收入和资产总计分别为 12 331.66 亿元和 11 263.80 亿元，占当年全国行业相关指标的 43.94% 和 39.46%，而其他 6 个地区的销售收入和资产总额占比均在 20% 以下，表明现阶段我国医药制造行业的地区分布集中性较强。随着其他区域经济实力的增强及人们对健康关注度的提升，区域差距将会逐步缩小。

至 2017 年，规模以上医药企业主营业务收入 29 826.0 亿元，同比增长 12.2%，增速较 2016 年提高 2.3 个百分点，恢复至两位数增长。而随着医药产业结构调整不断深化，2017 年，规模以上企业实现利润总额 3 519.7 亿元，同比增长 16.6%，增速提高 1.0 个百分点。从细分领域看化学药品制剂制造的营业收入和利润总额均居首位，分别达到 8 340.8 亿元和 1 170.3 亿元。其余领域的营收及利润总额规模有较大的差距。

从医药制造行业产品的细分领域分析来看，2017 年化学药品制剂制造的营业收入最高为 8 340.8 亿元，占当年医药制造行业总营业收入的 28%，而中成药生产和化学药品原料药制造营业收入分别为 5 735.8 亿元和 4 991.7 亿元，分别占 19.20% 和 16.70%。8 个子行业主营业务收入中，以中药饮片加工业和化学药品原料药制造业的增长最快。

8 个子行业中化学药品制剂制造产品 2017 年的利润总额为 1 170.3 亿元，占行业利润总额的 33.20%，中成药生产的利润总额为 707.2 亿元，占比 20.10%，相比于 2016 年医药细分领域产品增长最快的是生物药品制造业和化学药品制剂制造业，产业发展动力不断向高附加值产品转移。

分散的行业现状使我国制药行业难以形成较强的规模优势，缺乏产业角度的系统性整合，研发投入少，抗风险能力差，导致低级技术领域重复建设严重，而高端的优质产能反而不足。例如，我国是全球原料药生产和出口的第一大国，许多大宗原料药和中间体品种的产能都严重过剩。这种低端的产能过剩一方面严重浪费了国家有限的能源和资源，甚至以牺牲环境为代价换取微薄的利润；另一方面，低端产能过剩引起的市场价格周期性波动和阶段性低价竞销严重破坏了出口经营秩序，不仅因企业自相压价严重阻碍了行业的健康发展，企业也因恶性竞争而蒙受巨大损失，难有发展后劲。而与此同时，我国高端健康产品产能严重不足，80% ～ 90% 的高档医疗仪器、设备等均依赖进口，药品进口比例也高达 70%。

从保健品领域看，截至 2010 年底，中国约有 2 600 多家保健品生产企业。其中，投资在 1 亿元以上的大型企业占 1.5%；投资在 5 000—1 亿元的中型企业占 38.2；投资在 100—5 000 万的企业占 6.7%；投资在 10—100 万的小型企业占 41.9%；投资不足 10 万元的作坊式企业占 12.5%。而截至 2010 年 12 月底，我国已审批保健食品有 10 760 个，其中国产保健品 10 116 个，进口保健品 644 个。企业规模过小，涉及种类过多导致保健品行业中产品低水平同质化严重，功能重复、组方重复、科技含量不高的情况很多。加之缺乏统一的行业标准规范，伪劣假冒保健品泛滥，违规广告严重，价格虚高，产品品质不稳定等诸多问题，保健品行业所能够真正满足消费者健康需求的供给严重不足。

在保健服务领域中，养生保健服务市场与已有较为严格管理办法的药品、保健品管理体系相比，在准入门槛、基础设施条件、从业人员资质、服务技术规范等诸多方面尚缺少具体管理标准。其所涉及的服务种类包罗万象，五花八门，都打着养生保健的旗号作为营销的噱头，服务的质量与效果很难保证。能够达到消费者要求，正规合格的保健服务供给严重不足，无法充分满足人民日益增长的个性健康需要。

综上几个方面可以看出，在我们定义的康养领域中，正规合格、品质优良、能够真正满足消费者需要的医疗保健产品和服务在供给上都存在一定程度的不足，即存在明显的供求错位情况。

（二）从供求结构上看

我国康养产业供求结构仍存在一定程度的不合理性。医药消费占据健康消费的比例较大。这说明，身体出现问题后的诊病治病仍是人民健康消费的最主要方式，我国的康养产业仍处在属于以"药"代"健"的发展初级阶段。

而诸如健康传播、健康理财、健康保险、健康旅游等其他新兴康养产业仍处于萌芽阶段，其企业数量、市场规模、运作规范程度等与较为成熟的医药行业或保健品行业存在较大的差距，但这些新兴产业能够满足日益多元化、个性化的健康需求，将拥有良好的发展前景。

（三）从供求时间上看

在庞大的需求刺激下，康养市场高速发展，产业环境也发生着快速的变化。从消费者角度讲，需要认识到供给的滞后性，即健康需求的产生到供给的完成需要一定的时间。这是因为需求通常先于供给产生，而供方需要时间根据需求情况来配置各类资源。在健康需求趋于多元化、个性化时，更是如此。

从企业角度讲，需要认识到市场调节的滞后性，即在个体的经营者看来合理的决策，在宏观层面上有可能是已经滞后。这是因为市场调节是一种事后调节，从价格形成、价格信号传递到商品生产的完成有一定的时间差。伴随健康需求逐步多样化、个性化，涉足健康领域的企业必须在市场反应速度与投入资源规模之间加以平衡，在捕捉最新的市场动向、预测市场走势、合理配置资源、及时准确地做出快速反应等方面下足功夫。

（四）从供求空间上看

我国各个城市的经济条件较好，医疗技术水平高，保健品供给充足，保健服务种类齐全，各类健康资源丰富。而大部分乡村的基础医疗水平落后，缺乏足够的保健产品，保健服务稀缺，各类健康资源匮乏。然而，乡村人口由于物质条件所限，往往更加容易出现健康问题，其基础的医疗保健需求更为迫切，由此出现了供求间的较大矛盾。同样的地域供求矛盾也明显地体现在东部沿海经济发达地区与中西部欠发达地区之间。

（五）供求平衡的调节机制

缓解康养产业现有供求矛盾，调节供需平衡，使产业结构趋近合理，是实现产业健康发展的重要途径。

政府宏观调控政策是调节康养产业供求平衡不可或缺的手段。人民身体健康是全面建成小康社会的重要内涵，是每一个人成长和实现幸福生活的重要基础，一向是政府关注的重点方面。政府的相关政策为康养产业规范健康的发展提供了重要的指导与保障。例如，我国在2012年印发的《"十二五"国家战略性新兴产业发展规划》特别指出，生物医药产业为战略性新兴产业，将配合财政补贴、税收优惠等诸多优惠政策，鼓励企业投资于生物医药产业，提高生物医药产品及服务的供给量，以满足人民健康、农业发展、资源环境保护等重大需求。

市场的自我调节作用也是调节供求平衡的重要手段。由于健康对消费者的重要性，消费者为了恢复并保持健康，获取有限的产品和服务，通常愿意支付高溢价。这能够促使现有企业进一步扩大产能，尽可能满足顾客需要，缓解供需压力。另一方面，涉及康养产业的组织通常拥有较高的毛利润率。较高的投资回报率能够吸引潜在进入者始终关注此行业的发展，并在适当的时候择机进入，增加相应的产品或服务的供给，优化资源配置，从而缓解供需不平衡所产生的矛盾。

第三节　康养产业中的产业网络

通常情况下，任何产业都不是独立形成并存在的，常以各种形式与其他产业发生一定的联系与相互作用，即所谓的产业关联。这种关联现象在康养市场领域中也普遍存在着。

一、产业关联的含义和类型

产业关联是指产业与产业之间形成的互相联结关系。根据关联对象不同，可以分为市场关联、生产关联、技术关联等方式。

（一）市场关联

市场关联是指与市场相关的各种活动的关联性，即以满足顾客需求为目的的市场活动中，各种资源及活动的相互作用。市场关联是产业关联中较为常见的种类。

市场关联中存在不同产业在同一市场内相互竞争的情况。在市场规模一定的情况下，满足同一市场需求的不同产业间存在着一定相互取代性，在争夺市场资源的同时，必然存在此消彼长的竞争态势。

市场关联中还存在不同产业的多个市场互相促进，形成更完整的市场链条的协同情况。市场关联能够通过共享市场有关的各种活动与资源，如采购共享、销售共享、品牌共享等措施，带来一定的潜在竞争优势。例如，通过在企业采购行为中共享相关资源的采购共享，通常能够减少采购次数，降低采购价格，降低运输费用。又如，在企业产品及服务的销售过程中共享相关资源的销售共享，通常能够减少市场研究费用，降低订单处理、销售及服务等方面的运营成本，提供多样化及差异化的产品及服务的组合。同一企业不同产品或者不同企业相关产品组合，有可能更好满足消费者的需要，从而提高销量。再如，企业通过授权或其他形式将已有品牌应用于其他行业或组织的品牌共享，通常能够降低广告成本，拓展广告业务，加强产品形象和声誉。

（二）生产关联

生产关联是指生产环节的各种活动的关联性，即在产品或服务的生产过程中，各种资源及活动相互作用。生产关联通常表现为，某个行业的产品或服务的产生，需要其他行业所提供的生产要素作为支持，同时其成果又能够成为其他行业所需的生产要素。

由于生产关联的存在，产业链中的行业对其上下游行业产品的数量与质量都存在不同程度的影响。例如，从供应量上看，以植物为原料的植物药提取业的产量会受到上游植物种植业产量波动的巨大影响，也会左右下游的植物药成药的产量；而从供应的质量上看，植物药提取业的产品质量主要是由上游植物种植业所产植物的质量所决定（与植物品种、生长气候、水文条件等诸多环境因素有关），也决定着下游植物药成药的药效好坏。

而生产关联也能够通过价值活动的共享为跨行业经营的企业带来潜在的竞争优势。例如，共享后勤保障能够降低运输和材料处理成本，增强交货可靠性和及时性并减少损坏，适当减少库存，提高工厂的生产能力。又如，不同终端产品共享中间零部件，可以降低零部件制造成本并提高质量，更好地利用零部件制造技术。再如，共享生产、装配设施，降低装配成本并提高质量，更充分利用生产能力，更好地利用装配技术。

（三）技术关联

技术关联是指技术开发环节的各种活动的关联性，即在产业的技术供给方面，一个产业的生产需要其他产业为其提供技术水平层次相当的生产手段，同时它的发展推动了其他相互关联产业的技术进步，从而使整个产业链的技术水平不断向更高层次推进。例如，高精度的电子元器件生产技术的发展需要与之配套的高精密机械制造、装配仪器与工程技术的发展，同时它的发展推动了如通讯业、数码产品、信息产业等诸多产业的技术革新。

技术关联也能够通过对贯穿整个价值链技术开发活动的共享带来潜在的竞争优势。企业可以通过技术协同，共享技术开发资源，降低产品或工艺的设计成本（包括缩短设计时间），扩大研究开发规模，降低产品的研发成本，还能够增强改进产品或工艺设计的创新能力。

二、产业关联性构建起的产业网络

康养产业是一个由若干条健康相关产业链构成的庞大产业网络，是一个与健康直接或间接相关的产业链和产业集群，是包括健康食品、保健品、预防保健、健康体检、健康管理、健康文化、健康信息、健康保险、健康理财等行业和产业的总和。其中，医疗服务、医疗设备、制药等是传统意义上的康养产业，其主要目的是治疗疾病。而保健品、预防保健、健康体检、健康教育、健康管理等是医疗卫生向前延伸的产业，其重点在于疾病的预防和健康状态的维持，在康养产业链中属于前端产业。健康食品的生产和销售则属于影响健康的最前端的产业，涉及农业种植、食品加工、餐饮服务等多个环节，而体育健身、养生、美容等产业的目的在于实现更高层次的健康、健美，属于产业链中的后端产业。全民健康经济的运行离不开信息、资金等的流动，因此还有与之相适应的健康信息（如健康移动管理服务平台、健康互联网站）、健康保险、健康理财等，属于全民健康经济体系中的辅助性产业。

总之，随着社会的发展、科技的进步以及人们对健康生活品质的不断追求，还会有新的经济活动方式和产业组织形态应运而生，全民健康经济和康养产业的外延也将不断扩大。

从定性角度看，康养所涉及的各大类产业均以人体身心健康为对象，展开各类经济活动，属于较为典型的市场关联类型。通常情况下，位于产业上游的会对下游产业有较大的影响作用，而下游产业也会对上游有一定的反作用。例如，健康文化与健康教育能够使消费者重新认识健康，培养新的消费理念与习惯，从而增加健康相关的消费；消费者通过医疗服务重获健康后，意识到健康对于自身的重要性，进而增加对健康知识的学习并通过其他健康消费来维持健康；而维持健康的消费将在一定程度上降低修复健康的消费支出，并引领消费者向促进健康的领域迈进；维持健康的活动可能进一步形成并发展为新的健康知识与文化。

而对于子产业链和子产业之间的具体联系，必须根据行业的现状与发展趋势加以具体分析。康养领域中，各个子产业的关系既有其独立性，又彼此联系，存在一定的协同促进作用。

另外，康养产业涉及的价值链较长，生产关联现象也较为常见。例如，植物中成药产业中涉及药用植物的种植业、药用植物主要成分的提取业、中成药制造业等一系列以产品为对象高度相关的产业链条。

从定量角度分析，产业关联度作为经济活动中产业间相互关系的具体体现，一般可分为前方关联效果和后方关联效果。反映产业关联度可以利用投入产出表资料，计算产业影响力系数和产业感应度系数。产业影响力系数反映产业的后向联系程度，表征某产业的生产发生变化时使其他产业的生产发生相应变化的系数。如果某产业的影响力系数大于1，说明该产业的影响力较强，对其他产业的发展起较大推动作用。产业感应度系数反映产业的前向联系程度，表征其他产业的生产发生变化使某产业的生产也发生相应变化的系数。如果某产业的感应度系数大于1，说明该产业感应程度高，容易受各产业部门影响的程度较大。

三、康养产业集群的形成与发展趋势

在康养领域中，由于产业价值链长，涉及范围广，具有高度关联性的产业通常会出现产业集聚的现象，形成产业集群。了解康养产业集群的形成与结构优化，有助于深入理解康养产业的关联性。

（一）产业集群的形成

从产业结构角度讲，产业集群是指在特定领域中，具有竞争与合作关系，有交互关联性的企业、专业化供应商、服务供应商、金融机构、相关产业的厂商及其他相关机构等组成的群体。产业集群还包括由于延伸而涉及的销售渠道、顾客、辅助产品制造商、专业化基础设施供应商等，政府及其他提供专业化培训、信息、研究开发、标准制定等的机构，以及同业公会和其他相关的民间团体。产业集群的实质是针对某类型产品的深度加工，是企业价值链的延伸。

从产业组织角度讲，产业集群实际上是在一定市场领域内，若干企业集团的纵向一体化的发展。企业集团通过纵向一体化，可以用费用较低的企业内交易替代费用较高的市场交易，达到降低交易成本的目的。通过纵向一体化，可以增强企业生产和销售的稳定性；通过纵向一体化行为，可以在生产成本、原材料供应、产品销售渠道和价格等方面形成一定的竞争优势，提高企业进入壁垒；通过纵向一体化，可以提高企业对市场信息的灵敏度；通过纵向一体化，可以使企业进入高新技术产业和高利润产业；等等。

产业集群的核心是在一定空间范围内产业的高集中度，这有利于降低企业包括生产成本、交换成本在内的制造成本，提高规模经济效益和范围经济效益，提高产业和企业的市场竞争力。

在我国康养领域中，也存在对应的两种不同发展方式。一种是以中小型企业为主体，在政策引导和资源驱动的影响下集聚而成的康养产业集群；而另一种则是大型企业，多以医药或保健品生产企业为主，进行纵向一体化或涉及其他与健康有关的领域而形成的康养产业集团。这两种不同的发展模式从产生机制、作用方式、作用结果等方面都存在一定的差异性。

（二）康养产业中基于集群的结构优化

产业结构优化是指通过产业调整，使各产业实现协调发展，在满足社会不断增长的需求的同时，使各产业的结构组成逐步合理化和高级化的过程，从而实现产业结构与资源供给结构、技术结构、需求结构相适应的状态。

康养产业结构优化需要依据相关产业技术与经济关联的客观比例关系，遵循再生产过程的比例性需求，合理分配可投入的各类资源，从而促进各产业间的协调发展，使各产业发展与全体国民的健康需求发展相适应。康养产业的结构优化需要遵循产业结构演化规律，通过技术进步，使产业结构整体素质和效率向更高层次不断演进的，通过政府的有关产业政策调整，影响产业结构变化的供给结构和需求结构，实现资源优化配置。

中小型企业的集聚便是康养产业结构优化的重要手段之一。这种集群式的组织形式既不会损失单个独立的中小型医药企业所具备的优点，又可以获得大企业才拥有的优势。根据群内企业的力量对比及联系特征，一般认为"市场式"和"中卫式"是两类最为基本和典型的中小型医药企业的集群类型。

"市场式"中小型医药企业集群是群内企业之间的关系以平等市场交易为主，各企业之间以水平联系为主要联系方式。这种集群中的企业实力基本均衡，因而市场垄断程度低、创业风险小。集群内有着众多的中小型医药企业及辅助机构，企业之间有着大量交易和专业性配套服务。然而，这类集群产业链上的专业化分工高度细化，资产专用性不断提高，产业结构和产品结构单一，一旦遭遇市场风险，常常会因路径依赖而处于"锁定"的不利地位。

而"中卫式"中小型医药企业集群是指以某个或某些大企业为核心、众多实力弱的小企业为外围组成的"中卫式"中小型医药企业集群，也被称为轮轴式企业集群。"中卫式"中小型医药企业集群内企业间关系主要是在产业链上的分工协作，如专门从事研发外包的企业以及专门从事医药物流的企业等。龙头企业是该群落的横向支撑和纵向纽带，起着引导创新和导向性作用。对中小型医药企业来说，发挥自身的优势，依托大型企业，形成有机的医药产业集群是非常有价值的。

此外，大型医药或保健品企业集团进行纵向一体化或进军其他健康领域，也是康养产业结构优化的另一重要手段。大型集团在经营运作中积累了雄厚的资金、先进的核心技术、规范的管理经验、优秀的人才队伍等关键性资源，在涉足其他健康领域时，能够更加有效地利用各种资源，促进整个康养产业快速、高效地发展。

（三）康养产业集群所带来的产业协同效应

所谓产业协同效应，是指集群内的企业在生产、营销、采购、管理、技术等方面相互配合、相互协作，从而与集群外的同类企业产生竞争差异的现象。如果集群内企业相互协作，配合恰当，将产生正协同效应，即对单个企业而言，作为集群组合中的一个企业比作为一个单独运作的企业能获得更高的盈利能力，即正协同效益，即所谓的"1＋1＞2"的效果，进而形成竞争优势。

在康养产业领域中产业集群基本都是由于追求产业间的正协同效应而产生的。中小型企业的集聚能够更好地发挥各自的资源优势，包括疏通产业链上下游渠道，降低管理成本，提高管理效率，有效规避市场风险等；而大型企业所进行的业务范围拓展也是为了更好地发挥其自身的技术、品牌、资金、管理等资源优势，在新的市场中寻求相互支持、相互促进的高效发展模式。

然而，如果集群内企业之间在生产、营销、采购、管理、技术等方面缺乏有效配合与协作，缺乏良好的信息沟通方式与渠道，缺乏具有强大号召力和积极价值观及文化的引导，将导致集群内部产生对各种资源使用情况的信息不对称，从而出现假冒伪劣、欺诈、搭便车、恶性寻租等负协同效应，不仅无法形成竞争优势，还可能对整个集群带来极坏的影响。所以，由中小企业集聚形成的产业集群特别需要注意所涉及产业链的协同机制，避免负协同效应的出现与恶性循环，防止其对企业个体以及整个产业的健康成长造成的负面作用。

四、医药企业向康养产业发展的条件与优势

医药产业向康养产业发展是大势所趋，纵观全球 10 大医药企业，无一不在康养产业广泛涉足。这是因为医药企业将自身业务范围拓展到康养产业领域，具有自身的条件与优势。

（一）制药企业向康养产业发展的价值观

以治疗为基础的药企，延伸至康养，将会迎来新一轮发展。健康也是制药企业从治疗型向预防型延伸的核心领域。药品供给是人们健康生活中的一部分，人们的健康需要多个方向的产品。作为制药企业，不仅要提供疗效确切的药品，还要大力倡导推广预防性健康产品，这既符合国家宏观政策，又满足企业不断做强做大、服务健康的战略思想。

（二）注重企业品牌与产品品牌的关系

企业品牌与各个目标市场沟通的内容包括企业的经营理念和文化，企业的品质理念、制度和行为，企业的创新能力，企业的业内地位，企业的领袖风采以及企业人力资源，等等。产品品牌与目标市场沟通的内容包括产品的类别、档次、特色、品质、用途和使用者等。产品品牌是企业品牌成长的基础，对企业品牌的成长具有促进作用。药品存在有效性的问题，即如果药品对于患者来说是有效的，患者才会承认该产品品牌，继而接受该企业品牌。因此，如果没有有效产品品牌的支撑，企业品牌无异于空中楼阁。另外，企业品牌为产品品牌积累着价值。企业品牌的不断成长将会为更多的产品创造更多的机会，同时会促进现有产品品牌的成长。因此，企业品牌与产品品牌是互动的，相互促进、相辅相成的。

（三）具有渠道、终端的开发能力和管控能力

营销渠道是连接企业与市场的桥梁、沟通产品与客户的纽带。成功的企业必须具有迅速而准确地将其产品传递到消费者手中的能力，可见营销渠道对一个企业是至关重要的。营销渠道具有异质性、独特性，其带来的核心能力难以取代，不同行业、不同企业，其营销渠道的选择和设计是不同的。在医药产业，随着医疗体制改革的深入，现今多环节、多点购销、相互竞争的医药产品流通格局势必被打破，开放医药产品批发、零售服务领域已成定局，因而医药产品的营销渠道创新势在必行。医药产品的营销渠道是多种多样的，有些药品消费者可以在各种药店买到，而有些药品消费者只能在医院或专卖店里才能买到。随着现代商业的发展，消费者获得商品和服务的方式层出不穷，企业面对的中间商各式各样，如何构建一个成功的营销网络是渠道策略的一个重要组成部分。传统渠道构建一般是选择各级经销商，即根据情况选择一级经销商、二级经销商、三级经销商等，达到把产品送到终端客户的目的。在这种选择模式下厂家只能较大程度地参与到一级经销商的选择和管理上，二级经销商一般由一级经销商选择和管理，三级经销商由二级经销商选择和管理，厂家的介入程度逐渐弱化，因而渠道管理的参与性和主动性较差，没有一个渠道成员拥有全部的或者足够的控制权，在整个销售渠道中依次是生产商、批发商和零售商，厂家对终端几乎没有控制能力，出现了不能货畅其流、服务中断、信息歪曲等现象，厂家不能真正了解最终消费者对产品的认知程度，使渠道的功能大打折扣。

成功地构建营销网络的关键是以满足消费者的需要为前提，并正确处理企业与中间商的关系，在这种思想的指导下，医药产品营销渠道创新模式应运而生，即根据医药产品的消费需求、消费行为和产品特性选择零售终端，充分考虑终端的特性和利益，并根据中间商的信誉、财力和零售终端的关系选择中间商。据此向上逐级选择经销商，将整个渠道纳入厂家的营销体系，通过加强各环节的协作达到厂家的战略目标。这种渠道模式就是"弱化一级经销商，加强二级经销商，决胜终端零售商"，厂家一方面通过对代理商、经销商、零售商的等环节的服务与监控，使自身的产品能及时、准确的达到零售终端，同时厂家能加强零售终端的管理，激发消费者的购买欲望，促进产品的销售。

总体上，医药企业要想成功转型为康养企业，除上述优势与条件外，还需要全方位的企业创新。企业应当立足于产品的核心竞争力，不断挖掘产品核心价值及差异化优势，抓住市场机遇，实现产品快速发展。建立领先的国际化药品标准，准确传播产品核心价值，推进品牌产品群的发展壮大。营销方式

上要从单纯推销转向学术营销，再升级为"营销学术"和体验营销，为医疗机构提供整体研究方案、大数据，给消费者普及系统知识，为经销商提供从营销、方法、体系、物流配送、仓储、周转、结算等一揽子配套方案。致力于建立整合一体化的商业渠道客户团队体系，打造全产业链优势，完善 CRM 系统销售数据管理平台，实现商业数据直连，达到产品供、销、存全过程的可视化管理。

未来的医药企业和康养企业应当以顶层设计的方式，推动产品、渠道、服务同步全方位精耕细作，跨进云营销时代；开创使健康需求者及患者、医疗服务提供方、经销商和生产商能够共赢的局面。

第五章　康养产业融合发展中的核心支撑产业——养老产业

　　根据预测，在21世纪后50年到来之前，我国老龄人口的增长还将出现2—3次增长的高峰，才能达到一个相对稳定的数值，因此加快发展养老事业和养老产业是老龄化社会发展的急迫要求。目前，我国的抚养比还没有达到极值，尚有人口红利可以挖掘，这个时机不能错过，应在现在迅速、深入地研究老龄化问题，从政府到社会，从体制政策到具体模式，从升级原有产业到增创新养老利润点等努力中，找到解决老龄化问题的根源和关键点。我们应该紧抓这一机遇，根据各地具体实际情况，总体规划，寻找符合本地养老产业发展的对策。

第一节　国外养老产业发展

一、国外养老产业的发展历程

　　国外养老产业的发展和人口发展变化密切相关，归结起来可分为以下三个发展阶段：

（一）18世纪后期至二战前

　　此阶段为第一阶段，该阶段三代同堂的传统养老方式较为普遍，养老产业并未兴起。

　　18世纪后期，欧洲工业革命的兴起和不断发展极大地推动了社会、经济和科技的发展，大大地改善了人们的生活条件，从而推动了世界人口的第二次快速增长，引发了人类历史上第二次"人口革命"。这次革命使出生率下降，世界人口进入低出生、低死亡、低增长阶段。在这个阶段，三代同堂传统的养老方式较为普遍，祖孙三代共聚一堂，由家人为老人提供经济、生活、精神上的照顾，养老产业在这个阶段并未兴起。

（二）二战后至 20 世纪 60 年代

此阶段为第二阶段，该阶段各国都趋于老龄化，社会福利性质养老机构开始兴起。

第二次世界大战后，新生儿数量明显减少，人均寿命则上升到目前的 66 岁。这种双向发展使老龄化发展越来越快，全球几乎所有国家的人口结构都趋于老龄化。据联合国有关规定，一个国家 65 岁以上的老年人在总人口中所占比例超过 7%，或 60 岁以上的人口超过 10%，使被称为"老年型"国家。全球已有 72 个国家进入"老年型"。

20 世纪 60 年代，西方发达国家有关老年人的政策有所变化，法国、英国、联邦德国、意大利、瑞典、荷兰等国采取的做法是将老年人安置在专业化的或由福利机构照顾的场所、收容院等，并以此作为满足老年人对住房需求和社会需求的一剂灵丹妙药。

（三）20 世纪 70 年代至今

这一时间段为第三阶段，该阶段社区养老服务业逐渐发展，并形成多种业态的服务业和配套服务业。

20 世纪 70 年代，人口老龄化对西方发达国家的冲击明显增大，使其用于老年人的财政支出更加沉重，严重影响了其经济的发展。因此，西方国家纷纷建立了社区照顾服务政策，在不同的法定框架和资金来源下，为老年人所提供的养老金、住房供给、医疗保健、社区服务等在西方各国独立发展起来。

20 世纪 70 年代中期以来，经济因素成为影响老年人养老保障和社区服务政策倾向的最重要因素，西方国家的老年人政策出现了以下趋向：一是从机构照顾服务转移到以社会形式、社区为基础的照顾服务；二是转为降低政府的直接作用并发展商业的、非营利的和非正规的提供老年服务的部门；三是促进具有更为灵活的服务和具有更大选择机会的、个性化的照顾服务的发展。

20 世纪 90 年代，西方国家倾向于社区服务的进一步改革，提倡人文主义的养老保险、医疗卫生服务、社区服务和住房供给等服务的整合。这时候人口老龄化对西方国家的财政影响已经到了相当严重的地步。西方国家在制定政策时，将开发老年市场看作解决老龄化的重要途径。

正是在这种背景下，西方国家的养老产业市场才得以新兴并得到迅速发展，形成了包括老年用品、老年医疗、老年文化、老年休闲、老年公寓等多种业态的服务业和配套产业。

二、国外养老产业发展状况

（一）美国

1. 美国养老产业的发展状况

美国养老服务非常发达，养老社区在其中占有重要地位，美国养老社区可以追溯到殖民地时期的社会慈善机构，1772 年，费城教会根据约翰·凯斯利医生的遗嘱，用他的遗产在费城建立了一所基督教堂医院，占地 13 英亩，专门收容穷人和体弱的寡妇，后来逐渐发展成为一个独立的非营利性高级护理社区，为低收入老年人提供持续照顾。以这种混合型慈善社区为开端，养老社区在美国非常缓慢地发展起来。

19 世纪 70 年代至 20 世纪 20 年代是美国工业化、城市化鼎盛期，城市建设和社区管理步入正轨，在社会改良进步运动的推动下，慈善事业尤其是社区照顾获得长足发展，许多城市陆续出现社区服务中心，提供了部分业余性养老照护服务，但专门性养老社区的兴建尚待时日。

20 世纪 30 年代，在经济大危机的严重冲击下，罗斯福政府颁布《社会保障法》，该法明确规定退休年龄为 65 岁，实行老年保险和失业保险，这是美国历史上第一部社会保障法案，标志着美国政府由此开始正式介入社会保障事务。随着时间推移，各种社会保障举措不断完善，1939 年增加了伤残保险和老年遗属养老保险，1940 年起政府开始按月支付退休金，养老成为全国性社会保障体系的重要组成部分。1937 年联邦政府颁布了第一部《住房法》，关注焦点是低收入者的公共住房建设，对老年人与残疾人住宅略有提及，但只字未提养老社区。从理论到现实，本时期养老社区均无较大进展，在随后的两次世界大战期间，养老社区发展也一直处于受抑制状态。

二战后，美国养老社区迎来新的发展阶段，社区规划、设施建设、服务内容都日趋完善，到 20 世纪 50 年代，西部数州出现了养老社区建设方案。五六十年代，经济形势高涨，房地产开发持续兴旺，政府陆续出台各种相关政策法律，1959 年《住房法》规定，直接向老年人住房项目提供贷款，此后更是逐年加大资助力度。商业地产开发进入新的黄金期，有力地推动养老社区建设走向规模化、专业化、标准化，养老社区开始繁荣兴盛起来。闻名于世的"太阳城"养老社区便在 20 世纪 60 年代初开始兴建，到 80 年代建成后声名远播，至今仍是养老社区的典范。

随着人口老龄化程度逐渐加深，退休老年人口越来越多，由政府建造老年公寓或者提供住房补贴的做法致使政府开支逐年增大，各级政府财政赤字激增。20世纪八九十年代，美国养老服务实现了社会化转向，市场和民间力量在养老事业中发挥着主导性作用，形成了一条独具特色的美国式养老道路，美国也率先成为以市场提供养老服务为主的国家，奠定了美国"社团主义市场经济型"福利国家的地位。[①]如今，大大小小数以万计的养老社区遍布全美各州，带动养老产业经济蓬勃发展，成为新的经济增长点。据有关报道，1986年美国老年人消费额达到8 000亿美元，占当年美国GDP的18%[②]，而在2008年以来的新一轮经济危机中，美国养老社区发展并未受到太大冲击，在普遍疲软的美国房地产业中可谓一枝独秀[③]。

2.美国养老产业模式

美国作为养老服务高度市场化、产业化的国家，目前其养老产业已非常成熟。20世纪70年代左右，美国政府开始加快社会服务的私有化，使养老服务的产业化步伐加快，养老机构增加，服务内容扩大。

美国仍以居家养老为主，其依靠众多服务机构对居家养老的老人提供各种服务。美国老年夫妇一般都有自己的住宅，独立性强，对子女的依赖性较低，因此多形式的养老机构亦应运而生，其可分为三类：一是技术护理照顾型，提供24小时的医疗照顾；二是中级护理型，主要针对没有严重疾病，需要24小时护理的老年人；三是一般的养老机构，主要提供饮食和个人帮忙，基本提供医疗服务和24小时护理。

不同于英国的地方政府养老机制，美国政府不直接运行养老机构，而是通过间接方式对国内养老机构进行管理。美国的养老机构大多是非政府性质的，在建立后，这些社会养老机构的设施和服务在达到政府要求后，可向政府申请医疗保险和补助，因此美国的民间养老机构较多，且有满足不同需求层次的养老机构。同时，为需要特殊服务的老人，美国亦有建立养老机构，如老年人公寓、老人院、老人护理院和老年痴呆病院等集中护理的养老机构。美国的养老模式如图5-1所示。

---

① （英）苏珊·特斯特.老年人社区照顾的跨国比较[M].周向红，张小明译.北京：中国社会出版社，2002:13-14.

② 李沛霖.美国养老产业的发展及其对中国的启示[J].广东经济，2008（6）:50-52.

③ 徐正平.美国州及地方政府应对人口老龄化的启示借鉴——以康涅狄格州为例[J].发展研究，2011（11）:105-108.

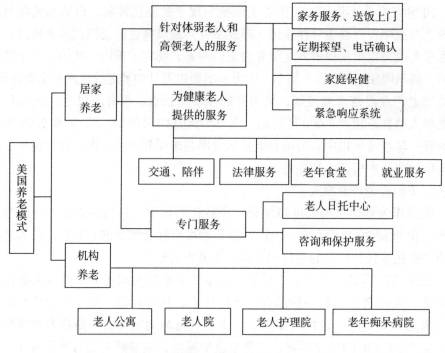

图 5-1 美国养老模式

3. 美国的养老产业政策

老年住宅政策核心是住房和城市发展部（HUD）"可负担住房"补贴政策。

（1）202 项目——老年住宅无息贷款。202 支持型老年住宅项目：私营的、非营利机构提供给低收入老年人的廉价房屋，能够在建造、修复或收购时获得 HUD 的无息贷款。如果连续 40 年将房屋用于老年服务，则不用偿还 HUD 提供的贷款。除非营利机构外，其他机构也可申请 202 贷款，国家项目可以获得最高 25 000 美元，其他盈利性机构可获得最高贷款额为 10 000 美元。

（2）负责单位。美国联邦政府的保障性住房管理部门是住房和城市发展部（HUD）。美国在州和地方政府分别成立公共房屋管理局（PHA）具体负责各地公共住房的建设、管理和补贴发放。

HUD 也下设联邦住房管理局（FHA），主要职能是为中低收入家庭提供住房抵押贷款担保。自从 1934 年成立以来，FHA 一共为 3 400 万私人住房提供了房屋贷款保险。它和租房补贴一起，构成了 HUD "可负担住房"政策的核心。

（3）贷款对象选择标准。第一，长期性，主要指担保人开发和经营提议住房的能力为长期基础，占比为20%。第二，财力状况，主要指担保人的经济能力和承诺，占比为25%。第三，地区低收入人群需求状况，主要指为该地区的老年人提供支持性住房的需求和场地的可取性，占比为20%。第四，项目设计可行性，主要指工程项目设计是否足够，占比为15%。第五，服务项目计划，主要指是否能够提供足够的支援服务，占比为20%。

（二）日本

1. 日本养老产业的发展现状

日本自20世纪50年代就开始为养老做准备，而养老产业的发展是20世纪七八十年代才开始发展的，主要是当时日本传统的家庭养老、政府主导的机构养老等已经无法满足社会需求，促使民间养老机构的兴起，日本养老产业的发展大致可分为四个阶段：

（1）养老产业的萌芽期——20世纪七八十年代。日本养老产业主要是由政府指定专门机构负责产业指导，主要是扶持仰赖产业的形成与发展，主要"以低收入阶层"为主要对象，提供民间企业不愿涉足、市场机制无法充分供给的必要的服务，主要目的是建立市场规范和行业标准。

（2）养老产业成长期——20世纪八九十年代。以日本厚生省成为"养老产业室"为标志，尤其是作为日本政府经济主管部门的通产省开始关注老龄市场和养老产业的发展，并制定了"老龄商务伦理纲领"。

（3）养老产业发展期——20世纪90年代至21世纪。以通产省为主，制定了一系列的政策措施来促进和推动养老产业的发展。

（4）养老产业扩张期——21世纪后。日本建立了世界上第一个护理社会保险制度，这项制度是日本战后为继"全名皆年金"和"医疗保险"之后最重要的社会保障制度。

目前，日本的养老产业已经形成一个完整的产业链，其涵盖了六大方面：养老住宅产业、养老金融产业、养老家务服务产业、养老医疗服务产业、养老文化生活服务产业、养老生活用品产业。

2. 日本的养老产业模式

在日本，各种商业养老院数量已超过2 000家，其平均拥有50间以上住房，而入住者的人均居住面积大多不低于18平方米，居室多配备卫生间。入住者缴纳的费用与其所需看护程度等相联系。在无须特别看护的情况下，入住费用通常不会高于当地中等地段租房居住的费用。目前，日本65岁以上老人约为3 000万人，占总人口比例达23.1%，即每5人中即有1名老人。围绕庞大的老年人口，日本社会逐渐形成了与之相应的医疗看护、养老居住、老年旅游等产业。日本政府已将其中部分产业定为日本经济未来的增长点，并希望通过抢占先机，将相关产业建设为日本的优势项目，参与未来国际竞争。

在政府大力建设养老设施的同时，由于中等收入阶层的老年人对生活质量的要求以及认知障碍等特殊群体的个别需求，也有不少企业建设个性化的商业养老院。

在日本，政府、企业和非营利组织均可建设养老设施。政府主要提供基本福利范围内的养老设施，而企业和非营利组织则根据老年人不同群体、不同需求建设相应的商业或公益性养老设施。日本国民平均寿命位居发达国家前列，60 至 70 多岁的老年人普遍身体状况较好，因此中产阶层以上的老人主要是在自己家中养老，需要时则聘请上门看护服务。但是，也有大批中低收入阶层人士居住于相对生活成本较低的养老院。

根据 1963 年颁布的《老人福祉法》，日本政府将养老设施分为多种类型，包括短期居住型、长期居住型、疗养型、健康恢复型等，其中政府在全国建设了约 3 100 处健康恢复型养老设施和约 3 700 处老年疗养医疗设施，65 岁以上老人在需要时，可使用社会医疗保险入住这些设施。中国敬老院网整理了日本三种养老模式。

看护型养老院：主要供身体不便和患病老人入住，由养老院下属团队为入住者提供看护服务。此类养老院通常与医疗机构有固定协作关系。

住宅型养老院：供身体状况正常的老人居住，当老人需要看护服务时，院方寻找上门看护，企业提供临时看护服务。

健康型养老院：类似面向老年人入住的宾馆，院方负责打理老年人的日常家务，但不负责照顾入住者的日常起居。

3. 日本养老产业政策

（1）养老机构鼓励政策。1970 年日本进入老龄社会，长期以来由政府所承担的社会福利事业日益不能满足老年人的需求，中小企业等开始进入机构养老业。政府态度逐渐对民营机构养老从允许到放开，再到扶持，并最终将政府的老年福利事业定位为"以低收入阶层为主要对象，提供民间企业不愿涉足、市场机制无法充分供给的必要的服务"，老年人的大部分需求则尽量通过市场机制来解决。

第一，准入制度。1974 年，厚生省公布了《民营养老院设置和运营指导方针》，对民营养老机构的属性、设施标准、人员配置、服务标准等做了规定。

第二，金融贷款支持。目前，养老机构不论是福利性还是营利性，只要入住人数达到一定的规模一般在 50 人以上并符合《指导方针》的基本要求，均可享受政府金融的长期低息贷款。所不同的是，营利性养老机构的贷款额度一般为最低注册资金的 30%～70% 左右，年息为 2.5%，而福利性养老机构的贷款额度虽略高于前者（70%～80%），但年息也较高（2.5%～3.5%）。这主要是因为营利性法人必须纳税，所以在贷款利率方面享有更大的优惠。

第三，行业管理标准。随着老年人口的规模和购买力都不断上升，相关商品和服务日益增多。但养老机构良莠不齐、劣质商品鱼目混珠，老年人利益受到损害的事件屡屡发生。为建立市场规范和行业标准，配套扶持措施，以保障老年人权益，同时推动老年福利社会化和产业化。日本政府主要采取了以下相关措施：①指导制定了《老龄商务伦理大纲》，以加强行业和企业的自律。20 世纪 80 年代后，老年人口的规模和购买力都不断上升，需求日渐明朗，相关商品和服务种类日益增多，厚生省成立了"老龄产业室"，老龄商品和服务的供应商则在厚生省和通产省指导下成立了"老龄商务发展协会"，通产省作为政府经济主管部门，开始关注老龄市场和老龄产业的发展。②指导建立了《银色标志制度》，指导成立了由消费者、产商代表及学者等组成的"银色标志认证委员会"，对符合条件的养老机构、老龄产品和服务及其厂商等进行认证并公布于众。③指导建立了民营养老机构协会，下设基金会，以备成员机构倒产时对入住老人进行补偿和救济。

（2）老年住宅政策。日本政府推行了系列措施以保障老年人的居住需求。从 1972 年起，就对老年住房的改建予以扶持，为扩建老年人专用居室可优先获得贷款支持，凡与 60 岁以上老年人同住的可享受优于普通住宅的规模。日本 1986 年公布了"长寿社会对策大纲"，随后，从住宅、建筑和城市三个方面开展工作。"长寿社会对应住宅设计指针"的草案于 1992 年 3 月颁布，正式文本则于 1995 年 6 月施行。为推进老年人住宅的发展和居住环境无障碍化，1994 年实行了《中心建筑法》，1995 年制定了"高龄化社会对策大纲"，鼓励官办、民办在社区建立养老服务机构。2000 年起公布实行了《无障碍交通法》以及《老年人居住法》等，对老年住宅进一步强化重视。2011 年 4 月颁布了《确保高龄安全居住相关法律调整案》，由国土交通省和厚生劳动省共同管理借护老人住宅的建设。

第一，财政补贴。《高龄者居住稳定化推进事业》，2012 年预算金额 355 亿日元、2013 年预算金额 355 亿日元，对新设立的"服务高龄人士住宅"的建设、维修费用，尤其是对国家民间事业者、医疗法人及社会福利法人、NPO 等直接进行补助。

第二，税收减免。对服务高龄人士住宅的供给实行所得税、法人税、附加折旧和固定资产税、房产所得税减免政策，促进特例期限的延长 2 年之前的期限（2014 年年底为止），具体如表 5-1 所示。

表5-1　日本老年住宅税收减免政策

所得税・法人税	5 年期，附加折旧减免 40%（耐用年数 35 年以下，28%）
固定资产税	5 年期，税额减免 2/3
不动产取得税	（住宅）征税标准（扣除 1 200 万日元／套）
	（土地）房屋面积的 2 倍以上或土地面积降低等价值的价格减免

（三）英国

1. 英国的养老产业模式

英国的养老模式经历从传统福利机构养老到社区养老的转换，传统的福利机构养老亦成为"住院式"养老，即由政府出资建立大型的院舍，雇佣大批的工作人员，对家庭困难、无依无靠的老年人提供集中住院式的照顾，这一模式在 20 世纪 50 年代之后的一段时间是英国的主要养老模式，但随着老年人口的增多、时间的持续，这种养老模式的弊端开始显现，一是政府的财政压力巨大；同时被照顾的老年人由于长期脱离正常的生活社区，精神生活匮乏，影响心理健康，因此英国在 20 世纪 50 年代后期开始重点推行社区化养老模式，并且强调养老服务的市场化、产业化，强化市场的主导作用，积极鼓励非政府部门组织发展养老服务。所谓社区养老，即是在社区内照顾，让老年人生活在熟悉的社区内，在社区内为其提供生活服务，充分开发社区的资源，动员社区的有能力的个人，为老年人提供服务，如图 5-2 所示。

20 世纪 90 年代初期，英国公布了《照顾白皮书》和《国家健康服务和社区照顾法令》，明确了社区的功能和运营模式。

社区服务中心由地方政府出资建立：社区的建设、维护及工作人员聘请等所有费用均由地方政府出资，社区建设参照正常的生活社区。

设立多种社区模式：在社区内有老年公寓、暂托所、老人院等多种模式，分别满足社区内有生活自理能力但身边无人照顾的老年人、因家庭成员短期无法照顾的老年人、生活不能自理又无家庭照顾的老人。

上门服务：对居住在家里，尚有部分生活能力但不能完全自理的老年人提供的服务。

家庭照顾：由家庭成员照顾，政府给予适当的护理津贴。

除了养老社区外，英国亦存在大量以营利为目的的商业性养老机构，弥补社区照顾的不足，"四季养老集团"是英国最大规模的自主养老和专业健康管家服务商，它经营着445所疗养院，拥有22 364张床位。英国养老社区的发展带来相关专业服务需求的快速提升，尤其是医疗保健、老年人文化娱乐产业的发展。

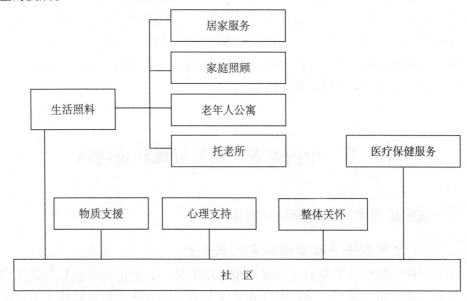

图5-2　英国的养老模式

2.英国的养老产业政策

（1）商品化兼福利政策的住房保障。在1969年，英国住房建设部就制定了《老年居住建筑分类标准》，并对1986年国际慈善机构制定的老年住宅分类标准完全采纳。英国采取商品化兼福利政策的住房保障形式，将老年住宅纳入社会福利保障体系之中。为鼓励居家养老，政府对在家居住并接受亲属照顾的老人发放与住院一样的津贴，从事居家服务的工作人员既有政府雇用的，也有社区中的自愿服务人员，他们的服务本身不收费或收费很低。家庭照顾就是政府为使老年人在家就能得到供养而采取的一种政策措施。同时，医疗机构还与社区相结合，专门配备老年人健康访问员，负责并探视各个社区的老年人。

（2）住房改善计划。英国的住房改善机构（HIA）是由国家政府和地方政府提供支持的一所非营利性的机构。该机构对老年人，尤其是一些失能残疾者或有其他障碍的老年人提供关于更好适应住宅生活的建议、支持和帮助。他们帮助老年人维修、改善和维护房屋以使老年人能更好地满足需求的变化。该项服务的目的是使老年人在自己家里保持自我独立、感到温暖和安全。为了评估老年人的需求，住房改善机构的工作人员将会进行入户访问，并且提供一些相关信息、建议和支持，主要包括财产问题、房屋选择问题、合法权利及其他可实现的服务支持等。HIA 还会给予老年人一些有关财政选择的建议，提供一些实质上的资金援助，包括获得独立的财政建议；使用慈善基金的情况；特定的选择对利益享有权的影响；保险理赔和储蓄存款；等等。另外，HIA 将提供一些值得信赖的技术建议，包括帮助选择出色和值得信赖的建筑者监管建筑方的执行情况、签署合适的协议和文件等。

第二节　中国养老产业发展现状及问题

一、中国养老产业发展现状分析

（一）中国养老产业市场供需现状分析

养老机构供给数量相对于需求来说严重不足，养老机构床位数与老年人口相比，数量明显滞后，如图 5-3 和 5-4 所示，养老床位数从总体上看，虽然表现出明显的上升趋势，但是数量远远不足，如果单纯依靠政府投资的养老机构，难以满足老年人养老需求。老年人口数量平均每年增加的数量都是以百万人次计算，远远超过了床位数的增加数量。

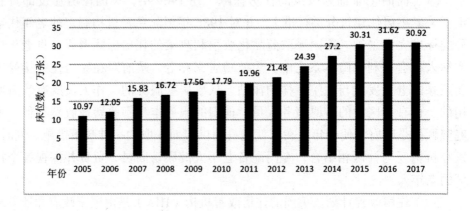

图 5-3　养老机构床位数量

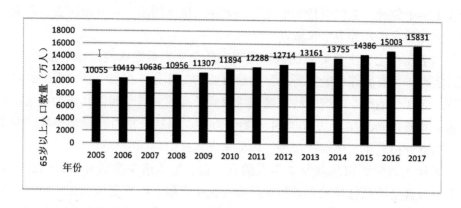

图 5-4 65 岁以上老年人口数量

同时，养老产业其实是一个跨行业的产业，但中国目前的养老机构提供的产品和服务还相对单一，养老产品和服务发展已经出现不均衡的状态。

由于养老服务、医疗保健、出行旅游等方面的需求量增长速度的提高，相关领域的发展速度也提高。随着中国医疗水平和世界水平相接轨，且在疾病的治疗方面有了质的突破，与养老有关的医疗企业也加大了产品研发力度，市面上针对老年人的理疗器械类型、老年保健品的种类正逐渐增多，同时出现了很多符合老年人需求特征的日用品和生活辅助工具，但由于缺乏规范的市场管理，导致了现在的老年人保健产品市场非常混乱。银发游等旅游产品现在也逐渐成为深受老年人欢迎、具有良好口碑的产品。2017 年，老年人游客数量占旅行社接待国内总人数的 30%～40%，虽然老年人对旅游的需求逐年递增，带来的经济效应也很强烈，但是由于缺乏有效监督，仍存在部分欺诈行为。在老年产品与服务的供给中，老年金融业和老年房地产业则是下车伊始，金融对于中国绝大部分的老年人都是比较敏感的话题，甚至有些子女限制老年人网购，把退休金和儿女给的生活费存放在银行中，即将退休的老年人是中国最早的中产阶级，他们具有一定的文化水平，应该多接触新事物。只有少部分老年人愿意主动接触金融性养老和老年投资理财，并参与商业养老保险和银行理财产品。由于老年人根深蒂固的观念和中国养老保障制度存在一定缺陷，导致这些产业并不能获得长期的良性发展。尽管养老产业产值正在呈现出增长的势头，却仍然严重滞后于经济发展速度，也没有满足老年人现有的需求，养老的产品和服务仍有巨大的市场缺口。

（二）中国养老产业发展的主要领域分析

现阶段中国的养老产业的发展虽然还处在发展的萌芽阶段，但是也已经涉及了多个领域，主要包括养老住宅、老年人生活用品、银发旅游业、养老金融、文化教育产业等多个领域。

以老年住宅为主要养老的载体是现在的老年人最受欢迎的养老模式之一，也是实现"老有所养、老有所居"的最重要的一部分。在当今新常态的经济环境下，老年住宅产业以庞大的市场需求以及长远的发展空间使其成为各大房地产企业角逐的新战场。从2008年开始，万科、保利、富力、绿城等地产龙头企业相继开拓老年人房地产市场，以此来谋求新的利润增长点。

老年人的生活用品涉及老年人的衣、食、用等诸多生活环节，因此与老年人的日常生活息息相关。老年产品大致包括衣服、医疗器械、保健护理、生活电器等系列，养老类型的产品也随着中国老龄化进程的加速呈现不断细化的趋势。尽管中国的老年产品市场近年来逐步成为社会热点，但与中国目前的市场需求量，以及国外同类市场相比发展相比还比较滞后，尚处于萌芽状态。并且在一些经济发展水平高度发达的城市，个别商家对设立老年用品商场或专柜进行了非常细致的探索和尝试，但是对比一下，老年产品市场在广大的中、小城市和农村几乎是一片空白，由此可见，老年人产品发展受严重的经济水平限制。

中国的银发旅游始于20世纪80年代中期，随着近几年的发展，现在也已经形成了一定规模的老年旅游产业市场。旅游业是国民经济的重要产业，对整个国民经济和社会发展都具有举足轻重的贡献。银发旅游作为传统旅游业和养老产业相结合的新型经济体发展模式，必将在中国人口不断老龄化、国家大力倡导提高服务业质量的背景下迎来新的发展机遇期。

老年人群具有特殊的价值观念，因此其对大部分的金融理财产品的安全性、收益性和流动性等方面都具有很高的要求。在大部分金融活动中都偏好稳健、逃避风险的特点，多投资于低风险、保值为主的金融产品。随着养老金客户的数量和质量的逐渐增加，老年人群已逐渐被各家银行所重视，进而成为竞相争取的潜在客户源，为继续优化对养老金客户的专业化服务模式质量，很多的地方性商业银行，如上海银行在居民相对聚集的地区建立了一批业务成熟的营业网点，通过对网点实施适合性优化升级以及培养养老金融客户经理等措施，率先在全国打造一大批养老金融服务专业网点，积极为老年人提供一站式综合服务。

在国家出台的一系列政策、措施方针的指导下，中国的老年文化教育事业取得了质的飞跃，取得了引人瞩目的成绩：全国范围内的老年大学和学校已由1998年底的1.3万所增加到2018年末的6万多个，学生人数也从100多万增加到现在的 800 多万，参加远程老年教育教学的人数也达到 500 多万人次。老年大学不仅在人员的数量上逐渐增加，也不断地通过课程内容和结构优化使老年人的知识层面从养生保健的领域逐步向社会发展的领域扩展，从而实现老年大学仅仅弥补老年人生活和精神层面的空虚的这样一种低层次职能到逐步提高老年人身体和精神素质高层次功能的蜕变。

二、中国养老产业的发展存在的问题

目前，养老市场的发展需要具备健全的保障体系、专业化的工作人员和完善的管理制度等条件，因此中国的养老产业的发展还存在一定的局限性。单独由政府或是企业建设养老项目的传统开发运营模式存在着养老产业运营制度不完善、养老产业市场发展不规范和养老产业服务人才不足等问题。

（一）养老产业政策落实不到位

相关的制度保障和政策支持是养老产业创新发展的必要条件，近年来虽然发布了很多政策，完善了与养老产业相关的一篮子政策制定和执行等流程，但是这些政策文件大多数还处于规定的层次，缺乏详细地与之匹配的政策实施方案，即存在很大程度上的理论与实践相互脱节的情况，导致政策中给予的优惠无法真正落实。实际操作中，各省市也会根据自己的实际情况对意见进行修改，真正落实到位难。中国对养老产业还缺少专门的立法颁布，没有完善的发展政策和保障细则，会对养老产业的规范化建设和创新发展造成一定程度的影响。而国家出台的更多的产业政策大都属于宏观层面上的，具体可操作的实施方案与措施较为欠缺。

现阶段中国养老产业的配套法律政策还存在缺陷，在一定程度上限制了企业养老机构的发展，具体表现为以下几点：第一，已出台优惠政策未得到落实。企业经营的养老机构的发展并没有受到足够的重视，国家及省市层面针对民办养老机构制定的优惠政策并未获得执行。第二，养老机构服务的对象存在一定的特殊性，养老机构在很多时候无法严格遵守职能部门的规定，如最基本的全天无缝监管就很难做到。第三，企业养老机构性质不清晰。银行如果将其定位为公用事业，则无法进行抵押或担保，会造成企业养老院融资难，甚至会造成养老院停止经营的情况。第四，中国有关企业养老机构的准入、营运方面并未建立完整的管理机制，没有形成统一行业规范和评价标准，如收费标准的形成、服务合同及保险条款的制定等方面均参差不齐，相应的危机处理机制也没有有效的解决依据。

（二）养老产业发展体系不完善

目前，已经加入养老产业的企业大多是靠养老地产的建筑和售卖来回本盈利，部分产业甚至明面上打着养老产业的旗号，实则是在配套设施中引入常规的医疗资源，从中盈利。目前，国内的大部分地区的养老方式都是居家养老，同时大多数社区养老服务连最基本的用餐及医疗的服务品质都无法确保，现阶段养老体系的发展方向存在问题。

近年来，虽然涌现的"医养结合"等新兴的养老模式，即由医院办养老院、养老院增设诊所等方式实施，但是并没有真正站在老年人的立场为其量身打造养老服务，仅是对现有资源的重新整合，也并不能实现养老产业的创新发展，养老机构专业化水平较低，老年人的需求无法得到满足。养老行业从业人员的工资福利水平低，养老机构从业人员综合素质能力不高，亟须高素质的专业护理人才。很多企业经营养老机构存在基础设施差、配套设备差、服务和管理水平缺位等严重问题。

除此之外，养老机构的建筑设计也难以符合老年人的各方面需求，如并没有针对老年人的状况设置专门的通行道和醒目墙体提示标语等，这些问题都会造成安全隐患。

养老产业在国内还处于探索阶段，各项产业规章制度还存在空白，中国的老龄办研究表明，整个养老行业中有需求的老年人数与相应的服务就业人员按照 10：1 的比例计算，预计 2020 年仅在中国城市区域中居家养老就需要至少 650 万服务人员。各个企业和厂家在养老用品设计方面，设计的产品规格不统一，使用方法不同，会导致老年人花时间去适应，在中医药康养产业方面，有关中药、理疗等的科学性、规范性没有统一标准，会导致医疗与养老无法有效结合，养老产业不能完善发展，对于各养老机构的服务状况缺乏评审制度，人员培训没有统一的流程，造成各养老服务的质量良莠不齐，这都不利于养老产业的创新发展。

（三）养老市场供需失衡

由于历史遗留问题，中国的城乡二元化导致中国养老的城乡公共服务不能均等化，存在很明显的差异，具体表现为东部地区的养老水平好于西部，南部地区的养老水平优于北部，城市的养老水平发展程度好于农村，还表现为物质养老与精神养老的供需差异较大，当今老年人对文化需求日益增大，供给却严重不足，主要表现在量和质两方面。截至 2017 年底，全国 60 周岁及以上人口 2.41 亿人，而相应的养老机构只有 14.46 万家，养老院 41 700 多个，养老服务床位 714.2 万张，相当于平均每千名老人使用床位不到 30 张。目前，中国总体床位供给不足与局部空床率偏高现象并存。中国城乡老年人生活状况在2018年的调查结果显示，老年人对养老服务的需求不仅局限于看病、做家务、护理生病老人的康复等，需要心理咨询或心灵沟通的老年人约占10.6%，对文化需求的老年人约占10.3%。同时，出行旅游等新兴的养老模式也日益成为满足老年人精神生活的新选择，这说明了老年人在生活的闲暇时间更加注重生活品质和质量。养老产业区域存在规划不科学的问题，中心城区入住率高，但养老机构设置数量少且规模小，床位严重不足，然而很多郊区养老院建设条件好、规模大的养老院却具有较低的入住率，养老机构的建立和规划与其所在地理位置出现了严重的不协调状态。同时，相较于城市养老院，农村地区的养老院也存在较多的问题，让很多热爱大自然的老年人望而却步。随着现代生活水平逐步提高，老年人的养老需求已经不再紧急局限于"医"与"养"两方面的结合，开始涉及日常生活、医疗卫生、文体娱乐以及精神生活等多个方面、多个层次。养老需求的转变不仅是对传统形态的赡养观念的转变，也是老年人对养老产业提出的更高层次的需求的表现。

相关政府部门没有针对其开展统一完善的指导与规划，即使非常优良的资源也不能充分利用，部分地区只关注GDP的增长，不顾社会福利的影响，也不重视老年人生活的幸福指数。老年人群体受传统思想观念的影响较深，导致消费观念还比较落后，种种因素都会直接影响老年人的消费，影响现有养老产业的资源有效配置。

（四）养老服务水平低

养老产业在实际发展过程中，由于受到产业体系建立、市场培育、人才队伍建设以及养老服务观念等多方面的因素影响，这些因素极大地制约着中国养老产业的健康、规范和可持续发展。存在的问题主要表现在以下两个方面：第一，养老产业中的服务人员数量少。中国至少需要约1 000万名养老产业专业护理人员，而实际这些人员仅有30余万人，其中已取得专业资格证并受过技术培训的仅有4万余人，服务人员数量的不足，这就在很大程度上影响养老产业的养老供给，难以满足老年群体的养老需求。第二，养老产业中提供的养老服务质量不高。纵观当前中国养老产业从业人员，工作人员为进城务工的中年妇女居多，从业人员整体素质偏低。这就在很大程度上影响了养老服务的质量，更难以符合养老服务的科学性、现代性等特点。从业人员职业化建设存在掣肘、服务质量不高，养老服务内容的扩展和服务质量的提高受到了严重影响。

（五）养老产业链未形成联动效应

养老产业所涉及领域覆盖面广，养老产业发展可以带动养老实物产品、老年旅游、金融理财、文化和老年旅游等相关行业发展。但根据中国目前养老产业的情况来看，还不能提供高层次的养老，老年理财机构缺失，老年旅游业发展不规范，即使现有的老年产业发展并不完善，在养老产业的链条中也存在很多缺陷。现有的养老产业间各环节未形成联动效应，相互之间的影响较小，也未能形成范围经济。现在养老产业不重视市场开发前的调研，养老产业研发设计机构数量少，缺乏产品自主研发，导致现有的养老产品缺乏个性，没有竞争力，更无法满足老年人对养老产业的需求，在整个领域处于附属的地位，并没有达到朝阳产业的发展标准。这些问题的主要原因是产业集群效应没能很好地发挥，产业链条不完善，未能形成规模效应，产品品牌意识差，养老产业链中的营销与服务环节也不完善，直接影响了养老产品和服务的市场价值。

养老产业链条中的各个部分受利益驱动，发展不平衡，有些行业发展较快，如养老房地产发展迅猛，甚至到了供大于求的地步，还存在恶意竞争导致资源浪费，然而有些行业还在止步不前，如养老服务和金融方面，其产业形式缺乏多样性，老年消费者面对这些供给毫无新鲜感。还有关于老年医疗方面的资源大多集中在公立机构，民营机构中医疗的资源不足，市场竞争不足，不能达到资源的有效配置。从平行视角来看养老产业，各个地区发展不平衡。从垂直视角上看，多个产业的规模效应并没有依靠专业市场或多数企业聚集的形式实现，养老产业链条中的各个主体沟通不紧密，产业链条中间存在沟通不及时、联系不紧密的问题，导致养老产业内部各产业处于割裂的状态。

中国的养老产业一直被认为是具有巨大发展潜力的朝阳产业，然而实际上中国的养老产业的发展还存在发展相对滞后的问题，产业规模小、盈利性差等现象，这些虽然与养老产业的公共福利性质、微利性和长期性的特点有关，但促进以政企合作为基础的养老产业创新发展仍然迫在眉睫。

第三节　中国养老产业创新发展的影响因素及发展建议

一、中国养老产业创新发展的影响因素

（一）养老产业人才短缺

养老产业对人才的需求主要表现在医疗服务领域，截至 2019 年末全国大约有 1 010 万人从事卫生技术，其中 382 万人是执业医师和执业助理医师，443 万人是注册护士，医护比例大约为 1 ∶ 1.16，远远达不到卫计委要求的

1 : 2，这是在人才数量上具体表现。在人才质量上，护理人员大多是高中和大专的学历。

如今，中国大学均培养出大量专业人才，但为何养老产业服务的专业人才紧缺呢？其主要原因如下：其一，中国养老产业还处在刚刚起步阶段，养老产业的运营机制和管理机制都不成熟，再加上资金缺乏，从业人员待遇并不丰厚；其二，在养老产业中，专业人才无法将其具有的专业能力与管理方面的优势发挥出来，再加之养老产业的工作内容与保姆的工作性质相似，难以得到人们的充分尊重与体谅。

（二）养老产业资金和技术匮乏

养老产业也是一个需要大量资金投入的产业，其特点在于投资周期较长且利润回收较慢。养老产业需要民间机构的参与，民间机构面临的巨大困难是融资问题。从目前情况来看，进入养老产业的资金非常有限，民间资本贷款利率比较高，然而现有的政策对民营养老企业的贷款制度相对较紧，而处于发展初期的养老机构所需的资金量很大，资金的需求期限又相对较长。

养老产业发展所需要的技术包括养老服务技术、信息技术等，具体是互联网信息与养老行业的结合。养老产业是一个综合性的大产业，需要有专门的市场调研团队、产品研发机构和信息服务平台，也需要养老设备的智能化，但目前这方面研究还未真正起步，更谈不上养老产业技术方面的创新发展。

（三）养老产业主体受内外部因素影响较深

养老产业主体受内外部因素影响主要体现在以下两方面：

第一，信息交流不畅通。养老产业刚刚起步，仍在探索与发展之中，相关的技术较为落后甚至较为空白。主要的信息交流渠道在现有的养老产业中有如下两个方面：一方面是老人直接向养老机构和养老机构直接提出服务请求，老人和养老机构将沟通不足，相互了解不充分，导致老人对养老的需求与供给不匹配；另一方面，由于信息不通畅，导致资源配置没有达到最优，养老企业间存在恶意竞争。

第二，传统观念对老年群体影响较深。例如，每一代中国人都受传统的孝道文化熏陶，其在养老事业中也占据着不容忽视的地位。大部分老年人都无法忍受子女送他们去养老机构，这会让他们认为自己被子女抛弃了，这一观念让很多老人拒绝养老机构，不选择养老机构，与此同时反投资养老机构的人的积极性也会受到一定打击，阻碍养老产业的发展。传统社会中占据主导地位的是自给自足的小农经济，家庭就同时扮演着生产与消费的两重角色，从而使家庭也成为养老的最主要力量。但是随着经济发展、社会进步，医疗技术水平的不断更新，人均寿命明显延长，生活品质也有了显著的改善。养老机构本应取代家庭养老成为养老的主要的方式，但是受传统观念的影响，养老产业的发展受到一定的阻碍。

（四）养老企业缺乏勇于创新的精神

养老产业中的企业作为养老产业不断发展的前进动力，企业的创新精神直接决定了养老产业的发展方向。企业的创新精神既包括敢于冒险、勇于拼搏的精神，又包括负责和无私奉献的精神。

首先，企业的冒险精神指的就是企业突破现有事物的勇气和挑战精神，所以说创新从某种程度上来说是一种冒险。企业作为养老产业中的主要推动力，其目的在于不断发挥自身优势，不断地参与到激烈的市场竞争中，逐渐的丰满羽翼，发展壮大，最后成为养老产业中的龙头企业，形成联动效应带动整个养老产业链的发展。要不断接受新的事物和新的技术，并且不断地运用到经营中，冒险精神的缺乏会导致企业发展停滞不前，最终使整个养老产业陷入低迷。

其次，政企合作的经营模式同样要求企业要具有敢于冒险的精神，虽然政府是养老项目的第一发起人，但是项目的启动、运营等方面都需要企业不断地拼搏，在政企合作这一模式下，企业必然会受到政府权力的影响，这就要求企业要坚定信心、坚持初心、坚守责任心，这样才能使养老产业不断地向前发展。

最后，养老产业中的企业也要具有社会责任感和无私奉献的精神，这种精神也就是一种求善的企业家创新精神，这种创新精神能够很好地化解企业与社会之间的冲突和矛盾，使企业成为除了政府以外最重要的养老服务的提供者，让企业的创新和经营成果更好地造福于社会。

（五）养老产品的特殊性阻碍了产业的创新发展

目前为止，大多数养老服务都是由政府负责提供，其带有公共产品的属性，而在政府满足社会养老服务需求的同时，带来了"市场失灵"，各种"搭便车"现象屡见不鲜，这就在很大程度上了阻碍了养老产业的创新发展。

二、中国养老产业创新发展的建议

（一）政府要明确自身职责

中国发展养老产业，政府部门具有引导、辅助与保障的作用，在养老产业发展过程中，政府部门进行统筹规划，明确自身职责，对政府各部门的职责提出有针对性且清晰的规定，切实鼓励政府合作。建议如下：

第一，政府部门具有重大事项决策权，在养老产业发展过程中起着关键作用。例如，在政府主导下出台相关养老产业的行政法规，为养老产业的发展提供强有力的法律依据和保障；制定切实可行的适用于养老产业近中长期发展规划的制度，促进养老企业中支柱企业的发展，明确养老产业发展中的主体；政府部门应发挥有效的引导协调作用，在养老产业的发展过程中提高养老产业对地方经济的贡献作用，做养老产业集群实现可持续发展的坚强后盾。

第二，积极转变政府部门职能，摒弃政府"大包大揽"的传统思想，发挥政府积极引导的作用，为老年群体产品及服务提供方向，引导和监管养老产业的发展。明确政府部门与市场两者之间的关系是重中之重，政府在政企合作中主要充当了监管者、服务提供者、引导者的角色，其应当认清自身的角色定位，放平姿态，转变观念，提高服务意识，加强契约精神，转变害怕承担责任而消极怠慢的行为，加强沟通交流，政府部门间学习彼此成功经验。

第三，政府部门要立足实际，引导更多的社会力量为养老产业提供资金支持。政府借助招标采购的方式，依靠市场的力量，通过产业化运作模式，让更多的企业参与到养老产业中，通过市场竞争的作用压成本、保品质。对于企业经营的养老机构融资难的问题，政府要适当降低企业经营的养老机构进入市场的标准，同时给予资金和政策支持，为促进中国养老产业的健康发展，亟须鼓励各行各业的力量参与养老产业。

（二）要合理制定养老产业行业标准

养老产业标准和规范是产业发展的质量保障。中国应制定符合实际的经营评价指标体系等行业标准，加强人才队伍质量建设，明确企业进入和退出门槛，加强养老产业监管水平和行业自律水平，就目前养老产业发展的综合水平而言，要更加关注养老产业的政策性支持，切实推进政企合作，笔者对此提出以下建议：

第一，在资金方面给予支持，如有针对性地调整面向企业经营的养老机构的税收优惠制度，通过政策性支持吸引并鼓励越来越多的民间资本参与到养老产业建设中来。给予其一定的融资优惠，为其健康发展提供有力支持与保障，对于存在融资困难但具有发展潜力的企业，经审核合格后，可以适当放宽贷款条件、调整贷款期限或贷款利率。总之，要在税收、贷款、财政政策、货币政策等多个方面加强养老产业发展的力度。

第二，对养老机构适当放宽土地政策限制。土地是不可再生的稀缺资源，对于大中型城市而言，土地供给更是紧张，如需社会力量加入养老产业中，就必须要给予用地优惠，降低其用地负担也减轻运营压力。

第三，政府要将自身作用充分发挥出来。首要任务是加强对养老机构的监管力度，科学规划养老机构的规模和数量，合理布局养老机构。对于养老机构的管理先应实施统一化，最大限度地保障对老年人的服务水平，有利于实现养老机构的规模效应，提供多方面全优质的个性化服务，提高养老机构的服务品质。

第四，构建企业经营养老机构监管体制机制，加大对养老服务质量的监督管理力度，一旦在检查过程中发现问题要及时加以指正，并责令整改。对养老机构的经营条件、运营资质、从业人员综合素质水平进行定期筛查，组织从业人员学习相关的法律法规，集体学习政策常识。同时，对于表现良好的养老机构及个人，要给予必要的奖励；尝试建立对养老机构的第三方评估、信用评级和信息披露体系，对违反相关规定的企业、机构给予市场禁入的处罚。

（三）要实现养老产业供需平衡、资源优化配置

第一，认清市场供需，明确市场定位。具体方案如下：企业应根据自己的现实情况和未来发展方向划分对象，找准定位，确定自己的目标市场，可以根据老年人年龄、性别、收入、消费偏好等方面的不同，对产品和服务进行区别设计；根据养老产业所处发展周期的不同，制定相应的企业战略，应对养老企业不同发展阶段的问题；同时企业还要定期进行市场调查，不断了解老年人新的养老需求，养老用品研发、生产企业应把握产业结构升级趋势，养老服务企业应持续提升自身服务质量和服务体验，使养老产业在质和量方面得到全面提升。

第二，充分调动更多方面社会资源，实现养老产业资源优化配置。针对人才不足、资金不足、技术匮乏、供求矛盾等突出问题，首要任务就是要对全国养老资源进行综合调整规划。就现阶段而言，企业要立足实际、保持稳定心态，研发养老服务产品、开拓养老服务市场，同时要制定长期发展规划，要目光长远，把发展的战略基本点放在充分挖掘养老产业的潜力上。

（四）注重人才、资金和技术的作用

首先，重视养老产业的人才培养，针对养老产业留不住人才的现象，提出如下解决方案：第一，提高养老产业从业人员收入和社会保障水平，建立基于工龄、岗位和职称相结合的薪酬增长机制。第二，借鉴发达国家优秀的行业规范和先进的管理经验，制定出符合中国国情的职业管理标准，开展并加强养老从业人员职业培训工作，完善相关部门的资格认证工作，使养老服务人员市

场更加规范，明确要求从业人员必须持证上岗，并持续开展培训工作，不断增加专业知识储备。第三，加强志愿服务团队建设，可以从高校寻找志愿者，并经过严格考核，扩大志愿者和社会工作者团队规模。

针对养老产业服务人员素质不高提出如下解决办法：首次合理部署高等教育和职业教育学科专业设置，开设相关专业课程，培养专业型人才，加强队伍建设，从根本上解决养老产业人才供给问题；同时可以通过依靠定向培养等多种方式，引进高学历年轻优秀人才，培养综合类型的养老产业人才。这一过程需要政府机构、院校、企业三方协同合作，政府起到引导的作用，通过政策引导加大产教融合力度。

企业同时要不断提高培养人才、创造人才的能力，自觉参与到高素质养老服务和管理人才培养全过程中，这样才能实现培养的人才与养老产业的岗位需求密切对接的效果。数字时代，人才培养的过程中也必须重视与互联网新技术的完美融合，从业人员应加强计算机方面的能力，借助互联网、物联网等高新技术创新服务模式，利用大数据的分析以满足老年人对养老产业的需求，实现养老产业人才与养老产业中需求的完美匹配。

其次，健全养老企业融资体系，尤其是在政企合作的养老模式中，应该重视的是市场性的融资，不断丰富养老产业的发展资金，笔者认为吸引融资应从以下几个方面入手：

第一，建立养老产业创新发展资金流动机制，充分发挥政府财政资金的杠杆支撑作用，同时政府必须保障公共财政对养老产业的投资力度，加强政府对税收的转移支付能力，对政府财政的支出结构进行优化，加大对养老产业基础设施建设的投入力度。

第二，要积极鼓励引导民间资金进入养老产业，增加养老产业投融资渠道，进行多元融资。具体办法如下：鼓励商业保险进入养老产业，增强人们参与到商业保险中来的意识，但必须做好相应的宣传教育工作；还可以通过专项发展基金和社会捐赠等方式来筹措发展资金，引导更大规模的市场资金投资养老产业；可以利用老年消费群体自有资金进行一定的养老服务项目建设，通过预售养老服务的方式来获得一定的企业发展资金，北京的恭和家园进行的产权共有也是一种利用私人财产的新型融资方式。

第三，政府也可以采用共有产权的模式来缓解资金的压力，政府作为政策制定者同时是政策的直接参与者，这使共有产权模式能够得到迅速的发展壮大。这种模式使政府和市场职能的区分变得尤为重要，克制和监督是确保政策效果、提高行政效率的重要依据。此外，住房管理机构的运作是公开透明的，应完全在公众的监督下，以防止权力滥用。虽然政府实际上正在履行其住房保障职责，但也必须避免过多的福利空间，不断完善基于股份制的共有产权交易收益的分享方式，避免共享房产的崩溃。

最后，政企合作过程中要注重养老产业的创新，科学研究是养老产业发展的重要支撑，创新是企业存续的生命之水，是企业发展的必然选择。只有有了新产品、新服务、新理论，才能使产业保持优势地位。笔者将养老产业的创新发展具体分为以下几个方面：

第一，养老产业的服务和产品创新。随着现代化科学技术和信息技术逐步完善，信息化技术应与养老产业融合，将其应用到养老产业中来，以此为有养老需求的人群提供便捷、高效的服务。老年人口信息专业化服务平台必将成为重要发展目标，主要包括建立老年人的电子健康档案，以方便对老年信息的全面掌握，还可以通过信息化有针对地开展家庭门诊和健康咨询，还包括社区卫生机构和医院远程医疗服务。在传统养老过程中，老年人对养老服务需求大多停留在物质需求层面，随着社会的进步逐步提高了精神层面的需求。因此，企业要挖掘养老服务产业的潜在需求，增加对养老产品研发投入，产出更多的附加值高、技术含量高的产品，并提供更加个性化的服务，开发出适合老年人的新服务。给老年人营造一个良好、温馨的生活环境，提供优质、高效的服务手段，让老年人在晚年生活中真正地体会到老有所乐。

第二，养老产业的机制创新。要将符合市场机制运行的养老模式进行体制创新，增加责任意识和危机感。政府也应该在实地考察的基础上，出台更加完整的产业化运行标准，按照产业化发展方向，将中国养老产业体制规范化、标准化。进行投资体制机制创新，制定优惠投资政策，金融机构和民间资本也应增加对实体养老企业的金融支持，活跃养老金融市场，鼓励企业进入养老产业，推动福利社会化。即将进入老年时代的人群思想比较开放，对于新观念接受比较快的人群开发证券、基金、房地产类和混合型产品。

第三，养老产业的养老模式创新。中国老年人口基数大，各地区分布复杂，解决中国养老问题，必须重视地区差异较大的问题，注重多个发展模式相结合的创新养老形式。新型的养老模式就是要高效整合医疗资源，加强社区医院和养老机构的合作，以合理充足的家庭照顾为前提，辅助以公共养老服务和市场化养老服务，在城市中的各个社区街道建立养老服务中心，通过增设文体活动区，加强老年人间的沟通与交通，享受养老服务中心提供的护理、医疗、娱乐和心理咨询等全方位的服务，把养老服务中心打造成一个没有围墙的养老院。此种养老模式需要社区医疗的水平要得到较大程度的提高，或社区附近的医疗资源丰富，以加强对老年人的日常身体监护和意外情况下的紧急救助。积极运用互联网信息等高科技技术，与现有养老产业体系和平台相对接，通过更加智能化的管理手段，从根本上加以创新。在满足老年人基本的养老需求的基础上，针对不同消费水平的老年人群，提供个性化的老年金融产品以及老年旅游项目，或为老年人需求定制特殊产品。

（五）培养龙头企业，带动养老产业发展

要通过政策来积极鼓励养老行业中的龙头企业，充分发挥其带头作用，这些企业是推进养老产业产业化发展的重要承载动力，在带动养老产业发展方面作用重大。要推进政企合作的养老企业，主要的经营权和管理权必然由企业所有，政府起到指导性作用，这种模式必然需要培育养老服务龙头企业。

具体措施：应遵循布局合理、规模适度、功能完备的准则，建设高标准、高规范程度的养老服务机构；小型养老机构和专业服务机构可以依托信誉和运营良好的大型养老组织，对自身进行改造，打造经营规模化、管理连锁化、形式多样化的具有较大影响力的养老服务企业集团，企业集团的辐射效应还可以带动相关产业的发展，通过推出养老服务重大项目、整合社会养老资源等推进养老产业中的龙头企业建设。通过以上方式，不断发挥龙头企业的优势，一方面带动整个行业的发展，另一方面吸引更多的优秀企业加入养老行业中来。

第四节 中国养老产业市场分析

一、中国养老市场现状及特点

（一）从市场需求来看

我国养老需求呈现增量大、多样化的特点。老龄人口逐年增加，从图5-5可以看出，2018年末60岁以上人口达2.49亿人，占总人口的17.9%，2016年、2017年和2018年我国60岁以上人群增长分别达886万人、1 004万人和859万人。从需求类别来看，如图5-6所示，根据老人不同生命阶段总体呈献不同主体需求。在强能阶段，有较强的社会需求、工作需求、教育需求、旅行需求和居家生活需求；弱能阶段则偏向于养护需求；失能阶段则更多依靠医疗机构的医疗和护理。

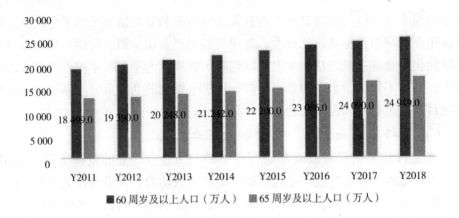

图 5-5　2011—2018 年中国老龄人口变化

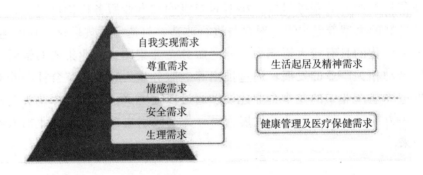

图 5-6　老年群体需求类别

（二）从市场供给来看

从市场供给来看，我国养老产品和服务的多样性、专业性、适合性有待进一步开发。当前养老产品和服务更多聚焦于服务失能、半失能老人，开发各类床位建设及配套服务，忽视初老群体，导致了形式过于单调，而多个产品市场未被开发的问题。以旅游、社交、教育、康养需求相关的产品和服务为例，涉足供应商明显少于地产、金融、用品领域，发展尚不成熟。未来，面对消费升级的变化和健康需求的转型，更需要多样化、专业化、针对性的市场开发。

（三）从市场规模来看

我国养老市场规模快速增长。截至 2018 年底，我国 60 岁及以上老年人口有 2.49 亿人，占总人口 17.9%，如图 5-7（a）。庞大的老年人群规模为养老相关产品和服务市场发展提供可能。据赛迪顾问统计，2018 年我国养老市场规模为 4.6 万亿元，预计 2021 年将达到 9.8 万亿元，如图 5-7（b）。

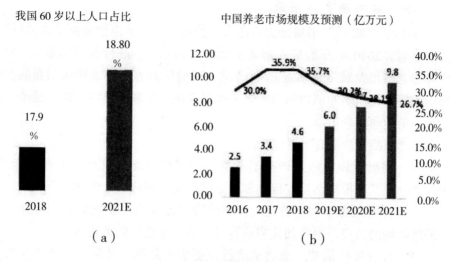

图 5-7 中国养老市场规模

（四）从市场结构来看

养老用品、养老地产发展更为突出。养老用品市场份额最大且发展后劲足：一方面，养老用品受新一代信息技术发展影响，智慧健康养老用品发展迅速；另一方面，目前我国养老用品市场需求覆盖率不足 20%，仍有约 80% 的需求和产品有待开发。产业地产在布局养老完整解决方案中占有优势：以养老为主题的产业地产区别于普通的养老产品和服务提供商，具备更强的资金运作和产业配套能力。

（五）从区域分布来看

华东地区养老市场发展全国领先。养老市场发展与人口密度和经济发展水平息息相关，因此各地健康养老市场发展也存在较大差异。区域结构上看，华北、华东和西南三地区是中国健康养老市场发展领先的区域，市场总体规模占据全国的领先位置，市场份额分别达到18%、25% 和17%。华东地区是中国养老市场发展最为领先的区域，社区养老基础设施和养老上市公司的发展水平均居全国的领先位置。

（六）从消费特点来看

老年人均可支配消费逐年增长，且增长率较为稳定，形成良好的消费环境。在多个消费领域分布中，医疗社交娱乐和保健领域近三年增长率最高，反映出人民对健康需求的关注，形成良好的保养保健消费习惯。消费环境和消费习惯的变化为养老消费增长带来机会。

（七）从市场亮点来看

"80后""90后"消费能力将超市场预期，成为养老消费新生态的撬动者。长期来看，2040年开始步入初老生活的"80后"、进行养老储备的"90后"将为养老市场发展带来拐点。"80后""90后"对养老的不同认知和消费观将为市场带来超预期的消费能力。未来理财意识、互联网思维、高性价消费形态将进一步撬动养老市场。

1."80后""90后"消费特征

（1）理财意识觉醒。该类消费群体的理财观念更具有自主性和能动性，为养老金融发展带来契机，促进养老金融产品多样化、个性化。

（2）互联网思维的消费观。该类消费群体作为互联网移民和原住民，未来网络购物的消费习惯将加速当前养老产品服务销售的渠道转变。

（3）高性价比消费。该类消费群体更重视品牌、品质，养老产品服务的品牌化、连锁化、品质化运营将成为关注点。

2."80后""90后"可能触发的产品热点

（1）老年旅游产品。当该类消费群体步入初老阶段，有充足时间能够满足旅游需求，适老的境外旅游将成为重要增长极。

（2）老年社交产品。该类消费群体的网络社交更具有关联价值和工具性质。未来满足其老年生活的交互产品将使市场增长再提速。

（3）老年体育产品。当前健身人群中近80%为"80后""90后"。未来符合该类人群的现代老年健身产品和器材将带来市场增长。

二、中国养老服务产业市场分析

养老服务之所以成为养老产业的发展中心，一方面是随着老龄化进程的加快，失能、高龄、空巢和独居等养老服务重点对象将大幅增加，产生了大量的养老服务需求。

据前瞻产业研究院发布的《中国养老产业发展前景与投资战略规划分析报告》统计数据显示，预测到2020年，我国的失能老年人将达到4 200万，80岁以上高龄老年人将达到2 900万，而空巢和独居老年人将达到1.18亿。另外，当前中国养老模式的顶层设计已经形成，即"9073"养老模式：90%的老年人在家中接受养老服务，7%为社区短期托养，3%为机构养老。

目前，我国养老服务市场还处于起步阶段，主要体现在各类养老服务机构和设施、床位数量不足、供需不均。据民政部统计数据，如图5-8所示，截至2017年底，全国养老机构和设施总数为15.4万个，增长了10%，各类养老床位合计 749.5 万张，增长 2.6%。从老龄人口以及市场供应的养老床位来看，每千名老年人拥有养老床位 31.1 张，而根据中国"十三五"规划，"十三五"期间，每千名老年人口拥有的养老床位数将提升至 35—40 张，其中护理型床位比例不低于 30%。目前全国各类养老服务机构和设施、床位数量继续增长，但明显不足，供需不均局面仍然待解。

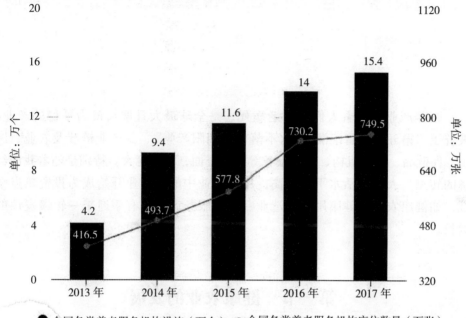

图 5-8　2013—2017 年全国各类养老服务机构设施、床位数量统计情况

第六章 康养产业融合发展中的重要行业分支

康养产业伴随着人们的生老病死，是全球最大且增长最为平稳的产业，被誉于"第五波财富浪潮""永不落幕的朝阳产业"，其产业链涉及农业、医药、保健品、医疗机构、健康服务等各个方面，极为庞大。特别是随着我国经济的转型、人们生活水平的提高，康养产业中的各行业开始成为投资热点领域，如健康农业、健康用品制造业、健康服务产业等有望迎来一轮爆发性的增长。

第一节 健康农业的发展

一、有机农业产业发展

（一）我国有机农业发展现状

我国有机农业始于 20 世纪 80 年代。它是在我国生态农业的基础上发展起来的。生态农业的发展对有机农业的发展起到了重要的作用。我国生态农业的发展不仅是对长期传统农业生产实践的一个新的替代，也是一种生态的、有机的演进，为有机农业的发展打下了良好的基础；我国有机农业经历了研究探索阶段、奠定基础阶段和规范化快速发展阶段，现已成为非常具有发展潜力的"朝阳产业"。

我国的有机产品市场可以分为国外市场和国内市场两大市场，国外市场是主要的市场。据 *Organic Foods And Beverages Market Analysis By Product，Organic Beverages，And Segment Forecasts，2014—2025* 表示，截至 2025 年，全球有机食品和饮料市场规模有望达到 3 205 亿美元。与此同时，国际市场对我国有机产品的需求也在逐年增加，我国生产的大部分有机产品被出口到欧、美、日等 20 多个国家和地区。我国向国外市场出口的产品主要包括豆类、大米、茶叶、食用菌、蔬菜、食用油和草药等。豆类产品是最大的出口产品，大约占到总出口额的 42% 左右，然后依次是谷类、坚果、蔬菜和茶叶。国际市场对我国有机产品的需求促进了我国有机产业的起步和发展，而我国国内有机产品市场于 2000 年后才真正出现。2021 年，我国国内有机食品销售额将达到565 亿元。而 2015 年我国已经成为第四大有机食品消费大国，有机食品有望占到我国整个食品市场 1% ~ 1.5%。北京现已成为我国国内最大的有机产品市场，几乎占到国内有机产品市场份额的 1/3 左右，紧随其后的是上海、广州、南京和深圳等各大城市。国内有机产品主要以有机食品为主，其种类主要包括大米、豆类、谷物、蔬菜、肉类、蛋类、牛奶和食用油等。国内有机食品的主要销售渠道有三种，分别是有机食品专卖店、大型超市和送货上门服务。这些有机食品销售渠道在过去的几年刚刚兴起，并且越来越受到欢迎。但由于受到生产规模、技术、销售场所和渠道等条件的限制，有机食品的成本和价格与普通食品相比较有所提高。一些谷物和肉类有机食品的价格是普通食品价格的 3倍左右。而一些有机蔬菜的价格则是普通蔬菜价格的 10 倍之多。

据行业统计数据显示，有机、绿色食品市场正以年均 20% ~ 30% 的速度增长。据专家预测，在全球上市的主要农产品中将至少有 1/3 的农产品是用有机耕作方式生产出来的。一项跨国民意测验表明，85% 的工业化国家公民在选择食品时首选有机食品。有机食品将成为世界食品市场的宠儿。

（二）有机认证法规和机构发展情况

21 世纪，随着我国有机农业市场的兴起、发展以及有机产品出口量的不断提高，我国政府开始重视有机产品的生产、销售标准的制定和认证工作。2004 年，国家质量监督检验检疫总局经国务院批准颁布了《有机产品认证管理办法》，为有机监管体系的运作制定了整体制度体系。2005 年 1 月，国家标准化管理委员会正式颁布《有机产品国家标准》，这是我国制定的第一个有机产品标准。随后于 2005 年 6 月，国家认证认可监督管理委员会颁布了《有机产品认证实施规则》，制定了相应的产业规章以符合国家有机标准的要求。2011 年，国家认证认可监督管理委员会（以下简称"认监委"）发布了号称史上最严的有机产品认证制度。2014 年 4 月 23 日，认监委修订了 2011 年发布的《有机产品认证实施规则》。2018 年 12 月认监委启动了第二次修订实施规则的工作。2019 年 8 月 30 日，国家市场监督管理总局、国家标准化管理委员会批准发布《有机产品生产、加工、标识与管理体系要求》（GB/T 19630—

2019）国家标准，从 2020 年 1 月 1 日开始实施，2019 版有机标准代替《有机产品第 1 部分：生产》（GB/T 19630.1—2011）、《有机产品第 2 部分：加工》（GB/T 19630.2—2011）、《有机产品第 3 部分：标识与销售》（GB/T 19630.3—2011）、《有机产品第 4 部分：管理体系》（GB/T 19630.4—2011）。如今，我国的有机产品认证制度已开始走出国门，许多国内认证机构已开始为国外的企业提供中国有机产品认证服务。

数据显示，2018 年，获得认证的有机植物生产面积达到 410.8 万公顷，植物类总产量 1 335.6 万吨，畜禽类总产量 518.2 万吨，水产类总产量 55.95 万吨，加工产品总产量 484.2 万吨，有机标志备案数量 19.1 亿枚，有机产品国内销售额约为 631.47 亿元人民币。报告显示，截至 2018 年 12 月 31 日，我国有机产品认证证书颁发数量为 19 365 张，其中中国境内共有 12 226 家生产企业获得有机证书 18 955 张，另有 206 家企业进行了境外中国标准认证，获得有机证书 410 张。

（三）有机农业产业发展趋势

1. 产业规模不断扩大

国内国际社会对食品安全问题广泛关注，市场对安全优质农产品的需求呈快速增长态势且不可逆转。这就要求我国有机农业跟上国民经济和社会发展的进程，在不断满足消费需求、加快升级的过程中实现持续发展；同时适应国际市场需求，发挥竞争比较优势，不断扩大产品出口规模。

2. 企业和农户积极推动产业发展

随着《农产品质量安全法》的全面实施和农业标准化技术的逐步推广，农产品质量安全知识深入普及，消费者质量安全意识不断增强。广大企业和农户发展有机农业的积极性和参与度进一步提高。同时，由于有机食品具有质量、品牌、效益优势，在优质优价市场竞争机制的作用下，发展有机农业既能显著提高农产品质量安全水平，又能有效促进企业增效、农民增收，因而将进一步增强发展有机农业的动力。

3. 产品国际化程度不断提高

在经济全球化和市场国际化的大背景下，市场营销的国际化步伐也在加快。我国有机农业若要得到快速、健康发展，必须面向世界市场、与国际接轨。我国有机食品产业只有在标准、技术、管理、贸易等方面加快与国际对接，瞄准越来越看好的国际有机食品市场，才能产生更大的有机农业发展的牵动力，越过贸易壁垒，不断扩大国际有机食品市场的占有率，树立我国有机食品的精品名牌形象，创造出更好的经济和社会效益。

4. 科技创新活力不断增强

有机食品产业科技创新主要是在有机食品生产经营中，采用新的高效、清洁、安全的有机科学知识和技术手段及相应的有机经营管理方式，实现持续增长的生产率、持续提高的农业生态环境以及持续利用的自然资源，实现有机食品的高产、优质、高效、低耗，保持在自然资源良性循环的基础之上，从而实现有机农业可持续发展的过程。发展我国有机农业科技创新应加大科技投入和加强产学研结合，促进科教优势转化为生产力，培养与支持有机农业科技型龙头企业，加速管理和政策创新，优化科技创新环境。

（四）有机农业产业发展存在的问题

1. 政府支持力度不足

当前政府大力推进绿色食品和无公害食品产业的发展，并且向农民提供金融支持以鼓励他们转变传统的农业生产方式。政府对有机农业的发展虽然持行积极的态度，但是到现在为止，还没有实质性的资源投入。在中央政府支持的背景下，许多地方政府，特别是东部和南部经济发达地区，都有意向发展有机农业，并且已经开始启动一些实验性项目和研究。但这些地方政府的支持主要针对的是有机认证方面，并且支持力度较小，难以整体推进有机农业的发展。并且，我国目前多数有机农业研究项目是受到国际农业开发基金会（JFAD）、亚洲开发银行研究所（ADBI）、亚太经合组织（APEC）等国际机构的资助和支持，政府对有机农业的扶持力度明显不够。

在政府政策制定方面。对于从事有机农业生产的农户来说，国家既没有政策性的鼓励，也没有财政性的扶持来帮助他们获得生产管理方面的指导和咨询，这就导致了一种尴尬的局面。农民迫切希望获得有机农业生产相关的指导和帮助，一些有机农业咨询服务机构却没有市场和对象开展咨询指导业务。在我国，现在已有将近30家有机认证机构从事有机产品的认证业务，却仅仅只有5家来自大学和科研机构的专业有机农业咨询组织，并且它们大多数注重建立产品质量控制体系，而不是开展生产技术的咨询服务。

2. 产品质量管理体系和信用体系不健全

目前，在一些大型超市设置有有机农产品专柜，但总体数量不多，且社会信赖度很低。农业整体生产结构正面临初级农产品生产过剩、污染、中产环境恶化、土壤质量低下、有机农业比重太低等严重问题。

由于产品质量体系脆弱和信用体系的缺失，我国目前的有机农产品销售渠道狭窄，消费者不知道在什么地方购买有机农产品，不知道哪些产品可以信任，在良莠不齐的市场中，生产者也不知道如何自证清白。

3.科研水平落后

当前，我国有机农业发展迫切需要最具有实际价值的有机农业生产技术和政府支持政策的支撑。

在技术方面。尽管我们已有一个有机质量控制体系可以使产品符合有机标准的相关规定。但是在生产方面，大量缺乏关于病虫害防治、土壤肥力保持等方面生产技术的研究和应用。在过去 30 年中，大多数研究工作主要集中在生态农业和绿色食品方面，却没有具体的关于有机农业的研究支持计划。我国到现在为止还没有一个国家层次上的有机农业研究合作平台，大大限制了我国有机农业产量的提高和规模的发展。

4.服务体系不健全

地方农技推广服务体系也缺乏相应的技术和人员来开展有机农业的服务工作，尚未有效发挥对有机农业技术的推广作用。

5.生产组织方式落后

我国大部分有机产品是由小规模农户组织生产与管理的。尽管许多小农户被公司通过某些模式组织成生产者群体，但是这些群体是松散的，并没心被很好地组织和管理起来，很多农户根本不了解有机产品的真正内涵，只是受到经济方面的吸引而与公司进行合作。这些农户缺乏对于有机农业的认识和了解，无法掌握高水平的有机农业生产方法，导致有机农业生产水平落后，产量低下，品质难以得到保证。

6.营销方式落后

在有机产品营销方面，小规模的农户难以形成有效的市场宣传手段和建立良好的品牌知名度，处于市场的不利地位。尽管有机农产品生产成本高，销售价格也比一般农产品高出 1 ~ 1.5 倍，却不断面临着假冒伪劣产品的不正当竞争。

（五）产业发展对策及建议

面对严峻的国内外市场形势，我们应正视我国有机农产品在质量标准和卫生安全上的不足，积极引进、借鉴发达国家有机农业生产的成功经验，学习他们先进的管理理念，结合我国的实情，将我国巨大的农业劳动力资源和农产品资源优势科学地转化成竞争力，参与国际市场的竞争。

1.加大对有机农业的政策支持和财政支持力度

国外有机农业发展的经验表明，政府的大力支持是有机农业发展最重要的关键因素，如德国"联邦有机农业计划"，每年投入两千万欧元用于支持有机农业生产，而对于有机市场的研究发展更是不遗余力；法国政府设立 1 500

万欧元的基金，用于支持有机农业结构调整，形成产品生产、收购、加工、销售的渠道，同时对从传统农业向有机农业转变的农户提供免税等优惠待遇；菲律宾的《2011 年有机农业法》规定，贸易、财政及银行等政府部门应大力支持有机农业生产，从事有机农业生产的农民可免交设备进口税和生产资料增值税，并且前 7 年免交收入税。我国也应对有机农业生产和技术的研发和技术推广加大政策和财政支持力度，对有机农产品生产者给予补贴。

2. 完善有机农业相关法律法规

政府在推动有机农业的发展中发挥着重要的作用。纵观世界发达国家农业的发展方向，有机农业是各国追求的最高境界。1971 年，日本成立了全国有机农业研究会，提出了"防止环境遭受破坏，维持培育土壤地力"的口号；在 1994 年的"新政策"中，把有机农业作为环保型农业的一种形式，赋予其农业行政支柱地位，颁布了"推进环保型农业的基本见解"。法国为了鼓励有机农业和农产品加工业的发展，于 2008 年颁布了《有机农业 2012 年规划》，提出将有机农业面积扩大 3 倍，力争达到占可耕地面积 6%。菲律宾总统阿罗约签署了《2010 年有机农业法》以促进有机农业发展。同时，世界其他发达国家，如欧盟、美国、日本和澳大利亚等，都有各自的有机产品生产标准和管理方法。我国也应该把发展有机农业，作为我国农业发展的一个重要方向，提高重视的程度，抓紧制定有机农业法等法规和管理方法。

3. 加强科学研究与技术开发

强化有机农业科研、培训和开发，运用生态学、生物学原理解决生产中的问题，实现传统农业精华与现代科研成果的结合。对传统技术进行研究和改造，利用现有的高新生物技术，开展新型生态技术的攻关，如微生物快速发酵菌株的研制，提高生物肥料的肥效和养分含量，新型生物杀虫剂、杀菌剂的引进和开发等。

4. 科学编制专项产业规划

国家应制定统一的有机农业发展规划，确立长期发展目标和方向，制定一些重大建设项目和发展策略，并对有机农产品的前景进行全面的可行性论证，如市场需求、基地建设与组织、产品认证管理等，最终提出一揽子发展计划，包括基地布局、认证体系、技术支持、组织管理等。同时，建立我国特色的有机产品的产业链条，发展有机种子、有机农业生产资料等产业，实现配套供应和加工增值。

5. 树立品牌意识

品牌是市场竞争的产物，又是自身质量和特性的产物。有机产品要在创立名牌上动脑筋，在保名牌上下工夫，尽快形成名优品牌，积极申报有机食品标志及相关产品的国内国外专利。制定与国际接轨的原产地商标保护条例和知识产权保护条例，防止无序竞争。建立国际质量 ISO 认证体系，从生产加工、运销到消费全过程实施标准化生产规范，以满足国际贸易的需要。

二、休闲农业产业发展

（一）我国休闲农业产业发展现状

休闲农业作为一种产业，兴起于 20 世纪三四十年代的意大利、奥地利等地，随后迅速在欧美国家发展起来。目前，日本、美国等发达国家的休闲农业已经进入其发展的最高阶段——租赁。而我国的休闲农业，作为一个新兴的产业，虽然发展前景较好，但是经过多年的建设，其发展仍处于起步阶段，在产品、经营、管理等方面存在的问题较多，在一定程度上阻碍了产业竞争力，与新农村建设的要求也不相适应。

目前，我国休闲农业蓬勃发展，规模逐年扩大，功能日益拓展，模式丰富多样，内涵不断丰富，发展方式逐步转变，呈现出良好的发展态势。一是产业规模逐年壮大。全国农家乐已超 150 万家，规模休闲农业园区 1.8 万家，年接待人数超过 4 亿人次。二是产业类型丰富多样。各地根据自然特色，区位优势、文化底蕴、生态环境和经济发展水平，先后发展形成了形式多样、功能多元、特色各异的模式和类型。三是发展方式逐步转变。休闲农业逐步从零星分布向规模集约，从单一产业向多产业一体化经营，从农民自发发展向政府规划引导转变。四是产业品牌影响扩大。围绕"高、新、特、优、雅、奇"努力打造特色休闲品牌，一批服务能力好、休闲功能强、顾客认同度高的休闲农业品牌初步形成。五是产业效益初步显现。休闲农业年经营收入超过 1 200 亿元以上，带动 1 500 万农民受益，已成为一些地区壮大县域经济的支柱产业和民生产业。

（二）目前休闲农业产业发展模式

目前，国内休闲农业发展的模式多种多样，主要模式包括连片开发模式、"农家乐"模式、农民与市民合作模式等。

1. 连片开发模式

以政府投入为主建设基础设施，带动农民集中连片开发现代观光农业。政府投入主要用于基础设施，通过水、电、气、路、卫生等基础设施的配套和完善，引导农民根据市场需求结合当地优势开发各种农业休闲观光项目，供城市居民到农业观光园区参观、休闲与娱乐。该模式依托自然优美的乡野风景、舒适怡人的清新气候、独特的地热温泉、环保生态的绿色空间，结合周围的田园景观和民俗文化，兴建一些休闲、娱乐设施，为游客提供休憩、度假、娱乐、餐饮、健身等服务。主要类型包括休闲度假村、休闲农庄、乡村酒店。该模式在全国各地尤为常见，如上海市郊区、北京市郊区、南京市郊区基本上都在采用该开发模式。

2. "农家乐"模式

"农家乐"模式是指农民利用自家庭院、自己生产的农产品及周围的田园风光、自然景观，以低廉的价格吸引游客前来吃、住、玩、游、娱、购等旅游活动，主要类型有农业观光农家乐、民俗文化农家乐、民居型农家乐、休闲娱乐农家乐、食宿接待农家乐、农事参与农家乐。

3. 农民与市民合作模式

在农民承包地合理流转集中后，建立休闲农园，以"认种"方式让城市居民委托农民代种或亲自种植花草、蔬菜、果树或经营家庭农艺，使市民消费者共同参与农业投资、生产、管理和营销等各环节，与农民结成紧密联结关系，体验和参与农业经营和农事活动。

4. 产业带动模式

休闲农园生产特色农产品，形成自己的品牌，然后通过休闲农业这个平台吸引城市消费者来购买，从而拉动产业的发展。在这类园区，游客除了餐饮旅游，还带回土特产品。例如，浙江省稽东镇的山娃子农庄，100元门票，除50元中餐费，游客在离开农庄时还可带回价值50元的一只土鸡和特色高山蔬菜。园区经营者在该基础上，注册自己的品牌，在自己的种养基地向种蔬菜，自养家禽，并在城里设定销售点，或与一些企事业单位挂钩，直销时鲜产品。该模式深受城市民的欢迎。在浙江省绍兴市的调查中，采用该模式的园区占总数的37%。

5. 村镇旅游模式

许多地区在建设新农村的新形势下，将休闲农业开发与小城镇建设结合在一起。以古村镇宅院建筑和新农村格局为旅游吸引物，开发观光旅游。主要类型有占民居和占宅院型、民族村寨型、占镇建筑型、新村风貌型。例如，济南市先后重点建设了13处中心镇和30个重点镇，充分利用小城镇周围的风景名胜和人文景观，大力发展休闲农业。

6. 休闲农场或观光农园模式

近年来，随着我国城市化进程的加快和居民生活水平的提高，城市居民已不满足于简单的逛公园休闲方式，而是寻求一些回归自然、返璞归真的生活方式。利用节假日到郊区去体验现代农业的风貌、参与农业劳作和进行垂钓、休闲娱乐等现实需求，对农业观光和休闲的社会需求日益上升，使我国众多农业科技园区由单一的生产示范功能，逐渐转变为兼有休闲和观光等多项功能的农业园区。主要类型有田园农业型、园林观光型、农业科技型、务农体验型。例如，北戴河"集发农业观光园"、北京"朝来农艺园"、上海"孙桥现代农业开发区"、苏州"未来园林大世界"、珠海农科中心示范基地等，也都吸收了国外休闲农场或观光农园的很多经验和设计理念。

7. 科普教育模式

利用农业观光园农业科技生态园、农业产品展览馆，农业博览园或博物馆，为游客提供了解农业历史、学习农业技术、增长农业知识的教育活动。农业园主要类型有农业科技教育基地、观光休闲教育基地、少儿教育农业基地、农业博览园。例如，农业科技园区作为联结科教单位科研成果与生产实际的重要纽带，为农业科技成果的展示和产业孵化提供了实现的舞台。目前，我国的一些大学或科教单位建立的农业高新技术园区，与国外的农业科技园区模式极为相似，园区的建立为科教单位和入园企业科技产业的"孵化"和"后熟"提供了重要的基础平台，大大促进了农业科技成果的转化和辐射推广。

8. 民俗风情旅游模式

民俗风情旅游模式即以农村风土人情、民俗文化为旅游吸引物，充分突出农耕文化、乡土文化和民俗文化特色，开发农耕展示、民间技艺、时令民俗、节庆活动、民间歌舞等休闲旅游活动，增加乡村旅游的文化内涵。主要类型有农耕文化型、民俗文化型、乡土文化型、民族文化型。

（三）休闲农业产业发展机遇

城乡居民收入的提高、消费方式的转变、新农村基础设施的改善为休闲农业提供了难得的发展机遇。一是政策鼓励休闲农业的发展。中央1号文件提出要积极发展休闲农业，拓展农村非农就业增收空间；《国务院关于加快发展旅游业的意见》指出要开展农业观光和体验性旅游活动，规范发展农家乐、休闲农庄。地方党委政府把发展休闲农业作为破解"三农"问题的有效途径，加大政策资金扶持，引导其快速发展。二是农村基础设施改善为休闲农业发展创造了条件。近年来，农村里路、水、电、通信等基础设施明显改善，这为休闲农业发展提供了基础支撑。三是人民生活水平的提高为休闲农业发展提供了需求动力。我国人均国内生产总值已超1万美元，城乡居民对休闲消费需求持续高涨，个性化休闲体验渐成新宠；我国70%的旅游资源分布在农村，广大农村优美的田园风光、恬淡的生活环境必将成为休闲消费的主阵地。四是休假增多为休闲农业发展提供了现实机遇，国民休闲纲要、带薪休假制度以及法定节假日的调整优化使居民休闲时间明显增多，这为休闲农业发展提供了发展拉力。五是农业生产方式变革为休闲农业发展提供了条件保障。随着科学技术进步和农业服务体系的健全，农业生产机械化、规模化势头强劲，大量农民已经从繁重的农业劳作中解脱出来，这为农民依托农业产业、依靠农村资源发展休闲农业，走创业就业发展道路提供了条件保障。

（四）休闲农业产业存在的问题

1.产业作用及功能尚未凸显

休闲农业在欧美等经济发达国家产生，是由于这些国家"二战"后农业普遍萎缩，为了解决萎缩农业问题，而找到了被誉为"为疲惫农村注入的强心剂"的农业发展新生机。可以说，突破农业困境，寻找农业新生机也是推动我国休闲农业产业发展的最根本原因。休闲农业的发展是解决"三农"问题的有益探索，是拉动内需的加速器，在整个国民经济发展中具有重要和特殊的地位，但是目前其所起的作用和发挥的功能还相当有限，说明休闲农业产业自身的可持续发展还有待时间的检验。

2.项目单一，缺乏特色

首先，各地的休闲农庄几乎都是清一色的建几间小木屋，种些果树，特色不够明显，经营的项目绝大部分都是农家餐饮、垂钓、观光、休闲，农庄之间不能有效地实现协调发展；其次，目前的休闲农庄带动产业的项目很少，即使有带动的，范围也非常有限。

3.人才缺乏

多年来各地农村的劳动力特别是有文化的年轻男性劳动力大多流向城市，导致农村劳动力趋向老龄化、女性化，农业后继无人已成为农村发展的一大难题。由于留在农村的劳动力能力相对较弱，普遍缺乏开拓能力，从而阻碍农村劳动生产率的进一步提高。目前，农村较多家庭更多依赖"农业"收入，纯农业收入的比重明显下降，结果导致农业经营日益粗放，土地生产率和利用率相对较低。

4.经营管理水平低下

一方面，部分乡镇为增加政府收入，政策向开发商倾斜。而开发商不顾环境污染，随意处置生活垃圾，不顾农民利益，随意压低农产品价格，侵害了当地农民的利益，造成不好的社会影响。另一方面，由于各个景点是由不同组织形式投资经营的，各个景点的经营思路、规划等差异很大，要想统一休闲农业旅游市场难度很大。由于各休闲农业景点之间缺乏有效的沟通和协调，不能发挥群体优势，也不便解决共同存在的问题，导致恶性竞争和景点建设质量的降低，从而使休闲农业在总体上缺乏吸引力。

5. 品牌意识不强

虽然我国相当多的城市日前在开发休闲农业资源的过程中，有各种各样的品牌理念，有的品牌甚至已经有一定的知名度，如四川成都的"五朵金花"，但在优化经营资源，创造强势品牌意识方面，与发达国家的休闲农业旅游品牌相比还有较大的差距，国内绝大多数休闲农业基本上还没有品牌化意识。没有品牌就意味着没有特色，顾客也就没有挑选的余地。如果休闲农业能在竞争中合作，在合作中竞争，就可以创造和诱导游客需求，实现不同休闲场所和游客多样的品牌营销策略。

6. 潜在价值发掘不够

农业是一种文化，农村饮食、穿着打扮、节庆、婚嫁、房舍建筑、民歌民谣、古传统工艺等乡土文化的差异对都市居民具有较强的吸引力。但从现实情况看，国内休闲农业能够合理挖掘农业文化内涵的还不多，这也是很多休闲农业没有文化底蕴的根本原因。虽然在传统文化中我国主要以儒家、道家、佛家文化为主，但在不同地区、不同民族所体现的农业文化差距很大，但各城市在发展休闲农业时盲目跟随的现象比较普遍，难以满足游客的需求，也难以真正达到休闲、娱乐、体验的多重功效。

7. 缺少配套政策

休闲农业要进一步发展，尚需在信贷、税收、用地、土地流转、建房等方面予以明确，并出台相关的配套政策。

（五）产业发展策略和建议

1. 培育主导产业

休闲农业作为促进农村三次产业联动发展和经济、社会、生态协调的有效载体，在推动农业结构调整、促进农民就业增收、统筹城乡发展等方面，正发挥着日益重要的作用。休闲农业产业区应注重培育具有地方特色的主导产业，努力形成"一乡一品""一县一业"的规模化生产格局。引导休闲农业企业积极参与、主动融入农业产业结构调整，强化产业支撑，力争每个休闲农业企业都培育1—2个特色明显的主导产业。

2. 延长休闲农业产业的产业链

借鉴国外休闲农业发展的经验，抓住农业转型的契机，在郊区适当区域、适当地段适时科学合理地发展休闲农业，并不断延伸休闲农业产业链条。例如，发展适应老年人的故里观光、假日亲子团旅游、家庭自然休养、牧场生活体验等休闲活动，将城市建设巧妙地融合于大自然风光中。总之，围绕经济、生态、游憩、保健、教育、社交等多功能进行综合开发，推出了一系列经营项目。

3. 推进产业集群发展

产业集群是创新因素的集群和竞争能力的放大。迈克尔教授认为，产业在地理上的集聚能够对产业的竞争优势产生广泛而积极的影响。一般来说，当产业集群形成后，将可以通过多种途径，如降低成本、刺激创新、提高效率、加剧竞争等，提升整个区域的竞争能力，并形成一种集群竞争力。我们可以一个村或一个有特色的农业产业带、产业群为基础，有序推进休闲农业园区建设，打造良好发展平台。积极引进战略投资者兴办建设规模大、产业基础强、服务功能全、经营效益好、游客满意度高的休闲农业企业，同时发动周边农民和集体经济组织兴办特色各异、优势互补的休闲农业企业和农家乐，建设成为产业规模化、生产集约化、功能多样化的现代休闲农业园区。

4. 统筹规划，恰当定位

发展休闲农业首先要因地制宜，搞好总体规划。要根据当地的自然资源特点及人文特点，结合当地农产品的特色，树立品牌，开展形式多样的活动，挖掘其蕴藏的文化资源。要通过建立示范基地、特色园区等，与当地的旅游景点连线联网，将发展休闲农业与发展旅游有机结合起来，把休闲农业纳入大旅游业当中去通盘考虑，达到自然景观、人文景观和农业生产、园林景观在整体上的和谐与统一。其次，休闲农业的项目规划应根据市场的需求，在体现地方特色的基础上不断创新，应遵循奇趣性、参与性、益智性、多功能性，体现对农业资源的充分整合功能。再次，制定休闲农业规划时应体现四个结合：一是与当地人文背景、自然资源的结合；二是与农产品生产基地，生产、加工企业的结合；三是与新农村新面貌、小城镇建设的结合；四是与其他旅游景点的结合。最后，加强休闲农业与其他行业的相互渗透，增强其辐射带动能力，使休闲农业形成一个与周围环境紧密相连的共同发展产业，带动相关产业，搞活地方经济，致富农村百姓。

5. 加快培养人才

对于提高产业竞争力，在确保休闲农业发展生产基础设施的同时，多层次、多元化地培养下一代年轻农业骨干是至关重要的。可以借鉴日本农业发展和日本专家的建议，应拓宽视野，采取综合措施，多管齐下寻找出路：一是设定确保休闲农业继承者的专业基金会，多方筹集资金，便宜培养骨干、提高务农者劳动素质，推广普及农业科技、吸收非农人员从事农业等；二是通过推进研修教育、低利资金的融通、优惠提供土地和信息的网络化等，使本来是务农出身但在非农行业就业的优秀人员重返农业，同时吸引非务农出身的人加入从事农业的行列；三是由各级政府和农协举办形式多样的农业科普知识、技术讲座等。在社会上形成热爱农业、关心农业，理解农业、支持农业的良好风气；四是重点投资，注重培养一批既懂农业技术，又会经营管理，更善于搞好销售流通的复合型人才，以适应现代农业发展的需要。

6.促进科技创新

休闲农业是休闲与农业的有机结合，把农业生产搞好是休闲农业的关键。要充分利用地势资源、环境资源和丰富的水域资源，大力发展有特色的名优新特农产品。有条件的区域要积极引进先进、优良的适合观光休闲农业发展的水果、蔬菜、花卉和其他观赏植物，引进工厂化生产农业种植模式和栽培技术，提高观光休闲农业的科技量。

7.加强制度和组织建设

在依靠自身的经济规律，市场化运作的基础上，可以组建休闲农业协会，通过制定协会章程，相互监督，规范内部经营机制，同时开展业务培训，相互交流经验，进行农庄间的互助协作，在不断提高服务质量、不断扩大产业规模、不断吸纳农民就业及增加农民收入的进程中，不断发展壮大，保护农民利益，真正做到致富一方。

8.充分挖掘利用乡土文化

乡土民俗文化是我国传统文化的瑰宝，也是休闲农业持续发展的灵魂。针对目前休闲农业区域同构和产品同质问题，要加大乡土民俗文化收集整理挖掘力度，开展休闲农业乡土文化艺术园创建活动。按照传承与创新相结合的理念，就地取材挖掘田园文化，寻幽探微发扬山水文化，追根溯源传承建筑文化，去伪存真浓缩民俗文化，促进乡土文化创意产业发展，形成乡土民俗文化区，加快乡土民俗文化的推广、保护和延续。

9.优化休闲农业发展环境

环境对产业的健康发展至关重要，需要制定和落实扶持休闲农业发展的优惠政策，特别是要对已出台的政策进行认真梳理和修订完善，增强政策的实用性和操作性。加强与金融部门的沟通联系，争取金融部门把休闲农业列入信贷支持重点。进行融资体制改革，推出一些试点项目，以期在竞争性领域形成企业自主决策、银行独立审贷、政府宏观调控的新机制。大力发展社会中介组织和行业自律机构，为休闲农业企业融资打开方便之门。减轻企业负担，推进休闲农业持续健康发展。

第二节　健康用品制造业的发展

一、保健用品产业发展

（一）保健用品产业概述

保健用品产业主要是指从事保健用品研发、生产、运输、销售等一系列有关活动的企业的总体。目前，国内对于保健用品还没有统一的定义及概念。本书采用中国保健协会发布的《中国保健用品产业发展报告》中对保健用品的定义："个人不以治疗疾病，而以日常保健为目的，直接或间接使用的，具有缓解疲劳、调节人体机能、预防疾病、改善亚健康状态、促进康复等增进健康的特定功能的用品。"

对于保健用品的分类，在《国民经济行业分类》（GB/T 4754—2002）中，没有对保健用品单独分类，在中国保健协会发布的《中国保健用品产业发展报告》中，将保健用品划分为保健功能纺织品、保健器械、特殊用途化妆品、五官保健用品、生殖健康保健用品、其他保健用品六大类。

（二）保健用品产业发展状况

近年来，我国保健用品产业发展迅速，保健用品产业市场规模加速扩大，保守估计平均增长率将会达到12%，到2020年市场规模将达2 000亿元。我国保健用品产业正处于成长阶段，据不完全统计，目前我国的保健用品企业达到21 000家，其中保健功能纺织品相关企业3 483家，保健器械相关企业有3 290家，特殊用途化妆品相关企业有663家，五官保健用品相关企业283家。从产业布局来看，保健用品产业主要集中在东部发达地区，西部地区分布相对较少。

在出口方面，我国保健用品行业呈现出三个特征：产业政策对外贸结构影响巨大，企业加快开拓国际市场的步伐，企业将面临新的挑战。目前，我国保健品的主要市场仍为大陆，占38.09%的企业主要市场为大陆，其次为日韩和东亚地区，企业比例达23.55%，北美和西欧的市场则较小，分别为10.79%和8.13%。在进口方面，我国保健用品的进口企业规模同样较小，进口额在人民币10万元以下的企业占28.74%，进口额在10—50万人民币的企业数量占20.81%，两者之和已占总体的近五成。在众多进口产品中，按摩器具进口增幅明显，2016 年我国按摩器具已超过 116 亿元，2012—2016 年年复合增长率达 10%。目前，我国保健用品产业主要存在以下特点：

1. 市场集中度较低

目前，国内保健用品企业数量较多，涉及的保健用品产品类型多样化，产品市场比较分散，导致国保健用品市场集中度较低。据调研发现，我国企业年营业额在 100 万元以内的保健用品企业有 1 942 家，年营业额 100—1 000 万元的企业有 4 854 家，年营业额 1 000—5 000 万元的企业有 2574 家，年营业额 5 000—1 亿元的企业有 498 家，1 亿元以上的企业有 500 家。其中，年营业额 100—1 000 万元的企业数量最多，占 46.82%。

2. 产品差异化程度低

企业要想在激烈的市场竞争中突起，必须要走产品差异化发展的道路。目前，市面上同质、功能同类型的保健用品较多，如眼部按摩仪，基本都是打经络按摩，强调其按摩、磁疗、电疗功能，并且产品质量和价格水平相近，造成行业竞争比较激烈。

3. 行业竞争激烈

虽然我国具有广阔的市场，但行业竞争仍然空前激烈。由于保健产品同质化比较严重，产品竞争的重点主要表现在产品的概念、广告、促销活动等产品背销方面。随着市场竞争的加剧，保健用品将从背销时代向技术、品牌时代转变，技术和品牌将成为核心竞争力。

（三）保健用品产业发展趋势

1. 市场规模不断扩大

近年来，我国保健用品市场一直保持在 20% 左右的年增长率。随着人们生活水平的提高，医药卫生体制改革的深入，人们越来越注重自身保健，在这方面的消费也越来越多。消费群体也由老年向中年和儿童扩展，消费者对保健用品的需求旺盛，保健产品市场规模不断扩大。

2. 逐渐进入国际市场，参与国际竞争

随着我国保健用品行业的不断发展和世界经济形势的不断变化。我国保健用品企业有更多的机会走出国门，参与世界范围内的竞争，行业的进出口贸易目前呈现以下两大趋势：进出口贸易日趋平衡，海外市场日益扩大。

3. 保健用品价格总体水平将下降

保健用品行业的利润目前处于高位，消费者普遍认为保健品价格太高，这种高利润、高价格为降价提供了较大空间。造成保健用品价格下降的原因：一是高利润会吸引更多竞争者进入保健用品行业，竞争的导入会带来价格下降；二是保健用品的需求弹性大，为保健品降价提供了较大空间；三是保健品将逐渐由奢侈消费品向普通消费品转变，价格随之下降也是必然趋势。

4.市场趋向成熟，消费者趋向理性

随着保健用品法律法规的进一步完善，管理的进一步规范，商家也逐渐摒弃急功近利的短期行为而着眼于长远战略，消费者和投资者开始从欺骗、圈钱、夸张等各种迷惑中清醒过来，理性消费\理性投资已经成为市场的主流，消费者和投资者从品牌、品质、价格、文化等因素来进行选择，而不仅仅是被概念或广告所迷惑。

（四）保健用品产业存在的问题

1.法律法规和标准体系不健全

目前，对于保健用品国家还没出台相应的法律法规，只有少数省份出台了相关的地方法规，如《陕西省保健用品管理条例》《贵州省保健用品管理办法》《吉林省保健用品生产管理办法》。与其他产业相比，保健用品产业的法律规定显得落后，相关的法律法规还不成熟，没有统一的基础性和综合性的法规，整个法律体系缺乏系统和协调性，从而造成对保健用品监管不足，给不法商贩可乘之机。

保健用品产业标准体系的缺乏使行业进入门槛较低，低水平重复建设严重，造成国内保健用品产业比较混乱。同时由于产业标准的缺乏，我国保健用品在国际竞争中缺失竞争力，不利于保健用品产业国际化发展。

2.行业监管薄弱

首先，保健用品行业执法主体不明确。目前，我国只有少部分省份立法，明确保健用品的执法主体。行政执法主体不明确就不能保证法律法规的贯彻实施，从而间接阻碍了保健用品产业的发展。

其次，保健用品监管法律缺失。目前，对于药品，保健食品、医疗企业、消毒产品的监督管理都有全国适用的专门的法律法规，但对于保健用品缺少全国适用的法律依据。

3.虚假宣传泛滥

虚假宣传、夸大宣传产品功效是我国保健品行业的一大问题，保健用品作为其中一员，同样存在这样的问题。保健用品的广告宣传将保健用品描述得无所不能，神乎其神，甚至名不符实，误导消费者将保健产品认为是药品，欺骗、不守信成了个别保健品企业的"法宝"，广告成为"强心剂"，"科学"成了幌子。保健用品广告的泛滥和虚假宣传使许多消费者对保健用品广告有了不同程度的怀疑或不信任，这对保健用品产业的发展带来了很大的不利影响。

4.保健用品质量和卫生安全无保证

在生产环节上，很多保健用品生产企业生产标准缺少卫生要求和基本的卫生检验设备，使保健用品在产品质量和卫生安全存在隐患。在产品的流通环节，由于国家没有对保健用品实行卫生法制化管理，对产品功效监管不足，产品质量和卫生安全得不到保障，甚至给假冒伪劣商品进入市场带来了可乘之机，直接影响消费者的身体健康。同时，我国保健用品卫生监督存在不足及检测技术不够成熟也使保健用品质量和卫生安全无法保证。

5.科研投入不足

我国保健用品产业存在科技研发投入不足、低水平重复现象严重、保健用品功能趋同、产品更新换代慢等问题。我国保健用品企业的研发能力和对研发的重视程度不足，一定程度上制约了我国保健用品行业技术创新和新产品的开发上市。

（五）产业发展策略和建议

1.加强政府监管

政府部门要改变过去的"重审批、轻监管"的局面，加大监管力度，建立保健用品生产经营企业不良记录预警系统和危险性评估系统，并定期公示安全合格保健用品及其生产企业；政府主管部门要尽快出台保健用品管理办法和保健用品国家标准，从制度规范上确保保健用品市场的有序竞争和健康发展。此外，政府部门还要加强保健用品卫生管理工作。

2.制定产业发展战略

通过制定长期的发展战略，设立持续发展的阶段性目标，将保健用品产业列入产业结构调整指导目录，将保健用品产业列入政府部门统计调查项目目录，以使保健用品产业发挥对经济增长的突破性重大带动作用。

3.大力弘扬中国传统养生文化

在保健用品产业发展方向上，应注重宣传中华民族的养生文化，依托我国博大精深的传统养生文化，注重发挥自身优势，将养生用品的现代工艺与传统中医文化和养生文化相结合，创立独具特色的企业品牌，使我国保健用品形成规模、占领市场、走出国内。

4.出台相应的优惠政策

出台相应的税收政策，鼓励新产品、新工艺的开发研制，完善广告和业务宣传费的扣除政策，减轻企业负担，并出台促进中小企业发展的税收优惠政策。针对保健用品出口制定相应的政策，建设保健用品出口基地，促进保健用品的对外贸易，同时制定相应的产业政策，促进保健用品产业的发展。

5. 完善保健用品的研发体系

从国家和行业协会两个层面推进以企业为主体的保健技术开发体系，实施自主专利策略，充分利用科研机构的科研优势及企业的生产、销售优势，实行强强联合利用税收政策鼓励保健用品新产品、新工艺的开发研制。

二、医药制造产业发展

（一）医药制造业概述

医药制造业是指对资源（物料、能源、设备、工具、资金、技术、信息和人力等）按照市场要求，通过加工制造过程，转化为可供人们使用的医疗工业品与消费品的行业。

我国的医药制造业产业链可以划分为上中下游：上游包括化学原料药和中药饮片子行业，中游包括化学制剂药、中成药、生物制药和医疗机械子行业，下游是医药流通。此外，医疗服务是独立于医药制造的服务行业，也可以看作医药产业链的延伸。上游的子行业受产品价格波动影响较大，如2007—2009年的VC价格上涨带来了VC制造企业的繁荣；中游的子行业受政策影响较大，如药物价格调控、生物技术的扶持、新医改政策的实施对不同的子行业会带来不同的影响；下游医药流通的发展动力来自销售渠道的重组；医疗服务的发展则来自原有医药企业业务的扩张。

（二）医药制造产业特征

1. 具有高投入、高产出、高风险、高技术密集型的特点

医药制造业是高技术密集的产业，医药制造业的研究费用占销售额的比例高于其他行业。因此，行业对科技发展的依存度较高，政府资金投入的力度与企业自我融资的能力对产业发展影响较大。

2. 产业融资渠道单一

目前，我国高科技制药产业的资金来源除股东投入的股本金以外，主要依靠银行贷款，融资渠道狭窄。由于银行十分注重资金的安全性和流动性，因而制药企业融资能力明显不强，发展资金严重不足已经成为制药企业开发研制新药、更新设备、开拓市场的巨大障碍。

（三）医药制造产业发展现状

医药产业具有高投入、高产出、高风险、高技术密集型的特点，各国都把医药产业作为重点产业，是目前世界上发展最快、竞争最激烈的高技术产业之一。根据全球最大的医药市场咨询公司IMS Health的统计报告，未来几年

全球医药市场销售额将保持 4% ~ 5% 的增长率，2020 年将达到 1.32 亿美元，到 2023 年预计会超过 1.5 万亿美元，这反映了全球新兴医药市场强劲的整体增长趋势。尽管各国政府均在控制医药费用的增长，但由于新药开发\人口结构变化及人们对健康预期的提高，药品市场的增长仍快于经济增长的速度。

1. 我国医药制造进入发展的黄金时代

刚性的需求、人口老龄化的增加、药品和诊疗方式的升级换代带来医药行业的内生增长，财政投入的加大、消费的升级和产业转移等因素又给我国医药行业带来加速度，2007 年医改酝酿实施之后药品终端市场规模开始加速增长，到 2009 年新医改正式实施以来药品终端市场规模的增速更是达到了近十年的高位 18%，总规模达到 5 700 多亿元。2017 年 1 月至 9 月，我国医药制造业累计主营业务收入 21 715.30 亿元，同比增长 12.10%；增速较上年同期提升 2.1 个百分点，创 2015 年以来新高；累计利润总额 2 419.90 亿元，同比增长 18.40%，较上年同期提升 4.5 个百分点，创 2014 年以来新高。

2. 产业升级迎来了良好的机遇

在全国调整产业结构的大环境下，卫计委、工信部和药监部门联合下发了《关于加快医药行业结构调整的指导意见》(以下简称《意见》)。该《意见》从产品结构、技术结构、组织结构、区域结构和出口结构 5 方面对医药产业的结构调整提出了规划。同时，《新兴产业振兴规划》中提到要完善标准体系和市场准入制度，使企业有了良好发展的基础。政府一直致力于各种标准的升级，颁布并实施的《药品注册管理办法》《中国药典》和新 GMP 标准等将为医药制造业的产业升级带来机遇。

3. 政策效应开始显现

新医改政策刺激医药消费需求。农村合作医疗制度的建立、国家投入资金提高农村人口医疗费用的报销比例等政策的实施，将使更多农村人口有病可以医。而且目前我国财政支出中医疗支出占比仍偏低，后续仍有提升空间，医疗支出的增加也将杠杆式的拉动医药消费需求。

4. 药品专利申请的数量总体呈上升趋势

我国药品发明专利总量在逐年提高，近年来，我国药品专利发明申请总量均以 19% 以上的速度增长。专利申请数量按合成药、制剂药、生化药、植物药分类统计分析，我国的制药业在生化药、植物药上都具有巨大潜力及良好的开发前景，这为制药企业开发生产适合市场的新药品提供了有利的引导，促进医药制造业的发展。

（四）产业存在的问题

1.进入和退出壁垒较低

医药制造业是竞争性行业，相对于自然垄断行业而言进入壁垒较低，但其经济壁垒较高，经济壁垒主要是产品的差异化，药品的技术含量高，要求新企业比老企业提供疗效更好的产品。中国的医药制造业进入壁垒较低，原因在于：一方面，中国关于医药方面的立法和制度不完善，受市场失灵和地方、部门利益影响，人为地降低医药制造业的进入壁垒，许多企业盲目上项目，造成"大而全""小而全"企业众多的不合理市场结构；另一方面，中国现有的医药制造业原创药较少，大部分为仿制药，企业进入市场基本不存在药物研发成本，同时药品差异性较小，生产的技术要求较低，因此，企业进入的成本壁垒和技术壁垒均较低。

相对于自然垄断行业而言，医药制造业的退出壁垒较低，特别是行政法规壁垒史为宽松。近年来，中国的医药制造业多为国有企业或国有控股企业，再加上药品需求过旺和地方、部门利益的影响，中国医药制造业的退出壁垒被人为地降低，造成了中国药品市场的混乱。

2.产业集中度低

中国的医药制造业生产企业众多，规模小，集中度低。中国医药制造业具有"一小二多一低"的特点。一是多数生产企业规模小，无法形成规模效应；二是企业数量多，产品低水平重复多；三是大部分生产企业科技含量低，管理水平低，生产能力低。从销售收入排名前100名的企业市场占有率来看，医药制造业中前5企业占市场份额的10.40%，同国外发达国家相比，中国医药制造业前20强的国内市场集中度为42%，世界医药市场上前20强占据全球市场66%的份额。在2018年福布斯全球2000强制药企业排行榜中，辉瑞以销售额527亿美元、利润217亿美元、资产1646亿美元、市值2077亿美元位居医药企业排行榜首位，总排行榜44位；国内药企中，国药控股以销售额411亿美元、利润781亿美元、资产260亿美元、市值117亿美元排名651位；其次是896位的上海医药、1000位的华润医药、1305位的恒瑞医药等。

3.市场监管不强

产能的严重过剩成为加剧医药市场竞争的新导火索。由于大部分企业在GMP改造过程中都进行了不同程度的产能扩充，供需矛盾更加尖锐。新建车间开工不足，扩充的产能需要更多的新产品进行补充，GMP认证通过后，众多厂家把眼光纷纷转向投入少、周期短的仿制药的开发上。这种一窝蜂似的仿制，一方面使新产品生命周期不断缩短，另一方面由市场同质化竞争引发的竞争更加激烈。在同质化竞争中，销售渠道、销售公关等手段的使用也就尤为重要。他们往往寻求高薪酬的市场代理，派出众多的医药代表，给予高额的回扣，从而助长医药价格在渠道的流通中不断上涨，激烈的市场竞争最终演化为争相给予高额回扣的无序竞争。在这种扭曲的竞争中，优胜劣汰这一普遍的市场经济规律无法正常发挥作用，因而物美价廉和产品技术创新并非企业追求的重心，其重心偏至如何"打通关系"使本企业的药顺利进入医院。

4.产品差异化程度低，技术含量不高

中国的医药制造企业产品差异化程度较低。目前在中国的药品市场上，一方面，技术含量低、附加值低的药品大量过剩，造成了同行业的过度竞争，引发价格战；另一方面，技术含量高、附加值高的药品严重不足，造成国产药的空缺。正是因为中国医药制造业大多停留在低水平的重复生产和价格竞争上，其产品多为仿制药，独创性差，产品质量、技术差别化竞争不明。据统计，2017年中国医药产品市场结构中仿制药的比重高达95%，如2017年，中国的仿制药市场规模达到5 000亿元，占据中国制药企业营业收入的大头。目前，一方面，中国新药用药水平低、难以进入国外市场，新药研究预期回报率低；另一方面，中国知识产权保护制度不健全，这些都造成中医药制造业普遍存在着研发投入不足的问题，生产的药品基本上都是仿制药。例如，美国医药制造业的研发强度是中国的7倍。不过我国这一经费投入在不断增长，到2018年，全国共投入研究与试验发展（R&D）经费19 677.9亿元，比上年增加2 071.8亿元，增长11.8%；研究与试验发展（R&D）经费投入强度（与国内生产总值之比）为2.19%，比上年提高0.04个百分点。按研究与试验发展（R&D）人员全时工作量计算的人均经费为44.9万元，比上年增加1.3万元。

（五）产业发展策略

1.加强组织管理

政府对医药产业发展应明确发展思路，根据社会发展需要和现有医药制造业分布格局及各地医药制造业发展特色对全省及各地民药制造业进行整体规划，避免因没有整体规划而造成的对企业发展的桎梏或重复建设造成的资源浪费和无序竞争等。各有关部门要转变观念，改进工作，强化服务，以国家医药产业政策和医药产业规划为重点，在企业开办、新品立项、技改项目审查、GMP认证、药品定价、零售企业产品布点等方面强化服务和引导，清理和修订不利于医药产业发展的政策规定，开辟促进医药产业发展的"绿色"通道。加大新药开发的信息引导，逐步建立全省新药开发预登记和信息发布制度，形成防止新药重复研发的预警机制，避免低水平重复研发现象，同时加大市场监管力度，规范和净化医药市场，严厉打击制售假冒伪劣产品等违法犯罪行为，更好地维护企业的合法权益。维护公平竞争，杜绝虚高定价、高额回扣等各种违法违纪行为。

2. 调整产业结构

推动重点医药企业做强做大，推进医药上市企业资本运作和规模扩张，鼓励医药生产企业打破地区、行业部门和所有制界限，以产权、产品、技术、市场网络为纽带，通过改组、兼并、联合，壮大企业规模和提高竞争力，增强技术创新和资本运营能力。发达国家的经验证明，企业增强竞争力的重要手段就是实行大企业战略。一个行业集中度的提高主要基于市场的并购和重组，中国医药制造业必须加快兼并重组步伐，扩大医药行业的资产规模，提高国内市场的集中度，以提高其国际竞争力。

3. 制定产业扶持政策

积极地实施针对新医药产业的扶持政策，如设立医药产业发展资金，资助医药企业的发展项目，建立医药新产品开发风险基金。在资本市场融资方面给予政策扶持。政府也可以以此抛砖引玉，引导更多的风险投资机构进到医药制造行业中来，解决企业研发的资金问题。技术创新是企业发展的生命力，中国医药制造业必须提高研发投入和加强研发经费的管理，同时加强与高校、科研院所的联系以拓展技术能力的获取途径。在此过程中企业要注重培养身的技术能力，一来解决当前的研发能力不足，二来逐渐培养核心能力，促使研发活动内部化。

4. 大力开拓国际市场

各级政府要加大招商引资力度，促进医药产业利用外资逐步由量的扩张向质的提升转变，使医药产业园区成为吸引外资和民资、承接国际产业转移的主要载体。特别要积极引进跨国制药企业的研发分部，随着条件成熟再逐步引进研发中心或技术总部，进而使其发挥技术扩散和溢出效应，促进医药制造业的产业升级。首先，支持医药企业开拓国际市场，建立和完善国际医药营销体系，采取多种形式扩大药品出口。其次，鼓励医药企业实施"走出去"战略，在海外投资设厂，发展境外加工贸易，把我国医药产品进一步推向国际市场。

5. 提高企业创新能力

企业应进一步加强与科研院所的沟通与合作，促进产学研的结合。具体形式可以有多种，如技术入股、与产业孵化器机构合作、委托合同研发等。通过企业创新能力的提高，企业产品结构也就得到优化，从而实现产品的升级换代。

三、医疗器械产业发展

（一）医疗器械产业概述

医疗器械产业涉及医药、机械、电子、塑料等多个行业，是一个多学科交叉、知识密集、资金密集的高技术产业。而高新技术医疗设备的基本特征是数字化和计算机化，是多学科、跨领域的现代高技术的结晶，其产品技术含量高，利润高，因而是各科技大国、国际大型公司相互竞争的制高点，介入门槛较高。即使是在行业整体毛利率较低、投入也不高的子行业也会不断有技术含量较高的产品出现，并从中孕育出一些具有较强盈利能力的企业。因此，行业总体趋势是高投入、高收益。

（二）医疗器械产业发展现状

1.市场潜力巨大

随着改革开放的深入和经济的不断发展，中国人的消费能力和消费观念都有很大的改变。生活水平和生活质量的提高使人们的医疗保健意识越来越强。与此同时，人口老龄化进程加快，肿瘤、脑血管病、心脏病、糖尿病等慢性病已成为居民主要死亡原因，对慢性病的治疗，随着时间会慢慢增多，医疗设备的需求让医院有着更大的压力和动力。我国医疗器械产业还进行了一些调整，大约在全国有 17.5 万家医疗机构中使用的器械，15% 左右还是 20 世纪 70 年代前后的产品，有 60% 是 20 世纪 80 年代中期以前的产品，很多都需要进行更换。

目前，我国整个医疗卫生服务开支占总的 GDP 比重为 4.7% 左右，而发达国家一般在 10% 左右，美国达到 16%；与此同时，我国医疗器械与药品的消费比例仅为 1 : 10，而发达国家该比例已经达到 1 : 1，所以我国的医疗器械产业发展空间还很大。

医院的信息化趋势引发医疗器械需求增长。医疗领域的信息化和网络化给医疗器械生产企业带来巨大的市场空间，医疗领域的信息化和网络化是今后医疗管理的发展趋势，这个趋势会引发对影像化、数字化等高、精、尖医疗设备的需求增长。医院信息系统的普遍建立又使医院有了进一步建立以医学影像存档与通信系统为核心的临床信息系统的要求，占全部医疗信息 90% 以上的医疗影像信息的处理更是今后医院信息化的核心所在。医院信息化趋势给医疗器械生产企业带来了巨大的市场空间，据推算，全国医学影像存档与通信系统市场的总需求达 211.7 亿元，如果考虑到由其衍生出的高档影像设备以及其他一些附属设备市场，PACS（医学影像存档与通信系统）的市场容量将达到300亿元以上。

2. 为国民经济的重要组成部分

改革开放以来，中国医疗器械产业的发展令世界瞩目。21世纪伊始，产业的发展进入了高速化的时代，而经过30年持续高速发展的中国医疗器械产业已初步建成了专业门类齐全、产业链条完善、产业基础雄厚的产业体系，成为我国国民经济的基础产业、先导产业和支柱产业。

2011—2020年中国医疗器械市场规模：尽管医疗器械产业在我国发展比较迅速，不过面对巨大的市场需求量还是捉襟见肘，而且一些高端的设备无法自产，和美国、日本等国家相比还是有一定距离。

3. 产业集中度总体偏低，行业两极分化趋势明显

我国医疗器械制造业产业集中度总体偏低，呈现小而散的状态，和那些医疗器械产业强国进行比较能够发现，我国还有着很大的差距。我国的医疗器械制造业呈现两极分化：一方面90%的企业是年收入不足1 000万元的以生产技术含量较低产品为主的中小型企业，该领域准入门槛较低，国内竞争较激烈，与国外企业竞争力弱；另一方面生产电子监护设备、超声诊断设备、心电生理设备、X射线断层扫描设备、CT等能够拥有自主品牌的某些技术型商品，仅有几十家企业收入能过亿元。

4. 外企占据市场

我国本土医疗器械企业在高端市场的市场占有率很低，目前高端医疗器械市场的主要竞争者为五六家跨国企业，即便是北京万东医疗装备股份有限公司、深圳迈瑞生物医疗电子股份有限公司等国内知名的医疗器械企业，在高端市场占有率也还比较低。面对如此广阔的国内医疗器械市场，尽管国内有着如此众多的医疗器械生产厂家，却还要从国外进口大量的医疗设备，我国每年都要花费数亿美元的外汇从国外进口大量医疗设备，而国内近70%的医疗器械市场也已经被国外公司瓜分。目前，我国企业除了超声聚焦等少数技术处于国际领先水平外，在高科技产品方面，中国医疗器械的总体水平与国外先进水平的差距约为15年。根据中国市场调查研究中心对中国医疗器械市场的专项调查，约80%的CT市场、90%的超声波仪器市场、85%的检验仪器市场、90%的磁共振设备、90%的心电图机市场、80%的中高档监视仪市场、90%的高档生理记录仪市场以及60%的睡眠图仪市场均被外国品牌所占据。

虽然国内一些自主研发型医疗器械生产企业的产品具有一定的科技含量，而且价格优势明显，对同类国外产品可能会造成威胁，但是这样的产品为数并不

多，跨国企业竞争的焦点是设计理念、产品质量和售后服务。而高质量的产品正是国内大型医院所青睐的，因此国外产品多销往国内的大型医院，尤其是中医院。

5. 国内企业以低端市场为主

在我国蓬勃发展的医疗器械市场背后却暗藏隐忧，与我国制药工业类似，我国医疗器械行业也存在数量多、规模小、行业集中度低、科研投入不足、创新能力弱的问题，实际上，医疗器械行业是一个多学科交叉、知识密集、资金密集型的高技术产业，进入门槛较高，而我国医疗器械企业虽然数量比较多，但多数都只能在中低端市场寻求生存，或是为国外企业提供零配件，在高端市场的份额不足 1/3，产品在使用寿命和质量上与国外企业有一定差距。目前我国登记在册的各类医疗器械公司达 1.2 万多家，销售额过亿元的屈指可数。绝大多数医疗器械生产企业只能集中在低端市场血拼。据统计，我国医疗器械市场中，销往三甲医院的高档医疗器械产品占到 30%～35%；而低档产品则占到 65%～70%，远高于 45% 的全球平均水平。

（三）医疗器械产业发展趋势

1. 产业向创造高附加值发展

产业的高风险性和高投入性必然需要高回报率来支撑，所以医疗器械产业研发费用的高额投入必然导致医疗器械新产品的高附加值，只有如此，医疗器械企业才能发展壮大，医疗器械产业才能承担更大的社会责任。

2. 产业向寡头垄断方向发展

医疗器械产品需求的世界性和生产集中性使医疗器械产品成为世界贸易最广泛的产品之一。由于医疗器械产业高技术、高风险等特征及市场竞争激烈程度，医疗器械制造业为少数大医药企业所垄断，少数发达国家和部分发展中国家在全球医药市场中占据着重要的位置，尤其是 20 世纪 80 年代以来世界医疗器械企业并购重组浪潮愈演愈烈，跨国企业兼并收购进一步加大了市场集中度。

3. 市场产品结构开始多元化

近年来，随着经济发展，人们生活日益富裕，健康意识上也日益进步，国民对自身健康素质的要求也在日益提高，医疗器械的需求日益多元化，这就促进了我国医疗器械产品逐渐向多功能方向延伸，产品结构不断调整，市场也随之扩大。我国的早期诊断产品市场不断扩大，家用保健器械市场也料到大幅增长，家庭医疗保健器械产品受到市场青睐，市场上将会大量出现家用化、便携式、网络化的家用医疗电子器械产品。

4. 跨国公司进军国内市场步伐加快

为了进一步拓展潜力巨大的中国市场，充分利用我国的劳动力资源优势，跨国公司纷纷在中国设立了生产基地和研发机构，以期实现研发、生产、销售的本土一体化运作。跨国集团除不断加大对中国高端医疗器械市场的争夺外，还试图向一部分颇有潜力的低端市场扩张，随着中国医疗器械市场的进一步发展，跨国公司将会进一步加大对中国市场的投资，将会通过兼并、直接建厂、扩大产品线等方式进一步争夺国内市场份额，我国的各类医疗企业将面临巨大的挑战。

外来资本进入中国医药行业的速度明显加快，如高盛、美菱、软银等投资银行帮助国内企业打通了通向国际市场的道路，随着中国医疗器械法规的完善，中国医疗器械产业将迎来发展的春天。我国已经成为继美国和日本之后的第三大市场，但很多国内医疗器械企业由于缺乏资金、缺乏研发投入，丧失了很多的机会。随着资本的进入，这一问题将会到解决，投资机构也将会获得丰厚的回报。

（四）产业存在的问题

1. 国家的政策导向缺乏

国家对医疗器械的研发资金支持严重不足，风险投资机制和信息市场建设尚不健全，对大型企业、优质企业也没有政策上的扶持，致使我国医疗器械产业的新产品研究缺少鼓励创新机制和宏观环境，因此众多医疗器械企业不愿或不能研究和开发新产品，于是把资金投到了开发时间短、见效快的仿制品上，使我国医疗器械产业新品研发一直处在较低水平上，从而很难促进产业链、产业群的形成和发展。

2. 产业规模结构分散

我国医疗器械企业规模过小，产业组织结构分散，使产业竞争力水平处于较低水平。我国医疗器械制造业长期实行一种追求数量增长的外延式粗放型扩张战略，虽然近年来通过兼并重组，在一定程度上改善了生产集中度的问题，但与世界先进水平相比仍有较大差距。2017年，我国医疗器械生产企业约有1.6万家，其中90%以上都是中小型企业，规模以上企业不足10%，年产值过亿的企业不足400家。产业集中度的严重偏低导致我国医疗器械制造业的规模效应和潜在生产力难以发挥，使医疗器械制造业的生产管理水平和生产利用率低，市场占有率低，抵御风险能力也偏弱。目前，我国在研究、生产、销售等各环节已大力推行相应的ISO等各项质量管理规范，但由于我国医疗器械制造业整个行业的规模偏小，使企业质量管理体系难以推广，医疗器械产品的质量可靠性得不到国际承认，很难打入国际市场参与国际竞争。

3. 产品结构重复

我国医疗器械制造业企业不仅规模普遍较小，还长期存在严重的低水平重复建设，由于企业多、品种少，大量企业生产相同的产品，造成恶性竞争。多个医疗器械企业重复研制生产同一产品品种会造成医疗器械制造业劳动生产率低下，能源消耗和物资消耗较高，并且污染严重，同时造成各企业分工不足，成本增加。低水平的过度竞争会造成许多效率低下的医疗器械企业出现亏损，最终导致整个医疗器械制造产业的严重亏损和悲哀的产业内耗局面而无法步入良性发展的轨道。

4. 研发投入不足，创新能力薄弱

医疗器械产业是一个充满竞争的产业，技术的进步与创新是整个产业发展的关键，因此高技术医疗器械产品的研发是保持其核心竞争力的重要条件。医疗器械行业每年都需要投入充足的人财物力进行科技研发以保证产业的活力，但我国研发从业人员和资金的投入都严重不足，使我国整个产业的创新能力偏低。相比之下，发达国家的这一数据则要高得多，使其一直处于国际领先地位。

（五）医疗器械产业发展策略

1. 国家加强整体规划和宏观调控度

产业的快速发展有赖于产业政策的助推器作用，医疗器械产业的健康发展需要国家长远的规划和整体调控。首先，需要国家层面制定医疗器械科技与产业发展规划，全面统筹布局，将创新发展战略、整合发展战略及标准战略落实到发展规划中，重点做好创新链、产业链、产业集群的布局；其次，统筹协调相关部门对医疗器械产业的支持力度，实现相关部委工作紧密衔接，集中优势资源，促进行业资源的集成优化；再次，国家应该加大政策扶持与保护力度。欧洲和日本的医疗器械产业是作为福利事业进行扶持的，我国可以借鉴参考。此外，政府在采购政策上要给予相应的扶持，在同等条件下应优先采购国内医疗器械产品。

2. 推动产业结构的调整与升级

加大产业资源整合，保证我国医疗器械产业良性竞争与发展。积极培育一批可持续发展、可参与国际竞争的大型龙头医疗器械企业，但企业要做大做强，单靠自己的原有产品、完全的自主研发、自有资金是很难快速上升的，需要国家在优化资源配置、税收、监管、采购、贷款、价格等方面给予适当的政策倾斜，同时积极鼓励、引导企业兼并联合。解决一批制约我国医疗器械产业向高技术、高附加值、下游深加工产品领域延伸发展的关键性工艺技术，提高精密医疗装备制造能力；制定高风险和产能过剩产品的准入标准，推动医疗器械产业的优胜劣汰，加大资源整合，持续性地推动中国医疗器械产业良性竞争；以结构调整为主线，推进国内中小企业发展，支持企业技术创新及改造，站稳国内基层市场，形成新的竞争优势。

3. 构建自主创新产业集群，培育规模型企业

相关部门应当从多方面出发，构建自主创新产业集群，培育规模型企业。调动地方政府及开发区的积极性，促进产业聚集和上下游配套单位的完善，以具体政策支持中小企业与龙头优势企业的分工协作；鼓励区域产业群内企业自主创新，形成区域突出，辐射全国乃至全球的产、学、研、用一体化医疗器械产业体系；鼓励企业联合兼并，提高集中度，遴选和促进具有持续创新能力的企业做精做强，培养一批具有核心竞争力的国际化医疗器械企业。

4. 加大投入力度，健全产、学、研、用创新体制

我国医疗器械生产水平只相当于发达国家 15 年前的水平，因此加大科技研发投入，提高产品的科技含量是当务之急。首先，国家应通过科技支撑计划、"863 计划"、中小企业创新基金、生物医学工程高技术产业化专项、医疗器械国产化专项等逐步加大对医疗器械的研发和产业化投入。加大对基础及应用基础研究、共性技术研究与核心部件制造、技术集成与工艺升级改造等方面的投入；其次，政府引导建立以市场为导向，以企业为主体，以大学、科研院所为依托的产、学、研、医结合紧密的医疗器械创新体系，加强从研发到市场各环节的分工协作；最后，注重人才培养，促进创新团队优化组合，做好人才链的布局。这不仅要求国家调整高校招生计划，加大医疗器械人才的培养，还要求企业加强员工的专业知识及创新能力的培训，使该产业全面健康发展。

第三节　健康服务产业的发展

一、基本医疗服务

（一）基本医疗概述

卫生部（今卫计委）部长陈竺指出，"基本医疗卫生服务"包括两大部分，一是公共卫生服务范围，包括疾病预防控制、计划免疫、健康教育、卫生监督、妇幼保健、精神卫生、卫生应急、急救、采血服务以及食品安全、职业病防治和安全饮水 12 个领域。二是基本医疗，即采用基本药物、使用适宜技术，

按照规范诊疗程序提供的急慢性疾病的诊断、治疗和康复等医疗服务。

2009年3月，中国公布《关于深化医药卫生体制改革的意见》，全面启动新一轮医改。改革的基本理念是把基本医疗卫生制度作为公共产品向全民提供，实现人人享有基本医疗卫生服务，从制度上保证每个居民不分地域、民族、年龄、性别、职业、收入水平，都能公平获得基本医疗卫生服务。

基本医疗卫生制度主要由医药卫生四大体系、八项支撑组成，四大体系是指建设公共卫生服务体系、医疗服务体系、医疗保障体系和药品供应保障体系，构建我国的基本医疗卫生制度。八项支撑就是完善医药卫生管理、运行、投入、价格、监管、科技与人才体制机制、信息、法制的建设，保障四大体系有效规范运转。

（二）基本医疗发展状况

多年来，中国坚持"以农村为重点，预防为主，中西医并重，依靠科技与教育，动员全社会参与，为人民健康服务，为社会主义现代化建设服务"的卫生工作方针，努力发展具有中国特色的医疗卫生事业。经过不懈努力，覆盖城乡的医疗卫生服务体系基本形成，疾病防治能力不断增强，医疗保障覆盖人口逐步扩大，卫生科技水平日益提高，居民健康水平明显改善。

1.基本医疗保障制度覆盖城乡居民

截至2018年，城镇职工基本医疗保险、城镇居民基本医疗保险、新型农村合作医疗参保人数超过13亿，覆盖面从2008年的87%提高到2018年的95%以上，中国已构建起世界上规模最大的基本医疗保障网，筹资水平和报销比例不断提高，新型农村合作医疗政府补助标准从最初的人均20元人民币，提高到2019年的250元人民币，受益人次数从2008年的5.85亿人次提高到2018年的13.15亿人次，政策范围内住院费用报销比例提高到70%左右，保障范围由住院延伸到门诊。推行医药费用即时结算报销，居民就医结算更为便捷。开展按人头付费、按病种付费和总额预付等支付方式改革，医保对医疗机构的约束、控费和促进作用逐步展现。建立健全城乡医疗救助制度，救助对象覆盖城乡低保对象、五保对象，并逐步扩大到低收入重病患者、重度残疾人、低收入家庭老年人等特殊困难群。

2.建立了基本药物制度

初步形成了基本药物遴选、生产供应、使用和医疗保险报销的体系。2018年，基本药物制度实现基层全覆盖，所有政府办基层医疗卫生机构全部配备使用基本药物，并实行零差率销售，取消了以药补医机制。制定国家基本药物临床应用指南和处方集，规范基层用药行为，促进合理用药。建立基本药物采购新机制，基本药物实行以省为单位集中采购，基层医疗卫生机构基本药物销售价格比改革前平均下降了 30%。基本药物全部纳入基本医疗保障药品报销目录。有序推进基本药物制度向村卫生室和非政府办基层医疗卫生机构延伸。药品生产流通领域改革步伐加快，药品供应保障水平进一步提高。

3. 城乡基层医疗卫生服务体系进一步健全

2012—2018 年中央财政投资 900 亿元人民币支持基层医疗机构建设发展。经过努力，基层医疗卫生服务体系不断强化，农村和偏远地区医疗服务设施落后、服务能力薄弱的状况明显改变，基层卫生人才队伍的数量、学历、知识结构出现向好趋势。2018 年末，全国医疗卫生机构总数达 997 434 个，比上年增加 10 785 个。其中：医院 33 009 个，基层医疗卫生机构 943 639 个，专业公共卫生机构 18 034 个。与上年相比，医院增加 1953 个，基层医疗卫生机构增加 10 615 个，专业公共卫生机构减少 1 862 个。在基层医疗卫生机构中，社区卫生服务中心（站）34 997 个，乡镇卫生院 36 461 个，诊所和医务室 228 019 个，村卫生室 622 001 个。政府办基层医疗卫生机构 121 918 个。

4. 基本公共卫生服务均等化水平明显提高

国家免费向全体居民提供国家基本公共卫生服务包，包括建立居民健康档案、健康教育、预防接种、0—6 岁儿童健康管理、孕产妇健康管理、老年人健康管理、高血压和 II 型糖尿病患者健康管理、重性精神疾病患者管理、传染病及突发公共卫生事件报告和处理、卫生监督协管等 10 类 41 项服务。针对特殊疾病、重点人群和特殊地区，国家实施重大公共卫生服务项目，对农村孕产妇住院分娩补助、15 岁以下人群补种乙肝疫苗、消除燃煤型氟中毒危害、农村妇女孕前和孕早期补服叶酸、无害化卫生厕所建设、贫困白内障患者复明、农村适龄妇女宫颈癌和乳腺癌检查、预防艾滋病母婴传播等，由政府组织进行直接干预。2018 年，国家免疫规划疫苗接种率总体达到 90% 以上，全国住院分娩率达到 98.7%，其中农村住院分娩率达到 98.1%，农村孕产妇死亡率呈逐步下降趋势。农村自来水普及率和卫生厕所普及率分别达到 72.1% 和 69.2%。2009 年启动"百万贫困白内障患者复明工程"，截至 2011 年，由政府提供补助为 109 万多名贫困白内障患者实施了复明手术。

5. 公立医院改革有序推进

从 2010 年起，在 17 个国家联系试点城市和 37 个省级试点地区开展公立医院改革试点，在完善服务体系、创新体制机制、加强内部管理、加快形成多元化办医格局等方面取得积极进展。2012 年，全面启动县级公立保院综合改革试点工作，以县级医院为龙头，带动农村医疗卫生服务体系能力提升，力争使县域内就诊率提高到90%左右，目前已有18个省（自治区、直辖市）的600多个县参与试点。完善医疗服务体系，优化资源配置，加强薄弱区域和薄弱领域能力建设。区域医学中心临床重点专科和县级医院服务能力提升，公立医院与基层医疗卫生机构之间的分工协作机制正在探索形成。多元化办医格局加快推进，鼓励和引导社会资本举办营利性和非营利医疗机构。截至2018年底，社会办医疗机构数量达到45.9万个，占比46%。2015年，民营医院数量首次超越公立医院，并于2018年底达到2.1万个，占比63.5%。在全国普遍推行预约诊疗、分时段就诊、优质护理等便民惠民措施。医药费用过快上涨的势头得到遏制，按可比价格计算，在过去三年间，公立医院门诊次均医药费用和住院人均医药费用增长率逐年下降，2018年，医院次均门诊药费（112.0元）占40.9%，比上年（42.7%）下降1.8个百分点；医院人均住院药费（2 621.6元）占28.2%，比上年（31.1%）下降2.9个百分点。公立医院费用控制初见成效。

（三）发展趋势

1. 社区医疗将承担起更多的医疗服务

我国医疗资源配置不合理，是"看病难"的根本原因。目前医疗资源80%集中于大城市，其中80%又集中在大医院，基层医疗机构资源匮乏，技术力量薄弱，设备陈旧。大量普通疾病的患者本可在社区就诊，但由于社区医疗条件差，病人都涌向大医院，出现"全国人民上协和"的怪现象。健全社区医疗网络，使群众小病进社区，大病进医院是解决我国目前看病难、看病贵的主要手段之一。大病进医院，小病进社区是比较合理的医疗资源配置方式，社区医疗机构将成为预防保健、基本医疗、健康教育、疾病控制等社区卫生服务的主体。发展社区卫生服务不仅能够满足群众多方面多层次的医疗卫生服务需求，还有利于有效合理地利用卫生资源，有利于促进医疗保障制度的改革。

2. 更加重视中医药发展

中医药在中国有着悠久的历史，是中华民族在生产生活实践以及治疗疾病过程中形成和发展的医学科学，是中华民族智慧的结晶，为中华民族繁衍昌盛做出了重要贡献。中医药在治疗常见病、多发病和疑难病等方时独具特色和优势，在治疗传染性疾病方面也有良好效果，并以其费用低、疗效好、副作用小等特点，深受中国公众喜爱，在医疗卫生保健中发挥着不可替代的重要作用。中国政府一贯积极扶持和促进中医药事业的发展。

目前，我国建立了覆盖城乡的中医医疗服务体系。在城市，形成了以中医医院、民族医医院、中两医结合医院、中医专科医院、综合医院中医科、社区卫生服务机构及中医门诊部和中医诊所为主的城市中医药服务网络。在农村，形成了由县级中医医院、乡镇卫生院中医科和村卫生室为主的农村中医药服务网络。目前，75.6% 的社区卫生服务中心、51.6% 的社区卫生服务站、66.5% 的乡镇卫生院、57.5% 的村卫生室能够提供中医药服务。

3. 医疗服务信息化、智能化

随着信息技术的快速发展，国内越来越多的医院正加速实施基于信息化平台、HIS 系统的整体建设，以提高医院的服务水平与核心竞争力。信息化不仅提升了医生的工作效率，使医生存更多的时间为患者服务，更提高了患者满意度和信任度，无形之中树立起了医院的科技形象。因此，医疗、服务应用与基础网络平台的逐步融合正成为国内医院，尤其是大中型医院信息化发展的新方向。

相对于发达国家来说，我国的医疗信息化程度还处于较低的水平。目前国内医疗行业每年投入 IT 的规模约占卫生机构支出的 0.8% 左右，而发达国家则达到 3%～5% 的水平。我国信息化的未来发展空间广阔。

（四）存在的问题

1. 医疗卫生资源配置不均

随着中国工业化、城市化进程的不断加快，人民生活水平不断提高，对医疗卫生需求快速增长，医疗卫生资源与服务需求之间的矛盾日益凸显。看病难、看病贵成为全社会广泛关注的热点和难点问题，据了解，中国人口占世界的22%，但医疗卫生资源仅占世界的2%。这仅有的2%的医疗资源，其中80%都集中在城市，而在城市中又有80%的资源集中在大医院。这种资源配置的不合理进一步产生了以下几个问题：

第一，医疗资源的高度不均给普通百姓看病造成诸多困难。对于城市居民来说，由于患者过多涌到城市，城里人一样感到看病难。

第二，我国虽然建立了三级医疗服务体系，但三级医疗机构并未明确职责定位和关系定位，造成大医院和中、小医院相互的竞争。病人花同样的钱，自然愿意选择大的医院进行诊治，大医院门庭若市，处于一种人满为患的状态，导致医务人员和医疗设施均显严重不足。而更多基层医院的医生无所事事，医疗水平和技能日渐衰退。在医疗资源上造成了一种极大的浪费，导致医疗资源配置不合理。

第三，患者倾向于到大城市医院就医使基层医疗设备的利用率下降。

2. 个人医疗费用上涨过快

多年来，由于各国经济的发展、社会医疗需求的提高，尤其是高龄化和过度的消费，各国的医疗费用都出现了剧增的现象，也使许多需要医疗服务的人望而却步，据相关调查统计数字显示，"1993—2005 年，城镇居民人均医疗自费支出从 56.89 元增加到 600.9 元，增长了 9.6 倍。医疗保健支出占居民消费支出的比例由 2.7% 上升到 7.6%，年均提高 0.41 个百分点；农村居民人均医疗自费支出从 27.17 元增加到 168.1 元，增长了 5.2 倍，在居民消费支出中的比重由 3.5% 提高到 6.6%，年均增加 0.25 个百分点"。导致医疗费用上涨过快的原因主要如下：

第一，医疗技术的进步及普及。现代科技的不断发展，昂贵的检查设备大量涌现，其运行成本较以往明显提高，引起费用上涨。

第二，药品滥用及药品价格失控。目前，医生开大处方，大量用药，增加科室的经济收入。由于医院普遍推行分配制度、技术承包责任制等改革措施，医生个人的收入与医疗服务收入紧密挂钩，促使医生"开大处方、多做检查"的"自我激励"机制。最普遍的是"医药合谋"，靠向患者出售药品特别是贵重药品牟利。在当前市场经济的条件下，不少药品生产厂家普遍采取"高定价、高回扣"的低级营销策略，到病人手里药品成本大大地提高，从而造成医疗费用高居不下。

第三，分解、自立、超标准收费。个别医疗机构存在分解、自立、超标收费等问题。而手术系统分解收费现象较为突出，有的医院把一些已计入相应项目成本的常用一次性材料（如手套、纱布块、一次性床单、一次性消毒材料等）分解出来重复收费，增加患者的负担。数额之大，情节之严重，让患者雪上加霜。

第四，医疗乱收费问题屡禁不止。近年来，医疗乱收费一直是老百姓反映最强烈的社会问题之一。医疗服务机构我行我素、层出不穷、花样翻新的高收费、乱收费项目，医患之间存在着严重的信息不对称，由此给医疗乱收费留下了空间，监管部门对医院的违法行为处罚不力，超标准收取药费。

3. 医疗保障体系还不完善

目前，我国已建立了城镇职工医疗保障体系，但覆盖面不够广。农村新型合作医疗制度还未覆盖全体农村人口；非公经济从业人员，特别是进城务工的农民大多没有参加医保；城市下岗职工、失业人员、低保人员大多也没有医疗保障。此外，资料显示，我国已经步入老龄化国家的行列。如何保障老龄人口的医疗护理已经成为迫切的公共卫生问题和社会问题。

4. 公立医疗机构公益性质淡化

政府举办医疗机构的基本目的是为人民群众提供安全、可靠、收费低廉的基本医疗服务。目前，公立医疗机构占有的资源占绝对主导地位，但运行机制较以前发生了巨大变化，出现了主要靠向群众就诊收费维持运行和发展的状况；有些医疗机构盲目追求高收入，甚至为了追求收入而损害群众利益。

5. 卫生部门监管不力

长期以来，卫生部门对医疗机构存在重扶持、轻监管的倾向，对全行业的监管不够，主要体现在医疗服务质量、合理用药、收费标准以及医疗广告等方面。前各级卫生部门都没有专门监管医院的机构，也缺乏监管医疗机构服务行为的人才，由于政府监管力量薄弱，往往导致药品和医用器材生产流通秩序混乱，价格过高。

6. 社会资金进入医疗卫生领域存在困难

政府不应该、也不可能把群众的医疗需求全部包下来，必须大力吸引社会资源，发挥市场机制的作用，通过政府、社会、个人多渠道筹资的办法，发展医疗卫生事业。但目前社会资金进入医疗卫生领域仍然比较困难，多渠道办医的格局还没有形成。其主要原因，一是执行医疗机构分类管理制度不严格，卫生部门将公立医院定为非营利性，享受政府补贴和免税政策，面对服务收费又失于监管；将民营医院定为营利性，照章缴税，又不给补贴，两者难以开展公平竞争；二是卫生部门思想不够解放，一些大中型公立医院的股份制改造存在困难；三是一些社会资金进入医疗领域的目的是追求利润，收费过高，不符合群众要求。

（五）基本医疗发展策略

1. 构建完善的公立初级医疗卫生服务体系

坚持预防为主的方针，加快公共卫生体系建设。加强预防保健，从源头上控制疾病，是最经济、最有效的卫生投资。因此，农村和城市社区卫生工作应注重以卫生服务为基础，预防保健与基本医疗相结合。

2. 加强医疗机构内部建设

实行科学管理，加强医德行风建设，切实提高医疗技术水平，坚决制止乱收费、不合理重复检查、开大处方、收受手术红包等不正之风，提倡救死扶伤，一切为病人着想的理念，提供优质医疗服务，同时加大对药品的监管，控制常见病医疗费用。

3. 建立国家基本药物制度

药品生产流通企业不能单纯追求经济利益，而应以社会效益为最高准则，维护人民群众的切身利益。国家应按照安全、有效、价廉的原则，制定基本药物目录，实行定点生产、政府定价、集中采购、统一配送的办法，较大幅度降低群众基本用药负担，提高基本药物的可及性。加强药品质量监管，同时改革药品价格管理，提高药品价格的科学性、合理性，严禁虚高定价，治理药品审批、生产、流通混乱局面及腐败现象。

4. 构建多层次的医疗保障体系

建立覆盖城乡居民的基本卫生保健制度，强化政府责任，逐步实现卫生费用主要由政府负担，使低收入人群也能享受到基本的医疗服务，从而改善国民的整体健康素质。要逐步扭转政府卫生投入比例过低、居民个人负担过高的状况。政府增加的投入主要用于疾病预防控制、基本医疗服务、医疗困难救助、资助低收入人群参加医疗保险、扶持中医药和民族医药发展等方面，与此同时，还应建立覆盖城乡的社会保险制度。扩大城镇职工医疗保险制度覆盖面；加快推进新型农村合作医疗制度；对城市非就业人员、低保人员及少年儿童，参照新型农村合作医疗的做法，采取政府补助和个人缴费相结合的办法，建立以大病统筹为主的医疗保险；积极发展商业医疗保险，鼓励中高收入人群积极参保；加强城乡医疗救助制度建设等；构建我国比较完善的、多层次、覆盖城乡居民的社会医疗保险体系和医疗救助体系。

5. 制定具有公益性、均等化特点的基本医疗服务目标

公益性是我国医疗体制的核心。基本医疗卫生服务符合公共产品的基本特征，对于维护社会稳定、促进全体社会成员的和谐不可或缺，而市场又不能有效提供，政府理应成为主要提供者。从医疗卫生服务最直接的提供者——医疗卫生机构的角度来看，必须要把服务的理念从追求营利性转变为追求公益性；必须要把"关心医疗机构自身的发展的注意力"转移到"关心全社会、关心人民群众的利益、健康"上来。从医疗卫生服务的管理者——政府的角度来看，政府有义务通过建立一套广覆盖的公共服务体系来保障基本医疗卫生在人群和地域之间的社会公平，使广大人民的基本医疗卫生需求可以得到普遍的满足，而不因支付能力的差异造成可以享受到的卫生服务质量和数量的差异。

均等化是基本医疗卫生服务追求的核心目标。现阶段我国的基本医疗卫生服务均等化目标应该是，实现区域基本医疗卫生服务均等化，同时加快城乡基本医疗卫生服务均等化，兼具居民基本医疗卫生服务均等化。均等化的实质是要使地区间、城乡间和个体间享有大致一样的基本医疗卫生服务，但这种均等并不是绝对平均，更不是强调所有居民都可以享有完全一致的服务，而是在承认地区、城乡、人群存在客观差距的情况下，保证全国居民都享有"底线均等"的基本医疗卫生服务。

6. 加强医疗卫生服务监管

建立现代医院管理制度，建立决策权、执行权分立，各负其责、协调运转的法人治理结构。推进人事、分配制度改革。按照公开、平等、竞争、择

优的要求，实行全员聘用制。加强防范商业贿赂长效机制建设。逐步健全医院药品用量动态监测、超常预警、医生不当处方公示点评、医德医风考评档案制度、行贿企业黑名单制度等，并广泛开展社会监督，建立防范商业贿赂的长效工作机制。健全医疗服务收费制度，严禁自立项目、分解项目、比照项目等违规收费行为以及重复计费、多收、乱收等问题的发生。

7. 鼓励社会资本投入，发展多种所有制形式的医疗机构

进一步采取鼓励政策，引导社会力量参与发展医疗卫生事业，建立医疗卫生投资主体多元化、社会资金来源多渠道、投资方式多样化、项目建设市场化的新机制。整合多方医疗资源，建立医疗领域正常的竞争机制，进一步规范和完善医疗体制改革，分工合作，解决群众日益增长的各种医疗卫生需求。在宏观层面上形成公立医院、民营医院、私立医院、股份制医院等多种所有制的医院并存，公平、竞争有序的医疗服务格局。

二、健康管理

（一）健康管理概述

健康管理是以预防和控制疾病发生与发展，降低医疗费用，提高生命质量为目的，针对个体及群体生活方式相关的健康危险因素，通过系统的检测、评估、干预等手段持续加以改善的过程和方法。其宗旨是调动个人及集体的积极性，有效地利用有限的资源来达到最大的健康效果。与传统医疗机构的医疗诊断不同，健康管理更注重疾病发生前的预防，通过对用户的健康进行全面监测、分析、评估，实现对健康危险因素提早干预的全过程，健康管理一般不涉及疾病的诊断和治疗过程。

健康管理服务的内容主要包括健康信息采集、健康评估和健康干预。

健康信息采集：主要是通过实地、网上的问卷调查、体格报告和相关实验检查报告，收集客户的健康信息，对客户信息进行整理、保存，建立长期动态、私密的个人电子健康档案。

健康评估：通过数字化健康管理评估平台，运用健康评估体系，评估客户目前健康状况，并预测未来 5—10 年患相关慢性病的危险程度、发展趋势及与其相关的危险因素，确定客户健康状况："健康""亚健康""疾病"。

健康干预：根据客户的健康状况，制定个性化的健康指导方案和健康干预，对健康干预的效果进行评估，并进行健康信息补充、干预方案调整，健康再评。

目前健康体检服务为健康管理中的主导，健康咨询、就医指导和健康教育讲座为后续的辅助支持服务。从营利模式和业务构架进行分类，目前国内的

健康管理公司大体可以分为六类：体检主导型、中药调理型、资源整合型、自我服务型、技术服务型、私人医生型。从主体性质进行分类，目前国内的健康管理公司大体可以分为四类：医院服务模式（公立医院开设的体检中心或体检科）、专业体检中心服务模式（民营企业创办的体检中心或门诊部、疗养院）、社区医疗服务中心服务模式（公立综合一级医院）和第三方服务模式（公立、民营）健康管理服务机构。

（二）健康管理产业特征

第一，健康管理服务产业属于资源性产业。一是由于会员制的特点，对于同类型的服务，消费者往往只选择一个服务机构成为其会员，接受长期稳定的服务，因为中途更换服务机构往往使消费者蒙受损失，所以会员的多少是服务机构赖以生存和表示竞争能力的重要资源和标志。二是著名的医学专家、健康评估专家、健康调理专家、心理学家以及著名的医疗机构和其他与健康服务相关的服务机构是健康管理服务机构最重要的核心竞争因素之一。他们是数量有限和不可复制的服务供给资源群体，与他们建立稳定的合作关系就意味着服务能力和服务的等级，也意味着资源的垄断能力和企业的竞争力与生命力。

第二，目前健康管理服务产业处在初始期，市场空间巨大，由于市场化程度低，处于低水平竞争格局，还处于暴利期，因此越是进入得早，机会越多，越有可能成为某一方面的领军企业。

第三，健康管理服务产业有政策含量、文化含量、科技含量、医疗技术含量、资源含量、服务含量和一定的资金含量，因此具有一定的进入门槛。健康管理服务企业主要的积累是品牌和会员资源，无形资产比重高，企业良性运行越久远，企业无形资源含金量越大，企业适于长期运营。

第四，健康管理服务产业品牌效应强、可连锁发展，建设周期短、扩张速度快、易形成规模，会员形成规模后运营稳定、现金流充裕、后期盈利能力强、维持成本较低；作为保健品和亚健康医疗器械、耗材的主要销售渠道，具有很高的附加投资效应；随着保险业的参与，健康消费支付模式的增加，市场规模会逐步增大。

第五，健康管理服务产业对周边行业带动效应显著，尤其对健康产品、医疗服务、会员服务、信息网络技术、运动休闲、房地产、保险等相关配套产业增值巨大。

（三）健康管理产业发展现状

我国现代的健康管理是10多年来才有的一个新兴行业，处于探索和起步阶段，2001 年我国的第一家健康管理公司正式注册成立。2005 年，国家设立健康管理师职业，并于 2006 年成立健康管理师专家委员会，以规范健康管理师队伍的建设。近年来，以健康体检为主体的健康管理医学服务机构数量不断增加，发展规模不断攀升，服务人群范围扩大，初步形成了公立与民营两大主体阵营。自 2000 年以来，我国健康管理（体检）机构每年以 25% 的速度增长，2005 年为 2 000 余家，2007 年增加至 4 000 余家，2009 年达到近 7 100家，截止到 2015 年底，我国健康管理服务机构数量达到 10 020 家左右，相比2009 年的 7 100 家增加了 2 920 家左右。服务人群中，公共保健服务人群（干部保健体检与疗养体检等）稳中有升；企事业单位员工福利性体检快速增长和普及；自费或超标准高端体检人群不断增加；特殊人群（妇、幼与老年人）基本医保服务开始逐步实施。

与此同时，健康管理非医学服务机构发展呈现强劲态势，成为我国健康服务行业的一支生力军。据中国保健协会休闲保健专业委员会报告，我国各种各样的休闲保健机构 60 余万家，且仍以 15% 的速度增长。其发展特点是以民营连锁机构为主体，以城镇中高收入人群为主要服务人群，以休闲保健、中医养生、生活美容、足疗按摩为基本服务内容，以会所及会员式服务为主要模式，现已形成与疗养旅游、运动健身、老年颐养、健康地产相结合的新兴健康管理非医学服务朝阳产业。

目前，整合式一体化健康管理综合服务机构正悄然兴起，将成为推动我国健康管理产业化的一支新兴力量。预计我国有近 1 000 家能够提供整合式一体化健康管理综合服务的疗养院、养生保健基地、老年颐养中心及高端健康会所等机构。特别是以会员式服务为主要形式，提供集旅游体检、休闲养生、保健疗养、营养与运动以及就医绿色通道为一体的综合健康管理服务备受青睐。

健康管理服务机构与产业化持续增长，已成为我国公共卫生与医疗保健服务的重要组成部分，将在防控慢性病、促进公众健康、拉动内需、促进新兴产业增长中发挥重要作用。健康管理在我国是一个新兴的、发展中的产业。有数据显示，美国有 70% 的人享有健康管理服务，在我国享有这项服务的人群不足 0.1%。基于中国十四亿人口和快速增长的经济，业界普遍乐观估计，我国健康管理市场潜力无限。

（四）健康管理产业发展趋势

1. 与国际标准接轨

健康管理服务是社会文明进步的产物，是建立在"以人为本"理念基础上的服务，更是建立在富足的社会基础上的一个服务，也可以说是对民众一般医疗管理服务的"升级版"。但是我们必须看到，我们国家在健康管理文化理念、健康评估技术、生命监护技术、健康维护技术、健康产品、服务模式、运行模式、服务范围上还与国际水准存在着一定的差距。中国的健康管理作为后来者，最明智的选择就是确定与国际接轨作为启动期的发展目标之一。这样的目标将为健康管理的国际文化、技术、人才、装备交流提供机遇。

2. 将与信息数据通信技术实现互动与双赢

健康管理服务与其他服务有一个最明显的区别就是，它对现代数据信息通信技术的依赖度极高，甚至可以说没有现代数据信息通信技术作为其基本的运行支持平台就无法实现市场化、规模化的健康管理。所以，健康管理的出现将为信息数据通信技术的发展开拓出一个新的发展方向和巨大的市场需求空间。同时，信息数据通信技术的进步也将直接影响健康管理的服务模式、服务质量、服务效率、服务成本以及服务规模等。

3. 依托医院更能取得良好发展

随着现代医学模式从以疾病为中心向以健康为中心的转变，医院的功能和内涵也应该进一步的调整，正确引导现代人的健康需求和健康消费。这就要求医院除面对病人，还要涵盖占人群 90%～95% 的亚健康和健康人群。医院拥有强大的病人资料库，其门诊病人可成为其潜在的医疗服务需求者和消费者，而且医院发展健康管理的优势还有医院的人力、物力都比较齐全，可设置专门的健康管理科室，对健康和亚健康人群提供健康咨询、健康评估、健康教育和指导，减少疾病发生的危险因素，并对他们的健康状况进行循环评价；对慢性病病人进行生活方式、运动、心理情感等各方面的指导，定期开设慢性病健康教育讲座和发放健康小手册；为出院康复期病人提供正确、规范、科学的康复指导，及时纠正和解答病人在康复期的不正确行为和困惑。健康管理不仅给医院带来了经济效益，提高其社会影响力，还提高了广大居民的满意度。

4. 将结合社会医疗保险机构和健康保险公司共同发展

现行的医保制度主要是对患病的参保人主要精力都放在治病（尤其是在后期）费用的控制上，结果患者越来越多，并集中于大医院治疗，同时加剧了"看病难、看病贵"。如果把社区健康管理纳入医保管理范围，既有利于减轻医保的负担，也有利于实现健康的最终目标。

同时，在医疗保险管理中引入健康管理新理念，将基本医疗保险与预防保健相结合，既有利于减轻医保基金的压力，又有利于实现人人健康的目标。在美国，健康管理公司是伴随着保险业的发展应运而生的。健康管理公司的服务对象是大众，而直接客户却是健康保险公司。也就是说，健康保险公司对其客户的健康管理服务主要是外包给第三方的健康管理公司，而并非由保险公司直接提供。保险公司选择和第三方健康管理公司合作，对提升产品的附加价值，降低医疗险的赔付成本效果显著。据美普金斯医学会的统计，由于健康管理公司的出现，健康保险公司的直接医疗开支降低了30%。

5. 中国特色健康管理将是未来发展方向

我国的传统医学在医疗、调理、康复、养生等方面存着完整的理论与实践体系、成熟的临床方法与技巧。通过临床诊断与医疗、方剂、针灸、推拿、气功养生等治疗与身心的锻炼、传统文化与哲学思想的熏陶以及食疗、药浴等辅助手段的综合实施将能解决绝大部分的健康问题，尤其是亚健康的调理问题，所以只有依托我国传统医学文化，丰富健康管理服务的新内涵、创新服务模式与内容、研究产业运行规律和发展机制，建立"具有中国特色的健康管理"，才能使发源于国外的健康管理服务避免"水土不服"并良性发展。

（五）健康管理产业存在的问题

一是公众认知度和接受度不高。健康管理在我国还是一个新概念，健康管理的服务对象较狭窄，主要集中在经济收入的高端人群，公众的认知度还不高，健康管理的一些理念（如需为预防疾病的发生而预先付费等）目前还不能被公众所接受，我国多数公民对健康的认识还停留在疾病治疗和自我保健上。

二是政府相关部门以及医疗卫生行业内对健康管理认知度仍然比较低，相关政策支持力度不够，相关政策与法规不健全，缺少机构建设的标准与规范，从而使健康管理机构虽然数量多，但规模、人员、服务质量参差不齐。

三是由于健康管理在我国正处于初始发展阶段，有许多理论与实践问题没有解决。因此，健康管理的三大支撑体系——教育培训体系、科研体系、医学服务体系尚未建立，健康管理机构人才队伍匮乏。

四是缺少关键适宜技术，专业化服务单一、服务水平低，服务收费机制尚未解决，限制了服务项目开展。

五是健康管理的运作机制不成熟。国家、健康管理公司、医院、消费者、保险公司等相关各方都应该为健康管理进行投资，但目前我国相关各方对此在观念上还未接受。我国许多医院都在搞信息化建设，但存在医院间信息不能共享的瓶颈。

六是健康管理公司发展模式还有待探索。现在我国健康管理公司的发展模式主要有两种：一是成为经营实体，二是作为资源共享平台。是否还有更好的发展模式，有待在实践中进一步探索。

（六）健康管理产业发展策略建议

1.加大健康宣传，营造良好的社会环境

大力普及健康管理知识，既提高人民群众的自我健康管理意识，又营造健康管理服务业发展的良好社会环境。通过组织开展自我健康管理小组和社区群众养生互助组织，传播健康自我管理技能，让群众掌握健康危险因素干预技能。在保障供给的基础上，制定鼓励性政策，激发广大群众关注健康和主动投资健康。

各地卫生行政部门要对各类健康管理机构规范运行实行动态评估与管理，加强质量控制，严格监管，防止利用健康管理的名义宣传伪科学、出售伪劣保健品等不法行为。

2.加大政府对健康管理产业的支持力度

政府有关部门的支持将对健康管理产业的发展起到积极的推动作用。这种支持包括产业政策的鼓励、加大医疗预防保健的投入、医疗保险体制改革的深化、资金的投入、健康管理技术规范化标准的制定和推行、网络安全立法等。

3.加快健康管理机构建设

加快建设健康管理机构，着力培养一批健康管理师、营养师、心理咨询师等从业人员。设置健康管理中心、二级以上综合医院设置健康管理科、基层医疗卫生机构设置健康管理门诊（室），为居民提供基本和非基本的健康管理服务；有条件的医疗机构设立针对高血压、高血脂、高血糖、肥胖、心理危机、吸烟、酗酒等专项或综合性健康危险因素干预门诊，为亚健康人群开展专项干预技术服务，为慢性病人提供早诊早治服务，逆转和遏制健康危险因素的发展。大力发展民营健康管理机构，鼓励和引导民间资本投资健康管理服务业，制定在专科建设、职称评定、等级评审、技术准入等方面同等对待的政策。统筹城乡、区域健康管理机构资源配置，促进均衡发展。

4.加强健康管理立法和监管

关于健康管理，由于我国还没有完善的组织管理体系和监管体制，因而需要深入的调查和研究。我国政府应积极引进国外健康管理服务的模式和运作的成功经验，加快我国健康管理产业发展。把重视安全健康，建立安全健康管理监督体制作为基础，将立法作为根基。法律法规的制定也可以借鉴国外的一些经验。努力做到管理和监督划分清楚，义务和责任阐述明确，做到操作性强，易于执法，使政府监督职能得到强化，安全健康的管理变为向觉行为。

5.构建完善的健康管理框架，拓宽服务范畴和服务人群

我们应该学习美国的健康管理策略，构建健康管理框架：生活方式管理，

需求管理、疾病管理、灾难性病伤管理、残疾管理、综合的人群健康管理。此外，作为优化医疗资源、降低医疗费用重要途径的健康管理，应尽快改变目前健康管理服务范围较小的现状，积极拓宽服务范畴和服务人群，以实现健康管理的效益。

三、健康保险

（一）健康保险的概述

健康保险是指保险公司通过疾病保险、医疗保险、失能收入损失保险和护理保险等方式对因健康原因导致的损失给付保险金的保险，其中包括疾病保险、医疗保险、失能收入损失保险、护理保险等。

对于健康保险来说，由于存在保险方、健康服务方的交叉介入，是保险方、健康服务方和消费者三个主体间的循环关系：保险方代购（外包）健康服务、健康服务方间接收费却直接提供服务、消费者接受健康服务却不直接支付费用。其中，健康服务方，即是健康保险经营中的外部健康服务环境，是在健康保险产业链中具有外部辅助服务提供和健康风险控制职能的机构的统称，涉及健康风险管理公司、第三方委托管理机构、医疗机构、护理机构、体检机构等产业链环节。外部健康服务环境对健康保险产业链的完善和有序运转，起到了不可或缺的作用。

健康保险产业链通过构建由外部健康服务环境（包含健康风险管理公司、健康体检、医疗机构等）、保险公司、社保机构及相关的各地政府、监管机构、供应商和保险中介等多产业组成的健康服务链、价值供应链和利益共享链，实现扩大服务内涵，提升服务品质，加强风险控制，建立利益联盟和长效机制的目标。

此外，健康保险是社会医疗保险的必要补充。从保险经济学的角度来讲，社会医疗保险和商业健康保险均是通过建立保险保障基金的方式为被保险人提供医疗保障，以满足被保险人规避医疗费用支出风险的需求，两者应当存在相互竞争、此消彼长的一面。但由于两者在性质、实施方式、经营主体、目的、保障水平与医疗服务的范围、保费的负担方式等方面差异明显，又存在互相补充、共同成长的一面。由于社会医疗保险基金的筹集在很大程度依赖于政府的财政补贴，而一国政府的财政收入受经济发展水平的制约，因此社会医疗保障所提供的保障往往是有限的、低水平的，这就为商业健康保险补充社会医疗保险提供了良好的成长空间。

（二）健康保险产业发展现状

我国商业健康保险始于 20 世纪 80 年代初国内保险业复业时期，经过 40 多年的发展，我国健康保险已经取得了一定发展，主要表现在业务规模迅速增长，从 2013—2017 年，中国健康保险保费收入年均复合增长率达到 40.4%，年均以两位数的速度增长。有数据显示，健康险原保险保费收入 5 448.1 亿元，同比增长 24.1%。健康险成为保险行业内增速最快的险种，2013—2018 年 6 年间复合增长率为 50.4%。根据修改后的《保险法》，财产保险公司也可以经营短期健康保险，除了传统的费用补偿型产品和住院津贴型产品，保险公司也开始涉足失能收入损失保险和长期护理保险等新领域，服务领域日益拓宽，社会影响明显扩大。商业保险公司提供的健康保险已经覆盖了包括电力、铁路、邮政、通信等行业在内的各大行业，社会影响也明显扩大。

随着人民群众生活水平的不断提高和社会医疗保险制度改革的不断深化，社会对商业医疗保险的需求越来越大。据调查，健康保险是人们意向购买的主要人身保险产品之一。在对全国 30 个省份和 6 个大城市的健康保险保费收入的统计中来看，排在前五位的分别是北京、广东，江苏、上海、山东，这说明在北京、上海等地，社会对商业医疗保险特别是健康保险的需求十分大，这些数据也显示出商业医疗保险的市场发展潜力之大、需求之旺。

（三）健康保险产业存在的问题

1. 缺乏有效的政策和法律支持

尽管在宏观的层面上，我国的健康保险已经具备了一定的法律基础，但是微观层次的不完善一直阻碍着保险公司在商业健康保险方面的发展，其主要表现在以下几个方面：一是保险公司尚不具备法律赋予的可参与医疗服务定价及对医疗卫生资源的有效利用实施监控的权利；二是社会医疗保险和商业健康保险具体的业务界限还不够清晰，存在社会保障机构开办商业健康保险，与商业健康保险争夺业务的情况；三是对涉及健康保险的诉讼案件，在审理及新闻媒体报道时，也往往存在偏袒被保险人的情况。凡此种种情况都使商业健康保险的进一步发展面临困难。

2. 市场不规范

健康保险市场的不规范导致现实中存在着两大矛盾，即"供求矛盾"和"市场潜力与市场风险矛盾"。一方面市场空间大得惊人，另一方面保险公司踌躇不前；一方面社会公众需求迫切，另一方面市场供给乏力。"供需缺口"的局面便产生了。现阶段巨大的健康保险市场需求空间，对于保险公司来说，应是一个难得的发展机遇，但总体上看，各公司健康保险业务规模并不大，险种单一、数量少、价格高、保障程度低是当前健康保险市场供给状况的真实写照，现有商业健康保险已远远不能满足多层次的市场需求，所有寿险公司都看到了健康保险市场蕴含的无限商机，但出于对医疗费用失控风险的忧虑，谁也不敢在这个充满风险的市场中盲目冒进，两者遂产生了矛盾。面对如此诱人的市场前景，保险公司却似乎显得无动于衷，尽管市场上时常有新的健康保险险种推出，但销售规模未有质的突。因此，如何理顺保险公司、医疗服务提供者和被保险人的关系，有效避免道德风险，降低医疗费用，实现健康保险参与者三方和谐"共赢"，是健康保险企业经营绕不过去的坎儿。

3. 缺少专业信息系统

健康保险是一项专业技术性强、管理难度大的业务。在系统设备上，许多保险公司还没有建立起健康保险业务的专业信息系统设备。现有的健康保险业务大多依靠寿险业务系统进行管理，相关的数据也按照券险业务的标准进行记录和管理。这样导致保险公司无法实现健康保险业务的专业核保理赔功能，也无法记录统计健康保险业务迫切需要的各项医疗资料，没有健康保险的专业电脑平台，健康保险的专业化风险管理也就无从谈起，所以，加强健康保险的专业信息系统建设不容忽视。

4. 缺乏专业人才

由于健康保险行业涉及医学、保险和管理等多个领域以及特殊经营方式产生了对农业、精算、承保、投资、理赔等特殊人才的需求。而我国停办国内保险业务达20年之久所带来的一个直接严重后果是保险人才培养的断层。目前，保险公司的培训水平非常有限，相应的院校师资力量薄弱、素质水平不高、教材陈旧、教学手段落后等许多问题，都使保险业的人才不能够良好地满足快速发展的需要。导致在医疗保险管理人员、精算管理、险种开发、核保理赔和健康保险专业营销等岗位都急需熟悉健康保险的专业人才。

5. 在经营上缺少专业化的管理

现在商业健康保险公司的保险条款不严谨、不完善，公司实务操作不规范，在公司管理上随意性大、缺乏统一的标准。这些正是由于保险公司在战略层面对专业化经营认识不够，认为目前专业化经营条件不成熟，认为健康保险必须依赖寿险业务才能生存，必须给予市场垄断才能实现专业化，成立专业健康保险公司或者专门健康保险管理部门就是健康保险专业化经营。其实，专业化的核心是根据健康保险风险特点建立与之相适应的经营管理模式，必须踏踏实实、长期投入、夯实基础。保险公司缺乏清晰的专业化经营理念，不愿投入加强专业化经营的基础建设，如此形成恶性循环，很难实现具有中国特色健康保险专业化经营模式。专业化经营还需知难而上。

6.信息不对接严重阻碍发展

一直以来，健康保险因赔付率较高，令保险公司望而却步。一边是"看病难，看病贵，报销难"，而另一边出现的是"无病看病，小病大看""一人投保，全家吃药"种种现象和问题，为商业健康保险的发展蒙上了阴影。究其原因，主要是商业健康险公司不能介入客户的医疗管理过程，无法控制医疗费用的不合理支出，导致健康险公司普遍陷入亏损与产品质量下降的赔付风险怪圈之中。作为商业健康保险运营的首要风险——医疗风险管控，一直因为医、保信息资源无法共享而成为难题。

（四）健康保险产业发展策略及建议

1.完善健康保险产业发展政策

国家要完善商业健康保险产业发展政策，制定税收等相关优惠政策，从而达到推动产业发展、实现产业发展目标的目的。在构建新的医疗保障体制的过程中，应尽快明确健康保险的法律地位。税收政策是政府支持商业健康保险最主要的方法之一，市场经济条件下的财税政策不但对商业健康保险的供需双方具有双重的调节功能，而且利于扩大医疗保险覆盖面，促进经济发展和社会稳定。我国应该尽快出台商业健康保险方面的税收政策，一是把部分法定医疗保险费用支付业务委托保险公司管理；二是对鼓励发展的健康保险业务免征营业税和所得税，甚至给予一定的财政补贴；三是对购买商业健康保险的单位在一定限额允许税前列入成本，对个人则免缴其购买健康保险部分的个人所得税，同时允许使用个人账户余额购买商业健康保险，提高个人账户的利用效率等。

鼓励企业个人参加商业健康保险；积极引导商业保险机构开发长期护理保险、特殊大病保险等险种，满足多样化健康需求；鼓励以政府购买服务的方式，委托具有资质的商业保险机构经办各类医疗保障经办管理服务；积极探索利用基本医保基金购买商业大病保险，有效提高重特大疾病保障水平。

探索保险公司兴办医疗机构、参与公立医院改制重组的可行性和有效途径，延长健康保险产业链。把发展商业健康保险作为健全医疗保障体系、提高医疗保障水平、提升医保管理服务能力的重要实现方式。

2.提高商业健康保险的社会认同感

保险公司应定期运用典型的赔付案例，积极宣传商业健康保险在保障社会安定、促进经济发展等方面的作用，大力普及健康保险知识，增强社会各界的保险意识，以提高商业健康保险的社会认同感与亲和力，使政府重视，政策支持，企业欢迎，百姓拥护，给予商业健康保险应有的社会地位。可以说，没有商业健康保险的积极参与，完善的医疗保障体系是不可能建立起来的。既然如此，政府就应该支持它的发展，给它一个与社会医疗保险平等的地位，将其作为社会医疗保障体系的一个重要组成部分而纳入其中，并以相关法律、法规等形式确定下来，使商业健康保险与社会医疗保险共享管理成果、管理手段和管理设施。

3. 鼓励发展专业性健康保险公司

专业性健康保险公司应该成为未来保险市场主要的健康保险服务商，通过大力发展专业性的健康保险公司，增加健康保险的供应主体，解决健康保险供求失衡问题，并推进健康保险业务的专业化水平，提高我国健康保险的竞争力。随着外资健康保险公司不断进入我国健康保险市场，竞争也将日益激烈，为了更好地迎接挑战，增强我国民族保险业的竞争力，大力发展专业性健康保险公司必不可少，既包括增加健康保险公司的数量，也需要进一步提高已有的几家健康保险公司的服务质量。比如，人保健康、昆仑健康等需要进一步完善自己的服务体系，加强新产品开发的力度，健全服务网络建设，以更好地应对挑战，发展壮大自己。

4. 建立专业化信息管理系统

建立专业化的信息管理系统不仅是实现健康保险专业化运作的基础和平台，还对健康保险的风险控制和长远发展至关重要。健康保险业务的复杂性、保险事故发生的频繁性，需要有效的过程管控系统，单纯的业务流程管理已远远不能适应健康保险的风险管控需要，而传统的寿险业务管理系统集中解决的是业务流程、人机界面、系统集成等商用系统的共性问题，因此各保险公司应充分重视信息管理系统的开发，建立和完善与健康保险业务相适应的信息管理系统，特别是完善健康报信的核保、核赔管理系统和数据统计分析系统，满足业务发展和服务的需要。通过建立专业化的信息管理系统，使我国商业健康保险在经营上更统一、更专业，从而使我国商业健康保险更能实现具有中国特色的保险。

5. 加快商业健康保险专业人才培养

商业健康保险是一项专业技术性强、管理难度大的业务，实现健康保险经营的专业化，就迫切需要一支高素质、专业化的人才队伍，目前仅靠普通大学是无法解决健康保险所需要的复合型人才问题。因此，应该在开展健康保险业务的同时，在公司内部着重加强对健康专业人才的培养和职业道德教育，各保险公司要建立自己的"造血"机制，建立与健康保险相关的专业培训体系，提升健康保险队伍的专业素质，并有计划、有步骤地从国外及其他和健康保险相关的行业领域引进一批专业人才，建立起一支能够满足中国健康保险市场需要的复合型人才队伍。

6. 打通保险机构、医疗机构、社保机构三方信息通道，形成产业链

健康保险公司的风险管控水平受制于数据信息的建立与完善。健康保险企业与医疗机构、社保部门之间实现联网互通，可以提升健康保险的风险管控能力，彻底解除束缚社会基本医疗保险和商业健康保险发展的技术性、制度性障碍，联网后，在开放的共享信息平台上，商业保险企业可以及时查询社保机构对参保人员的医疗报销审核结果，对社保机构审核结果进行复审，减少理赔差错率，提高理赔及时率。同时，通过该平台查询参保人员基本医疗保险的参保、理赔信息，既可以帮助保险机构在承保时有针对性地制定优化商业健康保险的承保方案，也可使保险机构在理赔时实现与社保机构的联动审核和一站式医疗结算服务，真正使老百姓享受到一体化、无障碍的健康保险保障服务。

第四节　其他健康产业的发展

一、健康旅游

（一）健康旅游的定义

健康旅游指一切以健康为主题的旅游活动。随着旅游业的不断发展，旅游业已从观光游览性旅游向休憩、娱乐、文化、运动方向转变，以获得健康为主要目的的旅游活动成了旅游业发展的新趋势。健康旅游是健康产品或资源与休闲度假旅游相结合的产物。

健康旅游是一个综合性的概念。一切有益于人们消除亚健康状态，促进身心健康的旅游活动，都归入到健康旅游的范畴。健康和旅游有着密切的关系。旅游在根本上是一种主要以获得心理快感为目的的审美过程和自娱过程，是人类社会发展到一定阶段时人类的最基本的活动之一，其存在以下特征：

1. 以放松心情、减缓压力为目标

健康运动强调积极的健身方式即通过参加各种活动来促进和保持身体的良好状态。当人们参加休闲活动时，旅游是一种促进健康的很好的手段。我们能把健康的概念引入一些特色旅游活动之中，如游泳、划水、徒步穿越等。

2. 以强身健体、提高生活质量为目标

健康旅游是人们发现生活的意义和目的的过程。例如，观看日出日落，以此达到精神放松、缓解生活压力，提高生活质量。

3. 以保护、注重生态为根本出发点

健康旅游保护生态环境，遵循自然规律，利用风景区已有基础设施，合理规划开发，实现人与自然和谐发展。

（二）健康旅游产业发展现状

我国的健康旅游产业是伴随着 2001 年国家旅游局推出的"中国体育健身游"主题旅游年而出现的，受 2003 年"非典"和 2004 年"禽流感"影响而迅速"走红"的。国内主要是从 2003 年"非典"之后，开始关注健康旅游，北京提出了"快乐人生健康游"；宁波计划建立健康旅游区；绵阳市开展了"走健康之路""品健康食品""赏健康文化"为内容的系列主题健康旅游活动；杭州从人文关怀的角度推出健康旅游；海南近几年也推出健康旅游，打造"健康岛"品牌，提出"吃健康饮食、住健康酒店、行健康路线、游健康景点、娱健康活动、购健康产品"；福建武夷山提出"绿色饱满生命"的健康旅游，倡导"享受健康呼吸、体验健康文化、感受健康饮食、参与健康运动"；湖南推出"十大健康旅游主题活动"；四川以九寨沟等旅游景点为基础，大力打造健康旅游；黑龙江以"强身健体"为主题，突出系列"绿色健康旅游线路"；浙江组织"健康浙江万人游"活动，这些都是打"健康旅游"牌，收到良好的效果。健康旅游是针对"亚健康"人群开出的一剂良方，是整合生态与休闲的很好的一种旅游形式，是生态建设和实现循环经济的有效介质和物体，是人类社会发展的必然结果。

（三）健康旅游产业发展前景

1. 经济快速发展为健康旅游产业的发展提供了经济基础

改革开放以来，我国经济始终保持快速健康发展的良好态势。初步核算，2019 年全年国内生产总值 990 865 亿元，按可比价格计算，比上年增长 6.1%，符合 6%~6.5% 的预期目标。其中，第一产业增加值 70 467 亿元，比上年增长 3.1%；第二产业增加值 386 165 亿元，增长 5.7%；第三产业增加值 534 233 亿元，增长 6.9%。2019 年，全国居民人均可支配收入 30 733 元，比上年名义增长 8.9%，增速比上年加快 0.2 个百分点；扣除价格因素实际增长 5.8%，与经济增长基本同步，与人均 GDP 增长大体持平。2019 年，全国居民人均消费支出 21 559 元，比上年名义增长 8.6%，增速比上年加快 0.2 个百分点；扣除价格因素实际增长 5.5%。

2. 巨大的旅游市场为健康旅游产业的发展提供了巨大的市场基础

2019 年，全年国内旅游人数为 60.06 亿人次，比上年同期增长 8.4%。其中，城镇居民 44.71 亿人次，增长 8.5%；农村居民 15.35 亿人次，增长 8.1%。

2019年实现旅游总收入6.63万亿元，同比增长11%。其中，城镇居民花费4.75万亿元，增长11.6%；农村居民花费0.97万亿元，增长12.1%。中国旅游产业的快速发展持续拉动社会消费的增加，旅游产业对中国来说将是"永远的朝阳产业""永远的绿色产业"，旅游产业的持续快速发展为健康旅游产业的发展提供了巨大的市场基础。

3.居民对健康向往有效推进健康旅游产业发展

随着人们生活水平的不断提高，为追求高质量的生活方式，大多数城市居民在闲暇之时，喜欢走向自然、亲近生态，登山游、徒步游、自行车游等以健康、生态为特色的节假日度假方式成为一种趋势。

（四）健康旅游产业存在的问题

与国外的健康旅游发展相比，我国健康旅游发展还处于萌芽阶段，存在很多不足的地方。

首先，中国现行的健康旅游概念还混淆不清，"非典"后大众对健康的重视程度越来越高，很多旅行社和旅游公司假借健康旅游之名，开展了各类型的旅游项目。

其次，我国的健康旅游发展起步较晚。目前为止，我国的健康旅游主要以小规模的康体旅游服务为主。

最后，旅游地当地的健康旅游设施还不完善，从业人员对健康旅游专业性知识的掌握比较欠缺。

（五）健康旅游产业发展策略

1.完善基础设施建设

①加强基础交通设施建设。围绕"健康"主体，合理规划建设健康旅游路线，注意通往健康旅游景区、景点以及连接不同景区之间的重要道路建议，保障与外界的公路建设畅通。同时，有效依托航空资源，定量增加特色健康旅游航行，为健康旅游的不断发展提供有力支持。②加强健康旅游服务人才建设，首先是健康旅游导游的保障，健康旅游导游是联系健康旅游地与健康旅游者的纽带。健康旅游导游的解说和责任要高于一般导游，需要配备一批具有初步健康旅游知识的导游引导游客健康旅游和传播健康旅游知识。其次，除了加强初级阶段对健康旅游导游的培养外，还要加强对健康旅游地的旅游服务人员的教育培养。健康旅游服务人员作为直接向游客直观介绍、传播健康知识，并且与游客形成健康传播互动的群体，对健康旅游业的发展尤为重要。

2.建立完善的市场体系

首先，建立完善的健康旅游市场体系。根据国内健康旅游市场的需求变动，逐步提高健康旅游的比重，以主体产品与服务对应主题市场，以专题性产品对应个性化市场，形成更加全面的适合国内外各种需求的健康旅游市场，增强健康旅游的可持续发展能力，完善其健康旅游业支撑和保障体系。其次，加强健康旅游传播体系。一切可以和旅游者产生信息互动的团体都可以归类到其健康旅游传播建设中，注意居民的健康旅游传播意识的培养，营造健康旅游氛围，整合旅游组织部门、健康旅游导游、健康旅游服务从业人员、当地居民等实体，形成一套有序、互相交织的健康旅游传播体系。

3. 多元结合

健康旅游以健康为旅游目的，和其他众多的旅游项目紧紧相连，健康旅游可以结合生态旅游、文化旅游、体育旅游、探险旅游、科普旅游等各自不同的特色，使健康旅游多元化，吸引潜在游客的不同兴趣。

一是与自然资源的结合。充分利用与开发旅游景区资源，将生态旅游和健康旅游有效、科学结合，让健康旅游者不仅可以感受大自然的鬼斧神工，还可以享受到各种健康旅游项目有机结合的奇妙感受，使游客可以亲密接触自然、感受自然。二是与人文资源的结合。文化是旅游的灵魂，旅游逛文化传播的渠道。健康旅游与人文资源的结合使旅游者在获得身心健康的同时提高文化修养，实现旅游与文化的良性互动。三是与体育等流行元素的结合。体育旅游在一定程度上属于健康旅游的范围。体育旅游的动机之一也是为了强身健体。健康旅游与体育等流行元素的结合吸引了更多的青年人参与健康旅游，扩大了健康旅游的目标市场。比如，属于健康旅游资源的湖泊、河流、公园等，也可以从侧面开发户外运动训练基地、登山、探险等产品。四是与科普等知识元素的结合。对于健康旅游资源的解说，如所处地点的气候特色与环境特色不一样、不同类型的疗养服务的效果不同，对身体的益处也不尽相同，游客在健康旅游体验中，不知不觉学习有关知识，且有可能主动获取相关的健康咨询。

二、健康信息服务

（一）健康信息服务概念

健康信息服务即健康服务的数字化、网络化、信息化，是指通过计算机科学和现代网络通信技术及数据库技术为各医院之间以及医院所属各部门之间提供病人信息和管理信息的收集、存储、处理、提取和数据交换，并满足所有授权用户的功能需求。

（二）健康服务信息产业发展现状

目前，我国医院信息化建设的重点开始从以费用管理为主的医院信息化初级阶段逐步过渡到以医院临床信息为主的高级阶段。医院信息系统的开发和应用正在向深度发展，开始从早先的侧重于经济运行管理，逐步向临床应用、管理决策应用延伸，逐步实现"以收费为中心"向"以病人为中心"的数字化医院转变，同时在合理利用医疗资源、优化医疗业务流程、完善医院管理决策方面发挥越来越重要的作用。

2003 年非典重大疫情灾害暴发后，暴露出我国对突发公共卫生事件的应急机制不健全、公共卫生发展严重滞后的问题。政府开始加大对公共卫生领域等区域性健康信息服务建设的研究和投入，并推动了包括疫情和突发公共卫生事件监测系统、突发公共卫生事件应急指挥中心与决策系统、医疗救治信息系统以及卫生监督执法信息系统在内的国家公共卫生信息系统建设。同时，医疗体制改革也推动了针对城镇居民的社区卫生服务系统和针对农村居民的农村医疗保险信息系统等多个医疗信息化产品的快速发展，大大延伸和完善了我国医疗信息化产品线；各地卫生行政部门也纷纷建立计划免疫信息系统、妇幼保健信息系统、血液管理信息系统等，为未来共享和整合信息资源建立了基础。

目前，三级医院几乎都开展了信息化建设，二级及以下级别的医院中 80%以上已经开展了信息化建设，大多数以 HIS 系统（医院管理信息系统）为主。HIS 系统的应用基本成熟并逐步扩展应用，医生工作站和护士工作站不断普及，导医系统更加完善；无线应用技术快速发展，手持终端应用逐渐扩展。CIS 系统（企业识别系统）正在逐步深入，PACS（医学影像信息系统）、RIS（像信息系统）等系统应用逐渐成熟，EMR（电子病历）正在被越来越多的医院试用和采用，手术麻醉、重症监护等系统应用得到推广。从 2007 年开始的数字化医院集成平台稳步发展，但是整合难度较大，目前发展较慢。

目前，疾病控制、妇幼保健、社区卫生以及新农合等信息化建设在各地区逐渐展开，欠发达地区也着手建设相关系统，但信息化应用相对简单。疾病控制、新农合等信息化应用已经在全国展开，但是目前建设重点还是省级平台。居民健康档案系统建设和区域医疗数据中心建设作为公共健康信息服务建设的重点，在 2008 年开始大力发展。居民健康档案是实现区域医疗的基础，也是实现医疗改革目标的关键途径，多个省级的政府卫生管理部门开始建立省级平台。区域医疗数据中心用于集成区域内多家医院的医疗信息存储和交换，是将来实现区域医疗的基础。

有第三方统计数据显示，过去几年，医疗行业信息化花费（包括软件、硬件及服务等）占医疗总费用的比例约为 0.5% ~ 0.8%，且逐年持续升高。从医疗行为的监控到医疗数据的采集，再到医疗质量的提高，信息化手段发挥巨大潜力，逐步加快医疗信息化建设的发展，就目前整个医疗信息化行业的市场占有情况看，没有形成特大型公司占据大部分市场份额的局面。

（三）健康信息服务产业发展趋势

健康信息服务产业虽然起步较晚，但近几年发展较快，占整个 IT 市场的份额呈上升趋势。在整个 IT 投资规模上，国内医疗行业每年实际的投入只占医院年收入的 0.3% ~ 0.5%，而发达国家和地区是 3% ~ 5%，两者存在 10 倍的差距。因此，我国健康信息服务产业市场还有不小的上升空间，国内健康服务发展趋势如下：

1. 信息服务实现区域医疗互通

一是提供完整数据信息服务。在一个行政管理区域内建立一个数据中心，通过设置在各医疗机构内的前置机和通信网络，专门收集各医疗机构与医疗相关的数据，再通过统计分析，将本行政区的医疗运行情况展现给管理者；二是构建区域医疗协调系统。大范围实现医疗文档共享，让医生在接诊时能够了解就诊者在任何时间、任何医疗机构的医疗记录，以此辅助医生提高诊断的准确率和治疗的有效性，从而减少重复检查检验、降低医疗费用。

2. 产品新功能不断完善，新产品不断创新

IT 行业的发展以及云计算等各种新技术的应用，促使产品由单一化逐渐向多元化展开，数字化医院的建设、完整临床信息系统的建设、电子病历，甚至无纸化、无胶片化等新功能将逐步完善推广。各种形式的呼叫中心、医疗资源的整合和网络化、远程医疗会诊、健康管理服务等医疗卫生领域信息化新产品也将成为我国健康信息服务的发展方向。

3. 服务成为未来软件发展的新方向和主要盈利手段

随着软件由产品逐步向服务转变的趋势，软件服务将成为主要发展方向和盈利手段。一方面服务能力将逐步成为医疗机构选择 IT 供应商、合作伙伴时的主要因素，良好、高效的售前、售中和售后服务支持能力，以及针对性的咨询和培训工作等服务内容将更加完善；另一方面，SaaS（软件即服务）等新的商业运营模式也使软件通过服务来获取盈利成为可能。

4. 居民健康档案网络化

健康信息服务建设要重点在于公共卫生服务信息化建设上向居民健康档案信息化求突破，在医院信息化建设上向电子病历、临床路径、远程会诊为核心的信息化求突破，在医疗保障和基本药物制度信息化建设上向"四网合

一""一卡通""一站式服务"求突破，逐步形成大卫生信息网络。

5.健康信息服务的一种新模式和新手段——云计算

医药企业与医疗单位一直是国内信息化水平较高的行业用户，在"新医改"政策推动下，医药企业与医疗单位将对自身信息化体系进行优化升级，以适应医改业务调整要求，在此影响下，以"云信息平台"为核心的信息化集中应用模式将孕育而生，逐步取代各系统分散为主体的应用模式，进而提高医药企业的内部信息共享能力与医疗信息公共平台的整体服务能力。

（四）健康信息服务产业存在的问题

1.基础设施还未完全到位，互联互通存在障碍

卫计委提出的"横向到边，纵向到底"的网络体系在我国卫生系统内还没有完全形成，部分基层医疗机构由于资金问题，网络没有建设到位，一些单位网络设施老化现象严重，网络设备型号参差不齐，部分单位的网络机房建设不符合规范，内部网络管理的能力较弱。网络接入方式不统一，政务外网、医保网、互联网三种网络同时使用，且接入带宽狭窄，数据传输安全性较差，上述状况给我国卫生系统内部实现互联互通造成巨大障碍。

2.系统建设缺乏统一规划，信息孤岛现象严重

近年来，我国卫生医疗系统逐步加强了区域公共健康信息服务建设的组织领导协调机制及统筹规划力度，但我国早期的健康信息服务建设大多是项目驱动建设，缺乏顶层设计和整体架构论证，没有进行科学的、一体化的发展规划。各卫生机构根据自身需要，各自规划、各自开发，造成各卫生机构相互封闭、自成体系，缺乏科学、全面的规划指导和统筹协调，采集到的卫生信息分布于各个卫生系统中，形成信息孤岛，造成各医疗机构间数据不能共享，不能及时汇总分析。

3.健康信息服务建设标准、规范工作薄弱

卫生信息标准化建设工作较为薄弱，严重制约信息化进程，造成区域内信息资源无法共享，导致信息孤岛形成，甚至造成资源浪费。各医疗机构业务系统间采用的门诊症状诊断、数据共享交换、临床术语、信息标准等没有统一，信息交换存在障碍。同时，各区属医院间业务管理系统操作流程差异较大，业务管理没有统一的规范，存在重复录入、重复采集现象。数据分散存储，造成信息资源共享困难，同时无法为科学决策提供准确的信息依据。

4.资金保障制度不健全，信息安全有待加强

区域卫生信息体系建设是复杂的、需要长期建设的系统工程，要投入大量资金予以支持，但我国卫生系统内部没有建立起相应的健康信息服务建设专项经费保障制度，大部分的单位只能挤占其他经费进行本单位的健康信息服务建设，由

于经费数量较少，造成一些单位在完成业务系统前期开发、上线运行后，没有相应经费完成信息化系统的后期运行维护，信息化系统得不到专业的技术支持及后期升级改进，给医疗卫生机构正常业务的开展、信息安全带来较大风险。

5.人才制度有待完善

区域卫生信息体系建设涉及卫生管理、医疗、预防保健、卫生经济以及信息技术等多专业学科，健康信息服务建设必须有一批既懂信息技术又懂医疗专业以及卫生管理的复合型人才，因此专业人员队伍的建设、培养显得至关重要。我国卫生系统现有的专业技术人才无论从数量还是质量上都不能满足需要，专业人员的职称层次较低，专业知识缺乏，知识结构陈旧在一定程度上影响着区域健康信息服务工作的开展。与此同时，一些单位中人事管理和专业人员使用制度不够健全，造成一些从事健康信息服务建设工作的专业人员没有合适的岗位可以聘任、没有相应职称可以晋升的局面，从而直接制约区域健康信息服务事业的建设和发展。

6.城市、农村发展失衡，阻碍医疗信息化全面推广

城市中各大医院均增加了医疗信息化建设的投入，门诊和住院医生工作站已在许多医院成功实现，个别医院正在努力实现电子病历和医学影像的数字化，逐步完成数字化医院的构建。而农村医疗信息化的开展存在很多困难，如没有建设起覆盖全市各乡镇的农村医疗保障信息交换平台，在地、县级和西部地区没有完全实现计算机辅助管理、辅助医疗，没有实现农村医保信息的数字化、网络化管理以及各医疗机构之间的信息共享等，城市、农村医疗信息化发展不平衡，严重阻碍了医疗信息化的全面推广。

7.对于各大医院丰富信息的利用率较低

各大医院均拥有大量患者既往病史、治疗方案、反馈信息等材料，应深入分析充分利用。分析病人的来往地、消费水平、消费偏好、科室工作量、工作效率等可调整医疗服务的发展方向，使医院提供的服务更符合病人的需求；总结发病原因、治疗方案、治疗成功率、疾病死亡率等可为医疗科研人员提供宝贵的科研素材，有利于医疗水平的整体提高。新医改方案出台后，健康档案的建设在全国范围内逐步开展，而目前较低的数据汇总和统计分析水平导致大量数据难以充分利用，无法挖掘隐藏在数据中的隐含知识，影响了医疗信息化进程的推进。

（五）健康信息服务产业发展的对策

1.强化区域网络基础设施建设

加速区属医疗卫生机构网络基础设施建设，完善网络安全体系，进一步

提高区属单位间的信息传输速度，拓展政务网络覆盖面。按照统一规划，分步推进的原则，逐步建立覆盖全区卫生行政部门、疾病预防控制中心、卫生监督机构、各级各类医疗卫生机构的、协同统一、互联共享、安全便捷、实时监督的区域公共卫生信息平台，有效降低信息孤岛的影响，实现医疗卫生数据信息的整合与共享。

2. 进一步完善社区健康信息服务系统

应用建立信息丰富、跨部门的居民数字健康档案应用系统，方便居民就医诊疗，为患者提供集预防、治疗、康复、保健为一体的优质服务。利用新一代信息技术，建立无线健康慢性病监测平台，实现对监测对象基本生命体征数据的远程获取、处理和分析，医生可随时向患者反馈健康状况、提供就诊指导。应用宽带网络以及视频流传输技术，建立"电子医生"远程医疗系统，开展面向居民家庭的远程医疗服务，实现综合性临床诊断的远程会诊。

3. 制定健康信息服务的统一标准

健康信息服务建设的核心是实现病人和医疗机构之间，医院各个科室之间，医院之间，医院与社区、医疗保险部门、卫生行政部门等之间的信息共享。专家认为，推进健康信息服务建设的关键是制定统一的信息技术标准，确保各种信息流在不同层级、不同部门间的顺利流动，并在此基础上整合提升目前各地分散的信息系统。

4. 探索健康信息服务发展保障机制

加强区域健康信息服务建设领导、统筹协调力度，设立健康信息服务建设专项资金保障制度，积极争取资金，加大投入力度，明确资金用途，强化项目评估机制，有重点、有计划地支持区内卫生系统信息化应用项目的建设。在进行信息化项目建设的同时，坚持信息安全与项目建设并重的原则，建立健全区域医疗卫生机构信息安全保障体系积极争取财政资金，加强技术薄弱机构的应急体系和灾难备份系统的建设，保障健康信息服务网络畅通和信息系统使用安全。

5. 加强健康信息服务人才队伍建设

努力与人事管理部门沟通协调，争取为健康信息服务建设人员增设相应岗位，提供职称晋升渠道，充分调动健康信息服务专业人员的从业积极性，加强健康信息服务专业人员的岗位培训和继续教育力度，加强人才队伍建设，提高健康信息服务工作人员整体的工作能力和水平。同时，采用引进与培养相结合的方法，培育出一批精通信息技术和医疗卫生业务的复合人才，促进区域健康信息服务工作的可持续发展。

6. 依托电子病历打造智能医院

建立以患者为中心的医院信息平台，实现分时段预约挂号、智能分诊、远程医疗会诊等功能。加大电子病历、数字化医学影像、医生和护士工作站等临床信息系统应用的推广力度。以信息化承载医疗核心业务，辅助医生决策，带动医院流程再造，节省就医时间，改善就医环境，提高医疗服务水平。

7. 引入云计算和物联网技术

以云计算平台为支撑，通过软件即服务（SaaS）的创新模式向医疗机构和个人提供电子健康档案、注册预约等在线服务，大大减少医疗机构的投资，为病人提供便利。积极推进射频识别（RFID）技术在医疗保健、公共卫生、药品、血液等方面进行跟踪治理，推进集个人 ID 信息、社保、医保、医疗、金融等服务于一体的"一卡通"产品的应用。利用物联网技术实现对医疗废物的电子监管，对问题药品快速跟踪和定位，提供更加安全有效的医疗卫生服务。

第七章 康养产业融合发展与实施路径构建

当前康养产业正处于发展初期，全国各地的康养产业基本上都处于起步阶段，其发展存在较大地域性差异。四川攀枝花、河北秦皇岛、海南三亚等地康养产业发展较早，现已取得了一定成果，走在全国前列。其他地区，如广东惠州、广西北海、湖南常德、贵州铜仁等也在积极探索发展康养产业。尽管各地都在积极探索发展康养产业，目前也已形成了不同康养业态和康养类型，但就整个产业发展而言，康养产业发展仍处于起步阶段，很多地区康养产业发展存在诸多问题，发展效果不理想。如何促进康养产业融合发展就成了最为关键的问题。本章就提出了构建康养产业融合发展的实施路径。

第一节 康养产业发展路径的关键步骤

一、分析地区康养产业发展潜力

康养产业发展第一步，分析地区康养产业发展潜力，主要是分析目前的康养需求情况和本地区的康养资源禀赋优势，即重点分析本地区是否能够满足当前的康养需求和本地区是否有适合康养产业发展的资源禀赋优势，从这两个方面评价本地区是否具有发展康养产业的潜力。

（一）分析康养市场需求

康养产业的兴起正是因为康养需求的不断增多，任何地区在发展康养产业之前都应该先分析目前的康养需求情况，以便更好掌握当前康养需求的满足情况以及分析本地区是否能够满足现有的康养需求。本书主要通过调查 X 市的康养服务了解当前康养需求的满足情况，即当前提供的康养服务能否满足康养消费者的需要，通过调查发现，目前 X 市康养机构主要为康养消费者提供了生活照料服务，满足了康养消费者的基本生活需求，但是其他服务提供得较少，特别是康养消费者所需的健康指导、健身指导、医疗服务和康复服务，在对 X 市和康养机构不满意调查中也能发现，健康指导、健身指导、医疗服务和康复服务提供较少是康养消费者不满意的主要方面，这就提示计划发展康养产业或正在发展康养产业的地区在康养产业发展过程中，应该注意不仅要为康养消费对象提供较为基础的生活照料服务，还应该提供一些高层次的康养服务，如健康指导、健身指导、医疗服务、康复服务等。在分析本地区是否能够满足现有的康养需求之前，应该先了解目前康养消费群体具体有什么样的康养需求。本书主要通过调查康养产业的潜在消费者了解目前的康养需求情况，通过分析发现，潜在康养消费者对康养地的自然环境和配套环境有较高的要求，从康养服务利用调查中同样能发现，康养消费者认为 X 市发展康养产业具有比较优势的是阳光充足和空气质量好，对 X 市最满意的是自然环境，这就提示计划发展康养产业或正在发展康养产业的地区，在康养产业发展过程中，应该注意分析本地区是否有吸引康养消费群体的自然环境和配套环境，如是否有适宜的气候、空气质量是否优良、自然风光是否优美、医疗服务是否可及、生活配套设施是否完善等，从而初步判断本地区是否能够满足现有的康养需求。

（二）分析地区康养资源禀赋优势

在分析康养需求的同时，应注意分析本地区的资源禀赋优势，因为康养产业是十分依赖资源发展的产业，各种康养需求的满足都必须结合优质的自然资源或产业资源。通过分析发现，本书研究的 X 市就是典型依托自然资源优势发展康养产业的城市，该市在发展康养产业之前就通过课题调研探索自身发展康养产业的资源禀赋优势，最终通过多次调研及充分论证发现自身拥有的"六度"禀赋优势特别适合发展康养产业，其中阳光优势最为突出，由此决定发展阳光康养产业，这就提示计划发展康养产业或正在发展康养产业的地区应该注意分析本地区的资源禀赋情况，特别是分析本地区是否有适合康养产业发展的资源禀赋优势，并结合本地区是否能够满足现有康养需求的判断，共同评价本地区是否有发展康养产业的潜力。

只有分析结果显示本地区具有发展潜力才可以开始发展康养产业，如果只是因为目前康养产业发展大环境利好而盲目跟风发展康养产业，很可能造成康养产业发展不理想，进而影响整个地区经济增长，甚至对地区造成经济损失。目前，全国各地都在积极探索发展康养产业，但是大部分地区的发展效果都不是很理想，其中很重要的原因就是不重视分析康养需求和自身资源禀赋优势或者康养需求和自身资源禀赋优势分析不充分。由此可见，对于计划发展康养产业的地区来说，科学分析康养需求和资源禀赋优势是发展康养产业的重要前提，只有准确分析康养需求和资源禀赋优势之后，才能对地区是否适合发展康养产业以及发展什么样的康养产业做出科学判断，为下一步产业发展指明方向。

二、进行地区康养产业总体规划

康养产业发展第二步，进行地区康养产业总体规划，主要是根据本地区能够满足的康养需求和适合康养产业发展的资源禀赋优势确定康养产业的发展定位、发展目标和发展布局。

（一）确定康养产业发展定位

通过分析发现，本书研究的 X 市就是根据自身拥有的"六度"禀赋优势，特别是阳光优势，决定定位发展阳光康养产业。之所以定位发展阳光康养产业，从前面的分析也可以看出，X 市的资源禀赋优势是很明显的，其中最突出的就是阳光优势，即 X 市是 H 省唯一一个没有冬天的城市，正因为这个独特的资源禀赋优势 X 市开始了"卖阳光"的康养之路，将该市的康养产业发展精准定位为阳光康养产业，这就提示计划发展康养产业的地区在确定本地区康养产业发展定位前应该找准本地区发展康养产业的核心优势，然后根据核心优势确定本地区康养产业的发展定位。

（二）确定康养产业发展目标

通过分析发现，X 市对该市康养产业发展提出了三个战略定位，分别是"中国阳光康养旅游城市""中国阳光康养产业发展试验区""中国康养胜地"，这三个战略定位代表了该市康养产业不同发展进程的发展目标，最初该市只关注自身的资源禀赋优势能够促进旅游，所以将"中国阳光康养旅游城市"作为这个发展阶段的发展目标，旨在将本市建成中国阳光康养旅游城市；随着康养产业发展进程推进，X 市的康养产业发展颇有成果，基于此 X 市打算创建中国阳光康养产业发展试验区，所以将"中国阳光康养产业发展试验区"作为这个发展阶段的发展目标；之后随着康养产业发展持续推进，康养内涵不断丰富，康养产业发展初具规模，X 市提出了"中国康养胜地"战略定位，这个战略定位表明了 X 市发展康养产业的最终目标是将 X 市打造成中国康养胜地。从以上的分析可以看出，X 市康养产业的发展目标不是一成不变的，而是随着康养产业的发展不断完善的，完全符合 X 市发展康养产业的探索式路径，对于康养产业发展初期的先行城市 X 来说，这样的发展逻辑是科学合理的，但是对于康养产业已有发展经验的现阶段来说，这样的总体规划就缺乏战略大局观，如果 X 市是从当前开始发展康养产业，那么将康养产业发展目标确定为"中国康养胜地"才能实现真正的顶层设计，这就提示了计划发展康养产业或正在发展康养产业的地区在确定本地区康养产业发展目标时应该注意分析本地区发展康养产业的最终目标，然后根据最终目标提出具有战略性的发展目标，做到真正的总体规划。

（三）确定康养产业发展布局

通过分析发现，X 市康养产业的发展布局是根据发展目标进行设计的，随着发展目标的变化，发展布局不断优化，由最初的"一心一轴两翼"发展到"一核一轴五板块"，再到目前的"一核、一带、三谷"的总体布局。从以上的分析可以看出，康养产业的发展布局是根据发展目标进行设计的，所以和发展目标的分析一样，康养产业的发展布局最理想的设计也应该是具有战略性，"一步到位"设计出康养产业的总体发展布局，如 X 市的康养产业发展布局，如果在发展之初能一步到位将发展布局设计为"一核、一带、三谷"的总体布局就是较为理想的布局设计，这就提示了计划发展康养产业的地区在设计本地区康养产业发展布局时应尽量统筹兼顾，"一步到位"地设计出本地区康养产业的总体发展布局，实现康养产业发展的整体布局规划，达到总体规划的目的，避免康养产业出现碎片化发展，影响产业发展整体效益。

三、完善康养产业发展配套

康养产业发展第三步，完善康养产业发展配套，主要是为本地区康养产业发展打造良好的发展软环境和建设配套的基础设施。

（一）建设产业发展软环境

通过分析发现，X 市为该市康养产业打造良好发展软环境采取了诸多措施，如成立康养产业发展领导小组和 X 市阳光康养产业协会、出台一系列促进康养产业发展的优惠政策、组建 X 市康养产业投资基金、成立康养大数据平台等。通过成立康养产业发展领导小组，为该市康养产业发展提供了组织保障；成立 X 市阳光康养产业协会，为该市部分康养机构提供了相互学习、相互帮助、共同发展的交流平台；出台一系列促进康养产业发展的优惠政策，为该市康养产业发展提供了项目、品牌、土地、税收、融资、财政补贴等方面的政策支持；组建 X 市康养产业投资基金，为该市康养产业发展提供了资金保障；成立康养大数据平台，为该市康养产业发展提供了数据支撑和平台服务，这就提示计划发展康养产业或正在发展康养产业的地区在发展康养产业的过程中可以从组织保障、政策支持、资金保障、发展平台等方面为本地区康养产业打造良好的发展软环境，从而促进本地区的康养产业快速成长。

（二）建设配套基础设施

通过分析发现，X 市为发展康养产业加强了康养机构和康养服务场所以及交通和城市配套方面的基础设施建设。康养机构和康养服务场所是康养服务提供的主要载体，任何地区在康养产业发展过程中都应该注意打造本地区的康养机构和康养服务场所，特别是有特色的康养机构和康养服务场所，从前面的分析中可以看出，X 市就建设了一批有特色的康养机构和康养服务场所，如阿署达花舞人间康养度假区、北京华方米易颐养中心等，这些康养机构和康养服务场所现已成为 X 市康养产业的发展标志，这就提示计划发展康养产业或正在发展康养产业的地区在发展康养产业的过程中应该注重打造有特色的康养机构和康养服务场所，形成本地区康养产业的发展标志，从而提高本地区康养产业的辨识力和竞争力。X 市另外还进行了交通和城市配套方面的基础设施建设，这是由于 X 市的交通配套制约突出和城市配套还不能满足当前康养产业发展需要，所以为了该市康养产业能够更好发展，X 市进行了交通和城市配套方面的建设，这就提示计划发展康养产业或正在发展康养产业的地区在康养产业的发展过程中应注意分析本地区康养产业的发展制约因素，然后围绕制约因素进行针对性的配套设施建设，为康养产业发展提供更好的配套支持，从而促进本地区的康养产业快速发展。

四、实施康养产业发展具体措施

康养产业发展第四步，实施康养产业发展具体措施。地区不同，实施的具体产业发展措施也会有所不同，因为本书是以 X 市康养产业为例进行分析的，所以主要论述了 X 市康养产业的具体发展措施，如招商引资、推进康养项目建设、促进康养产业融合发展、进行康养产业发展监管等，旨在为其他地区发展康养产业提供一些启发。

（一）开展形式多样的招商引资活动

通过分析发现，X 市在康养产业的发展过程中非常重视招商引资工作，为了吸引更多优势企业到本地投资，促进康养项目签约落地，该市采取了多种招商引资措施，如组建专业的招商引资小分队和驻点招商工作组、主动对接与康养产业发展相关的企业、积极组织开展投资促进活动和投资推介会等。通过这些招商引资措施，该市与康养产业发展的相关企业实现了投资信息的精准对接，促进了康养项目的快速引进，这就提示计划发展康养产业或正在发展康养产业的地区在招商引资过程中可以从这些方面入手促进康养项目的引进。

（二）采取多种措施推进康养项目建设

通过分析发现，X市为了保证康养项目能够顺利建设，采取了多种项目推进措施，如建立重大项目推进机制抓项目建设，指定专人全程跟踪指导康养项目建设手续办理，精简康养项目建设申报流程，为康养产业相关的建设项目开通提前介入、容缺受理等绿色通道，开展项目督导调研和定期召开市委常委会、市政府常务会、"康养＋"产业发展专题会讨论项目推进情况等。实施这些项目推进措施为该市康养项目顺利建设提供了有力保障，这就提示计划发展康养产业或正在发展康养产业的地区在项目推进过程中可以为本地区康养项目建设提供尽可能多的服务保障，从而促进康养项目顺利推进。

（三）依托产业资源优势促进康养产业融合发展

通过分析发现，X市提出了"康养＋"的产业融合发展战略，通过依托相关产业资源优势，大力推进康养产业与旅游、医疗、农业、体育、工业等产业进行深度融合，构建了"康养＋"的康养产业发展体系，丰富了康养产业的发展内涵，提高了康养产业竞争力，这就提示计划发展康养产业或正在发展康养产业的地区在康养产业发展过程中应该注意挖掘本地区的其他产业资源，促进康养产业与其他相关产业相互渗透、相互融合，丰富康养市场和康养产品，提高本地区康养产业的竞争力，从而获得更多的发展机遇和更大的产业发展效益。

（四）进行康养产业发展监管

通过分析发现，X市为保证康养产业发展质量，使产业发展工作"有标可依"，该市制定了13项康养产业地方标准。这些地方标准不仅定义了与康养产业发展相关的基础术语，还对康养产业发展涉及的相关服务质量和机构建设提出了要求，通过标准的制定　实现了康养产业发展与标准化工作有机融合，助推了康养产业健康有序发展，这就提示计划发展康养产业或正在发展康养产业的地区在康养产业发展过程中可以为本地区康养产业发展制定具有针对性和科学性的地方标准或者产业发展监管措施，科学规范康养产业监管工作，从而保证本地区康养产业的发展质量，助推康养产业健康有序发展。

第二节　康养产业发展过程中的重要辅助措施

一、康养产业发展反馈

主要是根据本地区康养产业的具体发展情况进行反馈，通过反馈适时调整康养产业发展路径，从而促使本地区的康养产业实现可持续发展。从图7-1中可以看出，产业发展反馈会因为地区具体发展情况不同而有所不同，所以本书主要论述了X市的康养产业发展反馈，旨在为其他地区反馈产业发展信息提供一些思路借鉴。

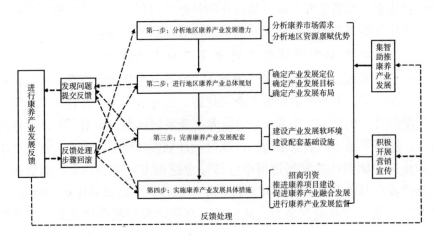

图7-1　X市康养产业发展路径示意图

（一）反馈到分析地区康养产业发展潜力

在康养产业发展过程中发现，因为康养需求分析不足或资源禀赋优势分析不充分而导致康养产业发展出现问题，或者想从需方的角度了解本地区康养产业的具体发展情况，特别是了解本地区康养产业发展存在的问题，就需要反馈到第一步，进一步分析目前的康养需求情况和本地区的资源禀赋优势。比如，本书为了从需方的角度了解X市康养产业的具体发展情况特进行了康养服务利用调查，通过康养消费者的反馈，为X市后续更好发展康养产业提供改进思路，经分析发现，目前X市康养产业的康养消费对象主要来自成都，这就提示X市应该重点分析成都市人民的康养需求，以便更好留住已有的康养消费群体和吸引更多的潜在康养消费群体；康养消费对象的主要康养诉求是养老，提示 X 市应该重点围绕养老群体提供康养服务；康养消费对象最喜欢到 X 市进行康养的时间是每年的 12 月、1 月、2 月，提示 X 市应该在每年的这段时间提供一些服务保障，以便吸纳更多康养消费者，从而提高产业效益；康养消费对象知晓 X 市康养产业的方式主要是通过他人介绍，提示 X 市的康养产业宣传效果不佳，应该加大宣传力度和针对性等；康养消费对象在选择康养机构时主要是考虑硬件设施齐全、服务态度好、环境优美等方面，提示 X 市康养机构应注意这些方面的改善；康养消费对象目前接受的主要康养服务是生活照料以及对康养机构最不满意的是缺少健康指导，提示 X 市应该加强康养服务提供能力，以便提供更加优质和多样化的康养服务；康养对象每月康养花费及可接受价格主要集中于 2 000—4 000 元，提示 X 市的康养机构在具体定价时应考虑康养消费群体的消费能力，以免定价过高影响康养消费群体利用康养服务或定价过低影响康养产业的整体发展效益；康养消费对象对 X 市最不满意的是交通情况，提示 X 市应该重点改造交通设施，从而提高康养消费对象的满意度。再如，由于 X 市对康养消费群体定位不够全面，过分关注了候鸟老人的康养需求，忽略了本土及周边市场的挖掘和培育，导致康养市场出现冬季康养资源紧张，其余季节康养资源闲置的局面，这就提出 X 市应进一步全面分析康养消费群体，尽量将 X 市打造成一年四季皆可康养的康养胜地。

（二）反馈到进行地区康养产业总体规划

在康养产业发展过程中发现，因为产业发展定位不精准、产业发展目标战略性不足或产业发展布局不统筹合理而导致康养产业发展出现问题，就需要反馈到第二步，重新进行地区康养产业总体规划。例如，X 市康养产业的发展目标和发展布局，因为该市是探索发展康养产业的先行城市，在发展之前没有较多可借鉴的发展经验，所以没有"一步到位"设计出康养产业发展目标和发展布局，而是随着康养产业发展进程不断完善，重新进行了两次规划设计，这就提示计划发展康养产业或正在发展康养产业的地区一旦发现本地区规划设计出现问题，应该立即重新进行总体规划设计，避免产业发展出现更多的损失。

（三）反馈到完善康养产业发展配套

在康养产业发展过程中发现，因为产业发展环境不利于产业发展或配套基础设施不满足产业发展需要而导致康养产业发展出现问题，就需要反馈到第三步，进一步完善产业发展配套。例如，X 市发展康养产业存在交通方面制约突出和康养配套要素挖掘不足等问题，这就提示 X 市应该进一步加强交通方面的基础设施建设和康养配套要素的挖掘。

（四）反馈到实施康养产业发展具体措施

在康养产业发展过程中发现，因为具体发展措施实施效果不佳而导致康养产业发展出现问题，就需要反馈到第四步，进一步加强现有产业发展措施的实施力度或实施其他有效的产业发展措施。例如，X 市发展康养产业存在康养资源开发不够和市场规范水平不高等问题，主要体现为康养产品开发不够、康养服务提供较为单一、产业融合不充分、政府部门多头管理康养产业、部分康养经营主体责任意识薄弱、质量观念较为落后等，这就提示 X 市需要进一步加强现有产业发展措施的实施力度或实施其他有效的产业发展措施以解决当前存在的问题。

二、集智助推康养产业发展

在康养产业发展过程中，"集智"是非常重要的，虽然不是康养产业的必要发展步骤，但是康养产业发展的每一步都可能需要"集智"，通过"集智"，助推康养产业发展。比如，在康养产业发展第一步的时候就可能需要"集智"，"集智"分析本地区的康养产业发展潜力，然后对本地区的康养产业发展潜力进行充分论证后决定本地区是否能够发展康养产业；在康养产业发展第二步的时候也可能需要"集智"，"集智"进行康养产业总体规划，经科学论证后确定本地区康养产业的发展定位、发展目标和发展布局；同样康养产业发展第三步、第四步也可能需要"集智"。以 X 市康养产业发展来说，X 市在康养产业发展之初就通过民革 X 市委会开展的课题调研发现了自身拥有适合康养产业发展的资源禀赋优势，然后根据多次调研及充分论证后得到的"六度"禀赋优势决定定位发展阳光康养产业；在康养产业发展过程中，通过学习国内外康养产业发展经验，成功探索出了"台湾模式""康养综合体模式"等发展模式，还积极与高校、科研机构开展项目合作，举办康养产业发展论坛，共同倡议成立康养产业城市联盟，成立 X 国际康养学院等，特别是在康养产业发展过程中，X 市发现康养专业人才缺乏是制约该市康养产业发展的一个重要因素，所以为有效解决康养专业人才缺乏问题，X 市在 2016 年成立了 X 国际康养学院，以上的分析就是 X 市通过"集智"助推该市康养产业发展的典型例子，通过实施"集智"发展措施，助推了该市更好地发展康养产业。

三、积极开展营销宣传

在康养产业发展过程中，营销宣传是必不可少的，"酒香也怕巷子深"，只有通过积极开展营销宣传，才能使本地区康养产业的知名度和美誉度提高，从而吸引更多优势企业到本地区投资和更多目标人群到本地区利用康养服务等。另外，在康养需求影响因素分析中发现康养知晓情况是影响康养需求的一个重要因素，康养消费对象越知道康养，就越愿意去康养，表明积极开展营销宣传还可能激发产生康养需求，从这个角度来说，积极开展营销宣传对康养产业发展也是非常重要的。和"集智"一样，营销宣传也可以贯穿康养产业的整个发展过程，在康养产业发展第一步的时候可以对本地区的核心资源禀赋优势进行营销宣传，为本地区的康养产业发展预热投资和消费市场；在康养产业发展第二步的时候可以对本地区康养产业的发展定位、发展目标和发展布局进行营销宣传，为本地区的康养产业发展打造一个独特标签，使本地区的康养产业"脱颖而出"；在康养产业发展第三步的时候，大力宣传本地区为康养产业发展打造了良好的发展环境和建设了配套的基础设施，从而吸引更多的投资企业到本地区进行投资；在康养产业发展第四步的时候持续性地进行营销宣传，大力营造亮点、关注点和兴奋点，使营销内容在宣传渠道中快速流动、发酵和爆发等，达到营销宣传效果。营销宣传不是一蹴而就的，而应该在整个康养产业发展过程中一直实施营销宣传措施，在具体实施过程中，尽量设计一些具有辨识力的宣传标语，如 X 市的宣传标语"花是一座城，城是一朵花。"等，另外还可以举办论坛及各种重要节会，组织大型康养推介主题活动，充分利用新媒体宣传等，通过实施一系列营销宣传措施全方位宣传本地区的康养产业，从而提高本地区康养产业的知晓度和美誉度，达到营销宣传效果。以本书研究的 X 市来说，尽管实施了一系列营销宣传措施，但是整体营销宣传效果不太理想，如存在康养消费者主要是通过他人介绍知晓该市康养产业、部分康养消费者对康养内涵不了解和 X 市康养品牌知名度不够高等问题，这就提示 X 市应该加强营销宣传力度，特别是针对年龄较大、收入较高的康养消费目标群体进行营销宣传，从而提高营销宣传效益。

第三节 康养产业发展中生态型经济模式建设

一、普及健康文化，倡导健康生活

健康文化是为促进和维护人身心良好状态而创造的精神和物质的劳动成果或财富。中国的健康文化汇集了我国历代劳动人民防病健身的众多方法，糅合了儒、道、佛及诸子百家的思想精华，并有古代哲学和中医基本理论为底蕴。健康文化包括健康相关的风俗、道德、艺术、民俗、群体意志、方法、经验、组织、制度、政策、法规、报刊、图书、警示牌、提示语等。

我国健康养生文化有着数千年的历史，在发展过程中融合了自然科学、人文科学和社会科学诸多的因素，集中华民族数千年养生文化于一身。

目前，健康文化传播途径主要为电视、书籍、网络等。健康类养生电视节目作为一种新兴的节目形式，以其独特的服务性信息、实用性信息，受到观众的欢迎和喜爱；目前我国健康养生类节目已超过上百档，节目的类型主要有三种：一是主要介绍有关疾病、解答观众疑问的访谈类节目，如《健康之路》等，节目的形式为演播室访谈或现场会诊解答；二是以就医寻药为主要内容，传播健康养生观点和信息的杂志型节目，如《天天见医面》《中华医药》和各地市台的健康类节目；三是整合传播中医养生和传统文化的养生类电视节目，如《养生堂》等。健康养生类书籍已经成为一个高速发展的畅销板块，市场规模持续扩大。2008年，大众健康类的图书品种已到达2万种，市场增长率一直保持两位数的发展速度。同时，我国大大小小的健康类养生网站也有100多家，如健康养生网、九九健康网等。

健康文化的宣传与普及有利于提升人们的健康意识，建立健康也活方式，养成健康行为，减少各类疾病的发生。普及健康文化，要充分利用广播电视、平面媒体及互联网等新兴媒体深入宣传健康知识，鼓励开办专门的健康频道或节目栏目，倡导健康的生活方式，在全社会形成重视和促进健康的社会风气，鼓励居民形成健康的生活方式，提升健康文化特色。加大政府对健康的投入，加大对建设必要的运动广场、公共运动器械、社区公园等群众健身基础设施的投入。调整卫生投入结构，由临终关怀向健康防病倾斜，开展健康主题的公益性文化活动，加强健康知识普及等规范药品、保健食品、医疗机构等方面广告和相关信息发布行为，严厉打击虚假宣传和不实报道，积极营造良好的健康消费氛围。

二、建设绿色交通系统

绿色交通系统对改善城市交通拥堵，减少交通能耗、环境污染，提高城市的宜居性等方面有着积极的推动作用。绿色交通系统不仅要实现经济的可持续性、社会的可持续性，更要实现环境的可持续性，达到改善城市环境、保障居民身心健谈的目的，促进居民的健康生活。因此，应提倡按照步行、自行车出行、公共交通出行、合乘出行的次序选择贴近自然、绿色环保的交通出行方式，尽量减少高能耗、高污染和低效率交通方式的使用。

（一）建设园林化的绿色交通空间

构建园林化的绿色交通空间是为出行的市民赏心悦目，而绿荫覆盖的城市道路本身就是城市一道亮丽的流动风景线，能体现以人为本、以自然为本的思想，实践证明，绿色交通空间的建设不仅可以美化城市交通环境，净化城市空气，还可以放松驾车者的心情，开阔视野，缓解疲劳，从而减少交通事故的发生。因此，构建绿色交通空间是创建绿色交通、实现人与自然和谐必不可少的一环。

（二）开发使用新能源汽车

随着汽车使用量的增加，汽车尾气排放也随之增加，大量排放的汽车尾气中含有一氧化碳、碳氢化合物、氮氧化物以及各种微小颗粒，严重污染了城市空气，成为城市环境恶化的主要污染源。积极开发新能源、推行使用绿色环保车辆，能显著降低对石油资源的消耗和环境污染物的排放，是防止和减少汽车尾气污染的有效方法，也成为现代城市交通的方向。目前常见的新能源汽车包括混合动力汽车、纯电动汽车、燃料电池汽车、氢动力汽车、燃气汽车、乙醇汽车、生物柴油汽车等。政府宜对其进行适当补助，减免停车费用，大规模建设燃料补给站点，制定城市车辆排放标准，以鼓励清洁能源车辆的使用。

（三）优先发展公共交通

面对日益拥挤堵塞的交通现状，建立快捷、高效、舒适、安全的城市公共交通运输系统是实现可持续发展的内在需求。与使用私人汽车相比，公共交通运输系统能节约道路资源，减少环境污染，调节都市健康发展，因此成为现代城市实现可持续发展的最佳途径。对于发展公共交通，要落实优先发展公交政策，改进公共交通定额补贴，及时地更新公共交通运输设施设备，逐步做到在低成本前提下提供最佳服务，对有效缓解交通紧张将起到一定的作用；城市公交系统关系着人们日常生活的诸多方面，要用最新的技术、材料和管理模式装备城市公交，推进它的智能化、人性化和节能性；为提高城市公交对民众的吸引力，要运用先进科技和服务理念来装备公交系统，提高其安全性、舒适性和便捷性。

（四）提倡步行及骑自行车出行

适当的运动可以增强心肺功能，改善血液循环，预防疾病。因此，对城市慢行系统，非机动车道和人行道应给予保持、拓宽和延伸，不能被占用，做好人行道的美化与防护。建立完善的公共自行车系统，提供城市范围内免费或价格低廉的自行车租用服务，大力宣传骑自行车带来的健康效益。

三、完善公共服务系统

（一）完善基本医疗卫生服务

建立基本医疗卫生制度，为城乡居民提供安全、有效、方便、价廉的基本医疗卫生服务，切实保障人民群众身体健康。按照人人享有基本医疗卫生服务的目标要求，加快建立健全公共卫生服务体系、城乡医疗服务体系、药品供应和安全保障体系，完善重大疾病防控、计划生育、妇幼保健等专业公共卫生服务网络，提高对严重威胁人民健康的传染病、慢性病、地方病、职业病和出生缺陷等疾病的监测、预防和控制能力。完善卫生监督体系，建立食品安全标准及风险评估、监测预警、应急处置体系和饮用水卫生监督监测体系。积极发展中医预防保健服务。积极推动公立医院改革，完善医院管理体制、法人治理机制、补偿机制和医疗机构分类管理制度。统筹利用中西医卫生资源，加强中医（民族医）医疗服务机构能力建设，提高综合医院和专科医院中西医结合的服务能力。

（二）完善公共文化体育服务

围绕满足城乡居民精神文化需求的要求，扩大公共文化产品和服务的供给，推进全民健身公共服务体系建设。广泛开展社区文化、村镇文化、校园文化、家庭文化等群众性文化活动。加强基层公共体育设施建设。大力推动公共体育设施向社会开放全面实施全民健身计划，健全全民健身组织服务体系，扶持社区体育俱乐部、青少年体育俱乐部和体育健身站（点）等建设，发展壮大社会体育指导员队伍，大力开展全民健身志愿服务活动。积极推广广播体操、工间操以及其他科学有效的全民健身方法，广泛开展形式多样、面向大众的群众性体育活动。建立国家、省、市三级体质测定与运动健身指导站，普及科学健身知识，指导群众科学健身。

（三）完善社会保险服务

坚持广覆盖、保基本、多层次、可持续的方针，以增强公平性和适应流动性为重点，着力完善制度，扩大覆盖范围，逐步提高保障水平和统筹层次，建立基本养老保险、基本医疗保险、工伤保险、失业保险、生育保险等社会保险制度。扩大职工基本养老保险覆盖面，实现新型农村社会养老保险和城镇居民社会养老保险制度全覆盖。扩大职工基本医疗保险制度覆盖范围，逐步提高人均筹资标准和财政补助水平。全面推进基本医疗保险门诊统筹，将门诊常见病、多发病纳入保障范围。鼓励以政府购买服务的方式，委托具有资质的商业保险机构经办各类医疗保障管理服务。

（四）完善劳动就业服务

建立劳动就业公共服务制度，加强劳动保护，改善劳动环境，保障合法权益，促进充分就业和构建和谐劳动关系。完善并全面实施就业政策法规咨询、信息发布、职业指导和职业介绍、就业失业登记等免费服务，推进服务规范化和标准化，拓展服务功能。完善就业援助政策，加大资金投入，完善税费减免、社会保险补贴、岗位补贴等办法，开发社区服务、养老服务、助残服务、交通协管、保洁、绿化等公益性岗位。建立健全面向全体劳动者的职业培训制度，对城乡有就业要求和培训愿望的劳动者提供职业技能培训。加强健康职业技能培训能力建设，加大培训市场监管和资源整合力度，引导协调各类职业院校、培训机构有序开展健康职业技能培训。

（五）完善基本社会服务

建立基本社会服务制度，为城乡居民尤其是困难群体的基本生活提供物质帮助，保障老年人、残疾人、孤儿等特殊群体的生活。建立健全养老服务体系，鼓励居家养老，拓展社区养老服务功能，增强公益性养老服务机构服务能力，鼓励通过公建民营、民办公助等方式引导社会资本参与养老服务机构建设和管理运行。完善城乡最低生活保障制度，健全低保标准动态调整机制。采取多种措施提高老年人、残疾人、未成年人和重病患者的保障水平。

四、创建生态健康城市

城市生态健康是城市人与环境关系的健康，是测度人的生产、生活环境及其赖以生存的生命保障系统的耦合关系、代谢过程和功能完好程度的系统指标，包括人体和人群的生理和心理生态健康；产业系统和城市系统代谢过程的健康；景观、区域生态系统格局和生态服务功能的健康；人居物理环境、生物环境和代谢环境的健康；人类生态意识、理念、伦理和文化的健康。

创建生态健康城市可实现人与自然和谐发展、经济与社会协调发展，促进人们生活方式和消费观念的转变，增强生态保护意识，推进生态文明建设，提高人民群众的生活质量，改善人居环境，实现自然资源的永续利用和经济社会全面、协调可持续发展，为人类提供一个健康的生活环境。

（一）制定生态健康城市建设规划

生态健康城市建设应着眼于"生态导向"的整体规划，其实质是从生态学的思想出发，把自然生态规律和经济发展规律结合起来，把人与自然看作一个整体系统进行规划，从而使生态城市向着更加有序、更加稳定的方向发展。

一是建立合理的生态城市建设目标体系，合理协调自然、社会、经济等方面的要求，实现对生态城市调控和管理的高效运作。二是把城市、区域规划和国家不同层次的规划结合起来，使城市发展与区域经济的发展相协调，达到与区域共存、与自然共生。三是把空间环境和生态经济体系规划相结合，寻求区域复合生态系统可持续发展的途径和整体最优化方案，追求整个城市经济、社会和生态环境的最佳效益。

（二）创新技术，实现经济发展与生态环境相协调

建设生态城市，必须进行技术创新运用现代的生态技术，优化产业结构，并建立生态化产业体系，从而使城市经济发展向"生态化"方向转变，以实现城市生态系统的供需平衡，使自然生态环境的生产能力、自我恢复能力和补偿能力始终保持较高的水平，实现经济、资源、环境协调发展。

（三）加强城市园林绿化建设

加强城市园林绿化建设首先应遵循生态原则，从最大限度地改善城生态环境出发，因地制宜，选择绿化树种、灌木的搭配及花卉的点缀等；其次是遵循文化原则，充分考虑不同城市的文化特点、历史脉络、地域风俗，并将其融入园林绿化之中，使城市园林绿化向着充满人文内涵品位的方向发展。

（四）加快基础设施建设，改善生态环境承载力

目前，城市基础设施建设特别是环境相关的基础设施建设滞后，是影响生态城建设的关键因素。要加快环境基础设施建设，形成完善的污水收集和处理系统，实施城镇固体废物分类收集体系和生活垃圾无害化处理。要构建城市清洁能源系统，改变燃煤为主的能源结构，实现城市能源清洁化、低碳化。要科学规划各种交通方式，大力发展绿色高效的公交，以大容量快速公交系统为主导，形成方便快捷、高效低碳、人性化的公交体系。要构建城市和谐水系，形成健康的水循环系统，保护自然水体及湿地，将污水资源化、再生利用和节水紧密结合。

（五）提高环保和生态意识

环境质量是生态城市建设的基础和条件。环境保护是城市生态建设、生态恢复和生态平衡维持的重要而直接的手段，提高公众的生态意识，就是使人们认识到自己在自然中所处的位置和应负的环境责任，尊重历史文化，改变传统的消费方式，增强自我调节能力，维持城市生态系统的高质量运行。提高公众的生态意识除了用各种形式加强宣传和教育外，还应让市民亲身感受到环境和生态保护带来的好处，从而营造社会公德大环境，杜绝不规范的环境行为。

第四节　康养产业大环境的营造

产业环境是指对处于同一产业内的组织都会发生影响的环境因素。康养产业的大环境涉及行业政策、消费环境、文化环境和行业环境等众多因素。

一、加强产业政策引导

从经济角度讲，康养产业对国民经济建设有着重要的意义。一方面，康养产业自身具有庞大的经济规模，较快的增长速度，有明显的产业带动作用，能够有效地促进就业，推动经济增长。另一方面，康养产业以公民健康为根本出发点，存在市场容量大、产业内部联系广泛、资源配置难度高等状况，这也导致以企业或行业视角很难进行如此大规模资源的合理统筹配置，必须由政府出面进行组织与引导。而且，康养产业中的一部分内容具有公众服务的性质，不能完全依靠市场来进行资源配置，必须借由政府的力量来完成。例如，基础医疗设施建设及相关产品的生产可能由于市场份额小、回报率低等原因遭到市场的抛弃，那么政府为了保障公民健康，应当充分调配社会资源来弥补市场供应的不足。

二、完善医疗卫生体制改革

党的十八届三中全会提出，要深化医药卫生体制改革、统筹推进医疗保障、医疗服务、公共卫生、药品供应等，传递出国家持续推进医改的决心和信心。

医患关系的紧张就反映出现行的医药卫生体制存在的资源配置和制度设计问题，需要加强综合治理，但我国医事管理长期处于法制不健全、不明确、不具体、不对称的状态，所以加强政策法规建设是当务之急。

就患者来说，作为医患矛盾中的当事方主体之一，医患双方的权益都应得到法律的有效维护。由于医患双方在专业信息上的高度不对称，所以患者在很多情况中是作为缺少话语权的弱势群体而出现的。仅靠对医师责任的要求来保护患者，或者依靠医师的道德仁义来维系医患关系，都是非常脆弱的。

公民享有生命健康权。医患之间的特殊社会关系、医患双方所应有的权利义务都应视为公民的基本权利，应通过建立与完善患者权益保护法规来弥补这个环节上的不足。

完善医药卫生体制还要进一步探索分类发展、分类管理的政策思路，公立医院就要回归公益性。

公立医院改革作为新医改的核心工作之一，距离改革目标实现还有较大距离。比如，公立医院在社会医疗服务体系中的公益性角色、公益性职能还不突出；公立医院规模、技术资源过于集中，社会医疗资源配置失衡，基本医疗服务的可及性偏低；公立医院"管办公开"推进缓慢，医师多点执业落实困难，"以药养医"滋生腐败，增加社会医疗成本，容易激化医患矛盾。所以，要在公立医院的改革上有所突破，需要做到四点：第一，明确公立医院定位。在向社会资本开放的医疗服务体系中由公立医院承担提供基本医疗保障的公益性职能，由混合所有制医院承担个性化服务和康复职能，由社会资本经营的医院承担高端服务职能。第二，控制公立医院规模，推进企业职工医院混合所有制改造，完善鼓励社会资本举办医疗机构的政策并推动落实。第三，对承担公益服务职能的公立医院实行所有权、经营权和医师自由执业权"三权分离"，将服务质量作为考核重点，通过加大财政投入认可医护人员价值。对医疗专家实行医师协会注册，多点自由执业，通过专家自由流动促进医疗资源均衡配置。第四，全面推行"医药分开"，实行公立医院收支两条线管理，防止过度医疗，降低社会整体医疗成本。

三、创造公平竞争的市场环境

研究药品价格的特殊规律，按照药物经济学理论，科学地建立药品价格的形成机制、评价机制，划定药品的定价范围，以此为基础让各个企业生产的产品在市场上进行竞争。同时，还要建立药品质量体系。另外，还要建立药品的质量评估体系，对药品进行质量一致性的评价。

医改在世界上没有统一"范本"。新一轮医改以来，"中国处方"取得了明显"疗效"。但"看病难、看病贵"问题仍未根本解决，医患矛盾就是深层问题的直接反映之一。期待下一步继续加大社会公共卫生投入，建立覆盖全生命周期健康服务体系；提高医疗保障水平，让百姓"病有所医"，让医院从"效益至上"转为"患者至上"。

由于社会环境和生活方式的变化，疾病谱发生变化的问题凸显出来。单纯以生命最小单元和以病为目标的生物医学模式已经不能适应现代疾病谱的变化和人们对医疗卫生发展的需求，因此人们需要建立一个新的大健康体系，要向生物、心理、社会、环境综合医学模式转变，从单一的生物医学模式上升到一个新型的复合型的医学模式，全程地关注、呵护人们的生命过程。

康养要解决理念问题，要通过健康管理合理利用医疗资源。与其去高端医院治病，不如养成良好的生活习惯，做好自我保健。这样既保障了个人健康，也解决了医疗资源有限的问题。

康养关注的不仅是自身，还包括社会环境。例如，环境污染是个大课题，包括现在的雾霾天气，它加重了医疗体系的服务压力，也加重了患者的精神压力。要改善大的环境，个人要服从大局，人人都能够严于律己，我们的环境才会好，康养的环境才会更好。

当前健康产业、保健品市场鱼龙混杂，各企业产品结构雷同、同质化竞争严重。在高端健康产品、健康服务以及个性化、社区化健康管理等方面，我国同世界先进水平还有较大差距。为了解决"看病难、看病贵"的现实问题，实现人人享有健康的最终目标，需要国家通过战略规划、文化导向、观念转变来推动健康产业的发展，进一步调整、完善相关产业政策，构建结构合理、门类齐全、科技含量高、竞争力强，满足国民多层次、多样化健康需求的康养产业，避免无序开发、重复建设、低水平发展，鼓励更多的企业创造出更好的产品与服务。

参考文献

[1] 张亮亮，张亚瑛 . 社会主要矛盾转化视域下张家口地区发展"康养一体"养老产业路径与策略研究 [J]. 中外企业家，2020 (17)：64-65.

[2] 李献青，张波，彭波，等 . 四川体育与康养产业融合发展路径研究 [J]. 四川体育科学，2020, 39 (3)：107-109.

[3] 张英璐 . 森林康养产业发展的必然性可行性和路径选择 [J]. 农业与技术，2020, 40 (9)：166-167.

[4] 温可仪 . 中国自贸试验区开放新格局下康养发展新出路 [J]. 河北企业，2020 (5)：99-100.

[5] 朱业辉 . 基于 SWOT 分析的三明市全域森林康养产业发展对策 [J]. 湖北林业科技，2020, 49 (2)：44-47.

[6] 谢中，付甫永，申修洪，等 . 基于森林健康理念的森林康养产业发展研究 [J]. 绿色科技，2020 (3)：135-137.

[7] 郭雪 . 产业融合视角下沈阳经济区康养旅游保障机制 [J]. 市场研究，2020 (4)：62-63.

[8] 黄琴诗，朱喜钢，曹钟茗，等 . 国外康养旅游研究的转型与趋势——基于英文文献的计量分析 [J]. 林业经济，2020, 42 (2)：48-58.

[9] 陈思 . 健康中国背景下康养产业发展的问题与对策——以温州市洞头区为例 [J]. 温州职业技术学院学报，2020, 20 (1)：15-19.

[10] 汪汇源 . 我国康养产业现状及海南康养产业对策研究 [J]. 农业科研经济管理，2020 (1)：45-48.

[11] 王永雄 . 梅列区森林康养产业现状与对策建议 [J]. 安徽农学通报，2020, 26 (4)：62-64.

[12] 赵淑婧．多元模式下的康养产业发展趋势分析——基于养老、康复、养生三方面 [J]．农村实用技术，2020 (2)：115-116.

[13] 周永．康养产业融合的内在机理分析 [J]．中国商论，2018 (26)：160-161.

[14] 卜从哲，徐晶．我国康养旅游市场开发的必要性和可行性分析 [J]．河北企业，2018 (4)：76-77.

[15] 姚庆江．选育康养经济人才 服务康养石柱建设 [J]．重庆行政（公共论坛），2018, 19 (1)：45-46.

[16] 侯小菲．龙草坪林业局熊猫谷景区森林康养基地建设浅析 [J]．陕西林业科技，2018, 46 (1)：84-88.

[17] 蒲玉红，廖洪秀，李春霞，等．攀枝花冬季阳光康养对外来慢性病患者病情及生活质量的影响 [J]．职业与健康，2018, 34 (3)：356-359.

[18] 李先成，赵英涛．攀枝花康养餐饮产业集群发展初探 [J]．经贸实践，2017 (21)：143.

[19] 高妍蕊．康养产业发展要加强体制机制和信用体系建设 《中国城市养老指数蓝皮书 2017》在京发布，多部委专家聚焦中国老龄化及康养产业发展 [J]．中国发展观察，2017 (17)：41-42, 40.

[20] 李秀云，李俊杰，康丽滢．基于八要素模型的京津冀森林康养基地评价及承德策略 [J]．经济研究参考，2017 (47)：71-79.

[21] 高丹丹，刘鹏，李顺龙．伊春市发展森林康养产业的潜力挖掘与品牌建设 [J]．东北林业大学学报，2017, 45 (8)：101-104.

[22] 朱峻瑶．发挥农业资源优势 打造康养胜地 [J]．四川农业与农机，2017 (1)：48-49.

[23] 张霄．康养产业：全民关注的新兴产业 [J]．当代县域经济，2016 (12)：61-62.

[24] 任宣羽．康养旅游：内涵解析与发展路径 [J]．旅游学刊，2016, 31 (11)：1-4.

[25] 陈亚云，谢冬明．江西森林康养旅游发展刍议 [J]．南方林业科学，2016, 44 (5)：58-60.

[26] 贾盈盈．产业集群理论综述 [J]．合作经济与科技，2016 (18)：39-41.

[27] 刘福江，刘林，冯健，等．辽宁省发展森林康养产业的思考 [J]．辽宁林业科技，2016 (5)：63-66.

[28] 吴兴杰．森林康养新业态的商业模式 [J]．商业文化，2015 (31)：9-25.

[29] 袁境.四川雅安：康养与旅游融合发展的路径选择[J].当代县域经济，2015 (7)：23-25.

[30] 刘青松.我国健康产业的可持续发展策略探索[J].改革与战略，2012, 28 (4)：146-148.

[31] 徐正平.美国州及地方政府应对人口老龄化的启示借鉴——以康涅狄格州为例[J].发展研究，2011 (11)：105-108.

[32] 牛丽贤，张寿庭.产业组织理论研究综述[J].技术经济与管理研究，2010 (6)：136-139.

[33] 陈璐珊.产业集群理论研究综述[J].商场现代化，2010 (27)：127-128.

[34] 谌迎春.产业集群理论综述[J].广东科技，2010, 19 (4)：16-17.

[35] 邱小益.家庭健康管理创新模式的探索与实践[C].中华预防医学会、世界公共卫生联盟、全球华人公共卫生协会.转型期的中国公共卫生：机遇 挑战与对策——中华预防医学会第三届学术年会暨中华预防医学会科学技术奖颁奖大会、世界公共卫生联盟第一届西太区公共卫生大会、全球华人公共卫生协会第五届年会论文集.中华预防医学会、世界公共卫生联盟、全球华人公共卫生协会：中华预防医学会，2009: 790.

[36] 李沛霖.美国养老产业的发展及其对中国的启示[J].广东经济，2008 (6)：50-52.

[37] 尤振来，刘应宗.西方产业集群理论综述[J].西北农林科技大学学报（社会科学版），2008 (2)：62-67.

[38] 胡建平，饶克勤，钱军程，等.中国慢性非传染性疾病经济负担研究[J].中国慢性病预防与控制，2007 (3)：189-193.

[39] 刘志迎，丰志培.产业关联理论的历史演变及评述[J].产业与科技论坛，2006 (1)：6-9.

[40] 刘颖琦，吕文栋，李海升.钻石理论的演变及其应用[J].中国软科学，2003 (10)：139-144, 138.

[41] 董立晓.威海市文登区健康产业发展战略研究[D].济南： 山东财经大学，2015.

[42] （英）苏珊·特斯特.老年人社区照顾的跨国比较[M].周向红，张小明，译.北京：中国社会出版社，2002.

[43] 中国医药卫生事业发展基金会等.中国健康服务产业发展报告 2016-2017[M].北京：当代中国出版社，2018.

[44] 林昌虎.贵州省大健康产业竞争力分析研究[M].贵阳：贵州科技出版社，2018.

[45] 何莽.中国康养产业发展报告2018[M].北京：社会科学文献出版社，2019.

[46] 李惠莹，于丽丽.中国中冶康养产业发展定位与盈利模式[M].北京：经济管理出版社，2018.

[47] 康承业，李惠莹.中国中冶康养产业技术发展报告[M].南京：南京大学出版社，2017.

[48] 卫志中.生态花园 康养小镇[M].成都：四川科学技术出版社，2017.

[49] 印建平.大健康时代 构建大健康产业体系[M].北京：中国城市出版社，2014.

[50] 王浩,霍佩琼,孙炜一.引爆大健康 物联网时代已来[M].北京:电子工业出版社，2019.

[51] 姜天骄，陈一，隋斌.重构大健康 创新时代商业模式的未来[M].北京：机械工业出版社，2018.

[52] 朱跃军，肖璐.健康产业与健康地产商机与实务[M].北京：中国经济出版社，2016.